MATÍAS MONTES HUIDOBRO

acercamientos a su obra literaria

Edited by
Jorge M. Febles
and
Armando González-Pérez

Hispanic Literature
Volume 35

The Edwin Mellen Press
Lewiston/Queenston/Lampeter

PQ
7390
.1765
Z75
1997

Library of Congress Cataloging-in-Publication Data

Matias Montes Huidobro : acercamientos a su obra literaria / edited by
Jorge M. Febles and Armando Gonzalez-Perez.
    p. cm. -- (Hispanic literature ; v. 35)
    Includes bibliographical references and index.
    ISBN 0-7734-8723-9
    1. Montes Huidobro, Matías--criticism and interpretation.
    I. Febles, Jorge M., 1947-   . II. González-Pérez, Armando.
    III. Series.
    PQ7390.M65Z75   1997
    862--dc21
                                          96-45645
                                          CIP

This is volume 35 in the continuing series
Hispanic Literature
Volume 15   ISBN 0-7734-8723-9
HL Series   ISBN 0-88946-386-7

A CIP catalog record for this book is available from the British Library.

Copyright © 1997   The Edwin Mellen Press

All rights reserved. For information contact

The Edwin Mellen Press
        Box 450
Lewiston, New York
USA 14092-0450

The Edwin Mellen Press
        Box 67
Queenston, Ontario
CANADA L0S 1L0

The Edwin Mellen Press, Ltd.
Lampeter, Dyfed, Wales
UNITED KINGDOM SA48 7DY

Printed in the United States of America

Para Eduardo Franco, por tanto

JF

Para mis padres, por todo

AGP

INDICE GENERAL

PROLOGO
"Reinserción de la obra de Matías Montes Huidobro
en la dramaturgia cubana contemporánea"
Jorge Febles
(Western Michigan University)

I
(Período de iniciación, 1950-1961)

Quizá la obra más significativa que haya aparecido recientemente con relación al teatro cubano contemporáneo sea la antología que, en edición al cuidado de Carlos Espinosa Domínguez, fue publicada conjuntamente en 1992 por el Centro de Documentación Teatral madrileño y la sucursal española del Fondo de Cultura Económica. Su importancia estriba en el planteamiento aglutinante que rige a consciencia la perspectiva del seleccionador, es decir, en el empeño loable por incluir dentro de un mismo libro piezas de escritores vinculados con diversos puntos de mira *vis a vis* la situación política isleña y de hacer que cada pieza y su creador merezcan comentarios individuales de críticos radicados tanto en Cuba como en otras partes del mundo. El hecho de que un libro de esa índole se edite en España con la intención expresa de que circule en la Isla constituye un paso significativo–entre los primeros acaso desde el triunfo revolucionario–por reunir lo deshecho bajo un mismo estandarte, por conferirle de nuevo *cubanía* al arte que se forja fuera de la patria. Moisés Pérez Coterillo, crítico peninsular que dirige la colección sobre la dramaturgia iberoamericana actual en que se emplaza <u>Teatro</u>

<u>cubano contemporáneo.</u> <u>Antología</u>, hace hincapié en una breve nota introductoria en la apertura que comienza a posibilitar una novísima consideración de la producción escénica nacional en su sentido más amplio a la par que repudia la cerrazón burocrática que propició la escisión y la crisis estética. Argumenta éste que la euforia creativa de los sesenta se frustró al verse "sistemáticamente administrad[a] por un turno implacable de comisarios" (10), lo cual resultó en que "el teatro de lo posible se [redujera] a las dimensiones que imponen la mediocridad y el sectarismo" (10). Pérez Coterillo, comentarista activo de la escena cubana desde hace ya mucho, advierte sin embargo el advenimiento de "una discreta rectificación [que] ha permitido en los últimos años la reconsideración de dramaturgos marginados, la incorporación de otros nuevos y una lectura diferente del teatro de las décadas precedentes" (10). Este hecho lo corrobora Marina Pianca en un artículo de 1990 en el que alude al "crecimiento de una nueva postura teatral en un sector del teatro cubano" (122). A esta apertura reevaluadora la <u>Antología</u> pretende añadir otro componente: ciertas obras de dramaturgos cubanos que trabajan en el exilio porque éstas representan "parte de una cultura nacional hoy escindida" pero no exenta de "cubanía" ni de "talento" (10). Espinosa Domínguez, a su vez, justifica el criterio selectivo de esta suerte:

> Hemos querido ofrecer un censo representativo de esa realidad bicéfala que es el teatro cubano actual, sin tomar en cuenta criterios políticos esquemáticos y excluyentes con los que el arte no suele llevarse bien. Reunir por primera vez en un mismo volumen a autores de la isla y el exilio, puede ser una forma de contribuir a que esa reconciliación sea algo más que un pronóstico esperanzador. (75)

Sobra señalar que entre los textos escogidos para representar la producción de los emigrados figura <u>Su cara mitad</u>, una de las últimas obras de Matías Montes Huidobro, dramaturgo cuya producción íntegra, por estar irremisiblemente asociada con Cuba, exige una amplia reconsideración a las luces de la inevitable unidad cultural que la antología de marras anuncia y pretende fomentar.

Al triunfar la revolución castrista en enero de 1959, Montes Huidobro es, pese a su precaria situación económica y a sus escasos veintiocho años, un escritor en alza y teatrista estrenado cuyo nombre se baraja entre los más talentosos exponentes de la moderna literatura cubana. El joven provinciano de muy humilde origen descubre para él la fecunda veta dramática recién iniciada la década de los cincuenta, cuando se afilia al denominado "Grupo Prometeo," que encabeza Francisco Morín. Su incipiente vocación se ve propulsada por dos tempranos éxitos: en 1950, su primera obra, Las cuatro brujas, recibe mención honorífica en el concurso llamado Premio Prometeo que precisamente en ese entonces comenzó a convocar Morín. Al año siguiente, Montes Huidobro es laureado en dicho certamen por su pieza en un acto, Sobre las mismas rocas. Llevada a escena casi inmediatamente después, esta compleja metáfora teatral fundamentada en la marginación del ser pensante dentro de una sociedad desquiciada que rinde pleitesía al atleta más que al intelectual, al hacedor burdo más que al creador ensimismado, no sólo representa un hito dentro de la trayectoria del escritor, sino que también refleja gustos, técnicas y planteamientos ideológicos que han devenido constantes de su producción y que emblematizan tendencias afines a muchos de los autores teatrales del momento.

Montes Huidobro encaja dentro de lo que Román de la Campa ha designado tercera generación de dramaturgos de cubanos, o sea, aquellos nacidos hacia finales de 1920 y durante los 1930. Son todos escritores marcados por dos etapas históricas traumatizantes que exigen el compromiso político: "la última dictadura batistiana (1952-1958) y los primeros años de la Revolución de 1959" (17). Ello resulta en el surgimiento de dos líneas creativas más o menos concretas que se fragmentarán sin perder enteramente su integridad al iniciarse el gobierno revolucionario. Julio Miranda describe ambas sendas como la "del realismo en sus diversas gamas" y la de "la imaginación en forma de absurdo, surrealismo o teatro de la crueldad" (107). Algo a la sombra de ese Virgilio Piñera, a quien el propio Montes Huidobro ha identificado como una especie de "*maestro* generacional" ("Lunes," 21), el novel dramaturgo de Sagua La Grande opta desde sus comienzos por la segunda trayectoria, fundamentando sus primeros textos en un antirrealismo distanciante y alucinado que habrá de definir casi la totalidad de su obra. Para José Escarpanter, Sobre las mismas rocas constituye una pieza harto significativa tanto dentro de la producción del escritor como dentro de la escena cubana en general, ya que representa una ruptura decisiva con las tendencias imperantes. Aviniéndose al criterio de otros estudiosos como Rine Leal y Natividad González Freire, dicho crítico enlaza la pieza con "la corriente expresionista de estirpe germánica" ("Impronta," 86) con la que Montes Huidobro ha admitido haberse familiarizado por esa época. En una entrevista reciente, el teatrista pormenoriza su deambular autodidacto por la biblioteca del Lyceum Lawn Tennis Club, cuyas puertas se abrían a los jóvenes intelectuales que no podían costearse libros de índole alguna. Montes Huidobro indica que todo rasgo expresionista de su dramaturgia "allí se gestó, posiblemente con algo de Kaiser, Wedekind, Strindberg, sin duda La máquina de sumar de Elmer Rice, que fue una de las obras que más me impactó, todo O'Neill que estuviera a mano, y, por supuesto, Pirandello" ("Entrevista," 223). De tal modo, comienza a urdirse una dramaturgia asentada en el ritualismo lúdico, en la metateatralidad, en la metáfora escénica que se desenvuelve en un espacio por lo general cerrado, asfixiante, que agobia y enajena al espectador. Escarpanter enumera ciertas características de tal enfoque ya patentes en Sobre las mismas rocas: "Deben destacarse, además de la preferencia por los nombres simbólicos, el alejamiento del realismo y, como corolario suyo, la distorsión del lenguaje, la organización de la acción preferentemente en cuadros, casi siempre dentro de la estructura del acto único, y la preponderancia de la luz sobre los demás signos escénicos" ("Impronta," 77). La patética impotencia de Edgard Cotton, luchador marginado que, de manera casi unamuniana, siente la necesidad perenne de levantarse para caer de nuevo, esquematiza el cosmopolitismo ideológico del teatro de Montes Huidobro, mientras que la concepción de un plano escenográfico antinaturalista, capaz de permitir a cada momento la hegemonía de lo irreal, ubica claramente éste y otros textos iniciales dentro de la segunda vertiente precisada por Miranda.

Sin embargo, Escarpanter explica asimismo que los últimos años de la dictadura batistiana y la victoria del fidelato tienen también un efecto decisivo en la concepción dramática del autor. Trasuntando otra vez actitudes estéticas coetáneas, Montes Huidobro abunda levemente en la veta realista para escribir textos como El verano está cerca y Los acosados, en los que la situación opresiva del país se sintetiza lo mismo en sus aspectos políticos que socioeconómicos. Procura remedar en semejantes piezas esa "vuelta categórica al realismo" (212) que Natividad González Freire quiere advertir en su generación. Pero lo hace, según esa crítica, "con la natural inseguridad de un autor que está acostumbrado a ver en símbolos" (216). No obstante, la revolución triunfante halla en el dramaturgo un cantor momentáneo que reitera de algún modo la esperanza generalizada con que se percibieron los cambios radicales que anunciaba el flamante régimen y que prometía desarrollar en un ámbito saneado, esplendoroso y democrático. Se vive el período de lo que Elías Miguel Muñoz ha denominado "teatro cubano de transición" (39) porque se caracteriza por la indefinición, por insistir en la necesidad de cambios que luego se enjuician desde una perspectiva no revolucionaria, por el entregar mensajes indecisivamente y, según Muñoz, "subrayando el derrotismo de unos personajes que son revolucionarios de palabra, de oportunidad; gente que lleva la Revolución como una máscara o que la inviste de romanticismo" (43). Sin cuestionar la actitud tendenciosa patente en este juicio, debe recalcarse su validez en cuanto a la ambivalencia estético-ideológica reinante, ambivalencia que culmina en esa fragmentación de las vertientes realistas y evasivas que ha procurado desmenuzar Tracy Palls en más de un artículo. Al afrontar el complejo panorama del teatro isleño hasta 1972, la crítica concluye que "los dramas que se publicaron o que se presentaron durante la primera década de la Revolución pueden dividirse en dos grupos: realista revolucionarios y no-realista revolucionarios" ("El carácter," 51). Palls subdivide el primero de estos núcleos de acuerdo con "tres orientaciones" ("El carácter," 51) señaladas por la actitud hacia el proceso revolucionario. Para esa crítico, las obras de esta índole pueden catalogarse conforme a su empeño por justificar, explicar o criticar la transformación del antiguo sistema capitalista. Por su parte, el teatro no-realista revolucionario, que para Palls procede esencialmente del esquema absurdista, se explica como unitario, fundamentado en una serie de nociones de las cuales incumbe puntualizar sólo dos. Primero, "el presente social sólo le interesa al dramaturgo en la medida que evoque asociaciones y produzca reacciones en el público" ("El carácter," 54). Segundo, "en vez de reproducir la condición humana en términos objetivamente realistas, los dramaturgos a menudo la interpretan en una metáfora dramática constituida por reconstrucciones de sueños o pesadillas y por una farfulla incoherente que toma el lugar de un diálogo secuencial y lógico" (55). La irrefutable validez de estas dos apreciaciones caracterizadoras, sin embargo, sugieren una tercera categoría imprescindible para justipreciar la dramaturgia de esta primera década en su totalidad y la de Montes Huidobro en particular. Me refiero a lo que, siguiendo la terminología de Palls, habría que nombrar "teatro no-realista antirrevolucionario," o sea, aquel que se ajusta a los parámetros susodichos pero que oculta una actitud política antagónica al suceder transformativo en cuestión.

Una vez asumidos estos señalamientos, deviene clarividente el transitar de Montes Huidobro por ellos al principio del estado revolucionario. Ganado por el entusiasmo del momento, según el propio autor ha admitido en un informativo artículo sobre el "Teatro en Lunes de Revolución," escribe una serie de obras que puede ubicarse dentro de la vertiente realista-revolucionaria de índole justificativa y hasta en algún caso, explicativa al estar protagonizadas por "héroes [que] cambian, [que] ya no son víctimas de la sociedad, sino más bien abanderados o individuos que se convierten en partidarios del nuevo sistema una vez que lo experimentan" ("El carácter," 52).

El tiro por la culata, publicada en 1961 en una colección titulada Teatro cubano revolucionario, refleja el compromiso aprobatorio de acuerdo con el molde prescrito por Palls de ubicar la anécdota en un contexto prerrevolucionario opresivo para razonar en un contexto realista (en este caso, ese del campo isleño que Montes Huidobro conoce bien pero en el que a todas luces no se siente a gusto) la necesidad de cambios socioeconómicos y políticos radicales. Las vacas, obra galardonada en 1960 con el prestigioso Premio José Antonio Ramos, se emplaza dentro de la misma trayectoria aunque, al decir de su creador, "su puesta en escena es sometida a un riguroso análisis crítico" ("Teatro," 21) por no juzgársela lo suficientemente lúcida en sus planteamientos ideológicos.

Más próxima a la corriente explicativa, que según Palls se aproxima en sus extremos al realismo socialista que dominará la escena cubana durante los setenta y parte de los ochenta, se encuentra La botija. Ambientada en 1959, cuando ya el gobierno revolucionario se encuentra en el poder, censura el peculado dentro del sistema anterior y la necesidad de incautar los bienes malversados, según devino la política oficial durante el momento histórico concreto. Sin abandonar su apego al metateatro y al ludismo escénico, Montes Huidobro introduce al final de la pieza una simbólica intromisión de un personaje que emerge del público, del pueblo habría que suponer, para reclamar lo que se le ha hurtado. Exclama este "Señor" rebelde: "Yo pido mi botija. El público pide su botija. ¡Nuestra botija! No les pertenece. Todos lo sabemos ya. El dinero robado jamás pertenece a los ladrones" (Obras, 98). Aun hoy el autor defiende su enfoque:

> No hay ningún compromiso forzado en La botija. El período republicano pre-castrista era un paisaje poblado de ladrones, intereses mezquinos del capital, distribución injusta de la riqueza, malversaciones de politicastros y, lamentablemente también, una burguesía acaudalada que volvía la cara al lado opuesto de la realidad y carecía de responsabilidad histórica. (Obras, 85)

La veracidad patente en este terso alegato redactado treinta años después de la aparición del texto, empero, no erradican la verdad de que La botija figura entre aquellos empeños teatrales que procuraron sobrepasar la justificación para *explicar* más desde dentro que desde fuera el por qué de la Revolución y de las transformaciones monumentales que ésta proponía por entonces.

Como ha puntualizado José Escarpanter, para 1961 Montes Huidobro elucida una mudanza tajante hacia el proceso político nacional que conlleva nada paradójicamente un retorno al derrotero imaginativo. Montes Huidobro ha declarado: "Como creador del siglo XX, detesto el realismo como medio expresivo y nunca me he sentido bien en la línea realista" ("Entrevista," 222). Vuelve entonces por sus fueros para lidiar estéticamente con la situación del país, situación que ahora percibe con el pesimismo que evidenciaban sus textos iniciales y dentro de una opresiva oscuridad ambiental que lo perseguirá hasta Exilio (1988). Lo que Escarpanter ha denominado "impronta de la Revolución Cubana" ("La impronta," 75) se fija de modo truculento en dos piezas definitivas: La madre y la guillotina y La sal de los muertos.

Escrita en 1961, la primera obra no aparece hasta 1973, cuando Francesca Colecchia y Julio Matas la incluyen traducida al inglés en su Selected Latin American One-Act Plays. Dentro de un complejo entramado metateatral en que el *afuera* concreto se afirma sólo de acuerdo con esa subjetividad que Palls atribuye a la corriente no-realista revolucionaria (54), Montes Huidobro deshilvana el espanto y la confusión colectivos experimentados por ciertos sectores de la sociedad cubana al iniciar el nuevo gobierno su violenta campaña depuradora. Ambientada en 1959, cuando el paredón ajusticiador se yergue como verdad y como consigna aterradora sobre la Isla, el texto procura definir una continuidad pesimista. La elocuente asfixia que caracterizaba el arte dramático de Montes Huidobro en sus albores cuasi expresionistas resucita para definir a nuevos seres que prolongan el terror y la desesperación en un nefasto empeño autodestructivo. Toca a la Peluquera expresar vivamente el desencanto del propio autor así como de muchos viejos adeptos a la causa revolucionaria: "¡La guillotina! Nos han engañado. Todo era mentira. La sangre corre otra vez, como antes, mucho más que antes. No era una comedia" (Obras, 190). Montes Huidobro ya había augurado este reencuentro irreversible con un modo creativo que él mismo ha caracterizado de "ritualista" (Obras, 101) en una pieza de 1960, Gas en los poros, más afín, diría yo, al teatro no-realista revolucionario que a su antítesis. Rine Leal, quien elogió de manera entusiasta esta obra en un acto, insiste algo forzadamente en la concretez de su acción como para ganársela para la estética socialista emergente, aunque reconoce el predominio de una "semilla expresionista" (<u>Persona</u>, 456) que proyecta su ambiguo mensaje más allá de las tablas. La pieza, por otra parte, es significativa como antesala a <u>La sal de los muertos</u>, obra esencial del teatro isleño aún no debidamente justipreciada en virtud de una infausta fortuna relacionada directamente con el proceso revolucionario. Al preguntársele en la entrevista que le realizáramos con motivo de esta colección si llegó a pensar que el abandonar la Isla en 1961 podría constituir una suerte de suicidio artístico, Montes Huidobro negó haberse hecho jamás tal idea, pero luego aludió a ciertas lucubraciones *a posteriori* que se vinculan estrechamente con el drama en cuestión:

> Desde un punto de vista práctico, hice mal en irme tan pronto. Esto ha creado un desplazamiento temporal en algunos de mis textos, por ejemplo, <u>La sal de los muertos</u> (1960), que muy poca gente conoce a pesar de que en 1971 apareció en una antología de Rodríguez-Sardiñas y Suárez-Radillo. En realidad es de las primeras obras cubanas que asimila los lineamientos del teatro de la crueldad, con juegos de teatro dentro del teatro característicos de esta dramaturgia... [En Cuba,] [c]uando quise publicarla por mi cuenta, me confiscaron la edición, que se quedaría tirada por alguna parte. Es una obra precursora que exige una reubicación textual. ("Entrevista, 231")

Como precisa Escarpanter, al plantearse dentro del esquema familiar la noción de una culpa heredada e inevitable ("La impronta," 78), Montes Huidobro se emplaza en una trayectoria que él mismo ha caracterizado como primordial dentro de la dramaturgia cubana en su totalidad. Explica el escritor en su libro seminal, <u>Persona, vida y máscara en el teatro cubano</u>: "La familia cubana aparece en las tablas arrastrada por un devorador e hiriente canibalismo. Afán devorador y canibalístico que ha ido creciendo con el tiempo" (26). Luego opunta: "Cuba, país católico y yoruba, se encuentra abordado por la corriente doblemente incestuosa de las dos religiones. No nos extrañemos que las luchas entre padres e hijos sea una de sus temáticas teatrales favoritas, con su caudal incestuoso latiendo por debajo y con su fuerte tendencia matriarcal" (30). En <u>La sal de los muertos</u>, como lo hará Triana más tarde en <u>La noche de los asesinos</u>, Montes Huidobro concibe la familia como microcosmo de una sociedad en crisis, en una crisis que se prolonga más allá de la victoria castrista. Al resolver de este modo agresivo su compromiso transitorio con la causa de marras y su viaje fugaz por el realismo revolucionario, el escritor se aduna a toda una actitud indagatoria que, según Rine Leal, se resuelve a finales de los sesenta. Para ese tiempo, "el tema familiar se muestra agotado, vacilante" (6 obras, 22), lo cual se justifica en base a alteraciones socioeconómicas que se esbozan en los muy comprometidos nuevos textos. "La familia se asienta ahora sobre bases más sólidas," proclama Leal, "y si antes contemplamos su gradual fragmentación, ahora asistimos al análisis de las dificultades que impiden su fortalecimiento en un contexto social diferente" (6 obras, 23). Pero no es oro todo lo que reluce, pues según sostiene el mismo crítico, el advenimiento de ese nuevo realismo eufórico y rosado se traduce en una dramaturgia que padece "un aletargamiento, un empaque expresivo, una retórica de fórmulas, que a fuerza de repetirse en el vacío se transforman en *estilos* o *maneras* (6 obras, 38). Entre las seis piezas que antologa Leal para subrayar vías de fuga de dicho atolladero figura La familia de Benjamín García, en la que el joven teatrista Gerardo Fernández dramatiza una tragedia doméstica. "El viejo padre," escribe Leal,

> contempla impotente el estallido de su propio hogar con la ceguera y descubrimiento de un héroe trágico que por un defecto o error en su carácter (la *hamartía* aristotélica) revela ignorancia de la realidad, a pesar de su militancia política y su historial revolucionario. La familia es observada en un momento de máxima pugna, el clímax de un largo y complejo proceso de lucha de clases y enfrentamientos antiimperialistas. (6 obras, 23)

Tanto andar para andar tan poco, deberá pensar el espectador al oír al viejo Benjamín exclamar rotundamente, después de aterrarse ante los planes de emigración de su nieta Rosmary: "¿Qué me queda? Ir a la reunión de mi núcleo a reconocer que no he sabido criar una familia" (6 obras, 274). Esa misma tragedia, la del microcosmo fragmentado, autodevorador, suicida, encamina a Montes Huidobro en su abandono del verismo casual y lo apunta en la trayectoria para él provechosa del teatro antirrealista, ritual y lúdico.

Durante su primera década creativa, entonces, Matías Montes Huidobro refleja a todas luces la trayectoria general de la dramaturgia cubana de su época, dentro de la cual sobresale gracias a su enorme talento teatral. Pero Fidel Castro, en sus consabidas "Palabras a los intelectuales" del 30 de junio de 1961, fija un rumbo artístico que subordina a todo escritor a un *revolucionarismo* confeso. Ello resulta, de acuerdo con José Antonio Portuondo, en que la polémica entre formalistas y realistas, entre abstraccionistas y figurativos, fue[ra] planteada correctamente como pura contradicción estética, sin antagonismos insalvables, sobre la base de una indispensable formación revolucionaria capaz de dotar a todos de una certera visión de la realidad. El resultado ha sido una superación de los modos figurativos y realistas de expresión, demasiado atenidos antes a la degeneración académica de lo concreto sensible ... y la búsqueda acuciosa, por parte de formalistas y abstractos, de una mayor comunicabilidad en la prosa, en el verso, en la música, en la plástica. (8)

Esta naciente rigidez, así como el desencanto con el proceso revolucionario en sí, impulsan a Montes Huidobro al exilio el 27 de noviembre de 1961.

II
La etapa estadounidense
(1961-1995)

El aceptar a los Estados Unidos como nuevo espacio vital supone desde un comienzo cierta reorientación fundamentada en las necesidades y las circunstancias. Estas propulsan a Montes Huidobro por senderos creativos hasta entonces sólo parcialmente explorados. En su peregrinaje de Miami a Meadville, Pennsylvania, donde por dos años se desenvolvió como maestro de escuela secundaria, hasta conseguir en 1964 un puesto de profesor de lengua y literatura hispánicas en la Universidad de Hawaii y fijar residencia cuasi permanente en ese estado, el escritor se sintió impelido a variar no tanto su escritura sino el modo de darla a conocer. Al separarse del mundo teatral cubano, al distanciarse de un ambiente y una realidad que—mal que bien—alentaban la imaginación dramática, así como de un sistema vigente que posibilitaba de tarde en tarde la puesta en escena y la publicación de los textos urdidos, Montes Huidobro opta consciente o inconscientemente por los tipos literarios trabajados en secreto, como quien dice, y por esos escritos afines que facilitaban el ganarse la vida sin distanciarse de las letras. Incursiona reiteradas veces en la novela, en la narrativa breve, en la poesía y, por supuesto, comienza a ganar renombre dentro del mundo académico. De hecho, ya para finales de la década de los sesenta empieza a publicar estudios sobre literatura española e hispanoamericana en diversas revistas importantes. Su primer libro de transcendencia dentro de este género, la colección de ensayos <u>Superficie y fondo en</u>

el estilo, aparece en 1971. Lo seguirán dos obras capitales para el análisis del teatro caribeño: Persona: vida y máscara en el teatro cubano (1973) y Persona: vida y máscara en el teatro puertorriqueño (1984). Escarpanter ha señalado con respecto al primer estudio que "constituye la interpretación más a fondo que se ha llevado a cabo hasta ahora sobre el teatro cubano de este siglo" ("La impronta, 81").

Su labor creativa nunca cesa, no obstante, durante estos años de transición. Su prosa narrativa breve lo mismo que su poesía aparecen en un sinnúmero de publicaciones. Una escueta parte de esta producción queda reunida en La anunciación y otros cuentos cubanos (1967) así como en las antologías La vaca de los ojos largos (1967) y Poesía compartida: cuatro poetas cubanos, editada por el propio escritor. Su vasta labor novelística aún se mantiene mayormente inédita, salvo Segar a los muertos (1980) y su compleja narración Desterrados al fuego, laureada en un concurso celebrado en México y luego publicada en 1975 por la editorial Fondo de Cultura Económica de ese país. Recientemente, la novela ha sido traducida al inglés con el título de QWERT and the Wedding Gown (1992). Dicha versión ha sido elogiada de esta suerte por Virgil Suárez: "In this novel, Huidobro has shown an eagle's eye for meticulous details and a surgeon's precision in a clear and sharp style, one that keeps the reader not only immersed in what is happening to his characters, but thinking about the big questions of our existence in what appears to be a harsh and indifferent world devoid of a God" (2). Este planteamiento existencialista detectado por Suárez define casi toda la producción narrativa de un autor ducho en crear entes batalladores que se estrellan contra el represivo espacio circundante.

Sin embargo, la vocación teatral de Montes Huidobro rebasa inclusive las dificultades impuestas por el exilio, la marginación y la imposibilidad del montaje y la publicación. En contraste con otros escritores emigrados de su generación, como Manuel Reguera Saumell y René Ariza, quienes abandonan o limitan sus empeños dramáticos al enfrentarse con un ambiente no propicio, Montes Huidobro recala en ella por necesidad que él mismo se siente incapaz de definir. Tras un silencio de casi diez y ocho años, roto por la edición de dos obras susodichas concebidas en la Isla (La madre y la guillotina y La sal de los muertos), el escritor retoma el sendero teatral con una pieza clave dentro de su producción: Ojos para no ver (1979), fue estrenada en 1993 por El Grupo Prometeo bajo la dirección de Marilyn Romero. La importancia de esta pieza radica tanto en la continuidad temático-formal que emblematiza como en el afán universalista que late en su trasfondo. Carlos Espinosa Domínguez ha aludido a que los mejores momentos de lo que puede designarse teatro político de Montes Huidobro son aquellos en que "prescinde de las referencias explícitas y las alusiones directas y expresa sus ideas mediante la frustración y la desilusión de los personajes" (69). Sin concordar del todo con esta generalización, urge puntualizar que Ojos para no ver encaja dentro de este núcleo de dramas. El dictador Solavaya, cubanizado a las claras por sus gestos y su habla escénicos, rehuye no obstante el encasillamiento limitador en virtud de su naturaleza arquetípica, señalada por una serie de motivos vinculados a las circunstancia sociopolíticas concretas de varios países hispanoamericanos. José Escarpanter ha puntualizado con certeza que esta técnica "recuerda la ... utilizada por Valle-Inclán en Tirano Banderas" ("Veinticinco años," 64), sobre todo, cabe argüir, en virtud de la desproporción tónica, formal y anecdótica. Ello resulta en un drama desconcertante que induce en el espectador una enajenación semejante a la que promueve el teatro brechtiano. Ideológicamente, la pieza es harto destructora ya que al generalizarse la imagen del tirano se lo humilla, se lo disminuye, se lo convierte en parte de un molde forjado no tanto por él sino por la historia y las realidades compartidas. El tono oscuro de esta obra más opresiva que deprimente se refleja análogo tanto al Montes Huidobro de los primeros tiempos, el de Las cuatro brujas y Sobre las mismas rocas, como al más maduro de La sal de los muertos y al ya pleno comediógrafo de textos posteriores como Las paraguayas, Su cara mitad y Oscuro total, su última obra aún por estrenar o publicar. Dictadura y familia corrompida, alienación y terror, pesadilla y grito, son imágenes reiteradas que caracterizan una actitud teatral marcada por la tragedia impregnada de humor negro.

Escarpanter ha precisado que la constante definitoria del teatro cubano escrito en los Estados Unidos son los motivos del proceso revolucionario y la emigración forzosa, aunque especifica que el acercamiento a estos hechos varía según "la edad, la situación social, los años de permanencia y las condiciones del exilio" ("Veinticinco años," 58). La veracidad de esta impresión parece irrefutable al tener en consideración la mayor parte de las obras de Montes Huidobro. La formación cubana del teatrista así como su labor crítica tan próxima al desenvolvimiento de la dramaturgia dentro de la Isla lo empujan necesariamente a anclarse en esos antecedentes. Ello no impide, empero, que la producción última del autor–sin desligarse en su totalidad de eso que Escarpanter ha caracterizado en el estudio que figura en esta colección de "impronta de la Revolución Cubana"–pueda catalogarse de acuerdo con el tratamiento más o menos directo del fenómeno histórico-político. De esta manera, lograrían establecerse tres estancos: obras de compromiso político evidente (Ojos para no ver, Lección de historia, Exilio); obras en las que el motivo político localista configura un trasfondo ineludible (Las paraguayas); obras en que el aspecto político aparece metaforizado hasta tal punto que se dificulta su asimilación por parte del lector-espectador (Funeral en Teruel, Oscuro total). Hay, por otra parte, textos enteramente desligados de lo político nacional, como ocurre con las piezas en un acto Fetos, La soga y su estupenda La navaja de Olofé, que amerita sendos estudios de Mariela Gutiérrez y Armando González-Pérez, ambos incluidos en esta compilación. Lo mismo puede afirmarse con respecto a Su cara mitad, complejo texto en el que el autor se enfrenta por vez primera con el motivo del ente hispano anclado en el mundo anglosajón. Un repaso somero de este proceso evolutivo permitirá esclarecer la justeza de los compartimentos especificados.

Según ya se observó, Montes Huidobro se reintegra al teatro con Ojos para no ver, pieza comprometida que, sin embargo, adquiere aires universales en virtud de su índole ritual propincua a la estética artaudiana. Lección de historia, por el contrario, resulta de un realismo descarnado que se orienta ideológica y verbalmente en base a modelos históricos nítidamente discernibles. Breve cuadro violento que se hermana con Ojos para no ver por su dramatismo representativo y su diálogo desaforado, refleja el destructivo devenir político cuya índole cíclica se ha manifestado siempre en la obra toda del escritor. Pero lo que en la pieza del 79 era abstracción, sugerencia, detalle, se convierte ahora en alusión directa. Los seis hombres anónimos que representan una secuencia más suicida que homicida se expresan por medio de frases ilustrativas del habla agresiva popularizada en la Cuba revolucionaria. El Hombre 1 anuncia al principio de la escena: "¡Atención! ¡Apunten! ¡Fuego! ¡Patria o Muerte! ¡Venceremos!" (247). En un momento, el Hombre 2 exclama: "Aquí siempre tenemos la guardia en alto para que no llegue el enemigo que quiere acabar con la Revolución que tanto trabajo nos ha costado. ¡Qué forjamos a sangre y fuego! ¡A hoz y martillo!" (248). En otra ocasión, el Hombre 4 dice: "¡Cuando bajamos de la Sierra creían que el relajito iba a seguir. Pero los puse en pie de guerra, ¡carajo! ¡Sin tregua! ¡Sin descanso! ¡Treinta años en atención, ¡apunten! ¡fuego! ¡Paredón, paredón!" (249). Y así se van revelando todos como facsímiles de un idéntico arquetipo tiránico emblematizado a las claras por el Hombre 1, cuyo fusilamiento se representa al final de la pieza. Pero esta imagen no insinúa la conclusión del proceso represivo. El habla calcada de cada ente escénico garantiza una pesimista perpetuidad, conforme a la totalidad ideológica de un teatro fundamentado en la desazón colectiva y la pervivencia del ser humano como individuo.

Exilio, quizá la obra de estructura más convencional que haya concebido Montes Huidobro, se aviene a esta temática contrarrevolucionaria, afianzándose antitéticamente a esa realidad fijada por Palls de que "la Revolución ha sido el factor determinante en el desarrollo del teatro cubano contemporáneo" (51). Si en la Isla los logros y peripecias revolucionarios devienen ejes de textos realista-socialistas como Santa Camila de la Habana Vieja, Calixta Comité, Andoba y los múltiples experimentos colectivos del Teatro Escambray, en el exilio se dialoga críticamente con el proceso para caracterizar su intrínseco autoritarismo y sus percibidas taras. Según se comprueba en el lúcido estudio de Rolando Morelli que aparece en esta colección, los tres actos de Exilio configuran una pieza de raigambre dialéctica estructurada en torno a una gama de conflictos irresueltos, de enfrentamientos planteados mediante juegos metateatrales característicos de la dramaturgia monteshuidobriana. Como ocurre en Lección de historia, la obra–que tiene mucho de texto en clave–no preconiza victorias política decisivas. Por el contrario, según se acostumbra en la dramaturgia del autor, garantiza la perduración del individuo, quien se apoya en su pareja, en su doble del sexo opuesto si se quiere, para coexistir con un momento histórico nada propicio. Se sobrevive: este simple hecho justifica la integridad del ser.

Con Las paraguayas (1988) Montes Huidobro recupera un enfoque fijado en textos de a principios de los sesenta, como La sal de los muertos y La madre y la guillotina. Es decir, pertenece a esas obras en que, según Espinoza Domínguez, se evita la explicitez referencial para expresar ideas "mediante la frustración y la desilusión de los personajes" (69). Aunque de algún modo Ojos para no ver podría ubicarse también en esta vertiente en fuerza a su potencialidad simbólica generalizadora, resulta innegable que las alusiones al proceso revolucionario cubano se translucen mucho menos en las piezas indicadas. Las paraguayas, al ambientarse en un desolado espacio emblemático poco después de concluida la guerra del Chaco, aspira como antes lo hicieran La sal de los muertos y La madre y la guillotina, a una cierta universalidad sólo insinuada en Ojos para no ver, donde el habla dramática, el escenario isleño y hasta el propio nombre del dictador, Solavaya, apuntan a un lugar y una circunstancia histórica ineludibles. Por otra parte, según arguye Judith Bisset en otro análisis antologado, la ambigua función de la mujer proyecta el texto por una senda complementaria: la de desvirtuar la tiranía destructora del hombre dentro de sociedades fundamentalmente machistas. Antes de concentrarse en sus propias naturalezas, la violencia masculina se proyecta hacia afuera, hacia la hembra, reprimida, apaleada, violada para imponérsele un irónico martirologio: el de producir nuevos entes opresores dentro de una sociedad primordialmente tribal. Proliferan también en el texto signos que señalan una realidad ajena a la cubana. Los personajes femeninos llevan nombres como La Paraguaya, La Asunción, La Ipacaraí, Palta, La Diosa del Iguazú. Porota y Palta se autodenominan "Las Viejas Sabias del Paraná;" en el escenario se advierte "una bandera tricolor, azul, blanca y roja, de franjas horizontales" (1); la Diosa del Iguazú aparece acompañada del "sonido de una flauta indígena" (24); y así se suceden los indicadores de una circunstancia ajena a la isleña. No obstante, para el crítico familiarizado con la obra toda del autor la violencia ambiental y los propios personajes se manifiestan como resabios intertextuales, como remedos procedentes de pre-textos que ejemplifican una preocupación permanente surgida, en particular, de la historia cubana a partir de los años cincuenta. Ese Viejo, protodictador decadente, criatura condenada a la paranoia, calca en su dialogar a Solavaya: "Tengo ojos para no ver y ojos para verlo todo...," dice en una ocasión. "Cuando menos se piensa, salta una alimaña y le devora a uno los testículos" (33). Y luego, recordando un emblema definidor del Fidel Castro guerrillero, se refiere a "la mirilla telescópica que nos apunta con el dedo en el gatillo" (33). Aún más tarde, comunica el fracaso de un proceso que lo ha entronizado, lo cual de nuevo se remonta a la clásica representación del líder isleño dentro de la dramaturgia de Montes Huidobro: "Hambre de poder... Matamos a quienes teníamos que matar y fuimos al centro del universo... Durante años he estado luchando por crear una raza de titanes, un pueblo de héroes, de vencedores que supieran conquistarlo todo, y cuando miro a mi alrededor sólo me encuentro con los despojos de lo que quisimos ser... Ahora sólo tengo mierda a mi alrededor" (38). Es difícil vincular este cuadro al presidente paraguayo Eusebio Ayala, cuya cruzada nacionalista no tuvo las proporciones monumentales implícitas en el afán dictatorial y belicoso del Viejo. En otro instante, el dialogar escénico se proyecta de nuevo hacia Cuba, cuando Porota le grita a Palta: "¡Corre ... que ese Viejo nos tiene deparado un tiro en el directo!" (46). Bravuconería relacionada con el tirano Fulgencio Batista, contribuye a desubicar el cuadro del arquetipo, acercándolo a sus verdaderos antecedentes. Del mismo modo en que se había patentizado en las Marías de Ojos para no ver, el motivo del exilio, tan patente en la obra del escritor, reaparece en la voz de Palta: "De aquí hay que irse, Porota" (49). Por otra parte, el habla de los personajes–cuando no se neutraliza para alcanzar un lirismo cósmico y optimista– se asemeja a la populachera criolla, según se advierte en este exabrupto del Viejo, cuando se dispone a matar a la Paraguaya con un machete: "Ahora sí, coño. Es la cabrona Paraguaya que no deja de joder. ¡A ésa hay que matarla también!" (62). Todos estos factores justifican el emplazamiento de Las paraguayas dentro de la segunda categoría establecida: esas obras como La madre y la guillotina y La sal de los muertos en que la circunstancia política nacional repercute en el trasfondo de un texto en esencia cosmopolita.

Montes Huidobro, teatrista maravillado por la potencialidades metafóricas del espacio y la palabra escénicas, suele entregarse a la imagen para conferirle absoluta primacía, forzando frecuentemente a los espectadores enajenados a hurgar entre voces, hechos, luces y disfraces para entresacar significados ocultos. Este afán embrollador que se hermana con la actitud creativa de los más encumbrados dramaturgos isleños de su generación, da pie a dos piezas tangencialmente políticas concebidas en el exilio, las cuales constituyen el tercer apartado en consideración. Funeral en Teruel, obra antropomórfica, sugestiva, en que la intertextualidad paródica proyecta al texto por laberínticos derroteros, esconde bajo su comicidad absurdista una suerte de latigazo ideológico revelador. Luego de estudiar la índole posmoderna de un texto sólo en apariencia contradictorio, José Escarpanter concluye que

> a pesar de la continua burla de muchos personajes hacia la figura extemporánea de Isabel, quien permanece asida a unos valores inoperantes en la sociedad degradada donde vive, y la abundancia de signos escénicos que enriquecen la acción auxiliados por la música contemporánea de *rock*, Funeral en Teruel es una exaltación del idealismo absoluto que dio origen a la escuela romántica, con su fe en el sentimiento elevado como clave de la existencia. ("Funeral en Teruel," 13)

Por otra parte, al hermanarse el bufo criollo con el romanticismo peninsular, al codearse el habla populachera cubana con el casticismo neutralizador, se produce una ambigüedad representativa que vincula al texto con referentes no necesariamente antagónicos ni concretos. "La acción," especifica el acotador, tiene lugar "posiblemente, en Teruel, España" y "en fecha incierta" (Funeral en Teruel, 17), lo que equivale a decir en cualquier parte y en cualquier tiempo. Pero sí se discute con humor provocativo el posible destino anecdótico de Marsilla, el enamorado ausente. En el primer acto, doña Gertrudis, la madre de Isabel, apunta que éste lleva cinco años en Cuba, adonde se ha ido a hacer fortuna. En ese intervalo, no ha tenido contacto alguno con su idolatrada, a quien su quejosa madre le explica:

> Pero, ¿una postal? ¿Qué trabajo da una postal? ¿Qué cuesta? Nada. Cuatro o cinco líneas y ya... Todo el mundo lo hace... Cuando tu padre y yo fuimos de luna de miel a París, le mandamos postales a todo el mundo... Además, en una isla tropical... Tú bien sabes como son las cubanas... Que si los carnavales... Que si la conga... Que si las comparsas... Y ahora ese lío de la revolución... ¡Figúrate! Que si las milicianas... Que si el amor libre... Sin contar el asunto del dinero, porque Fidel se lo ha cogido todo y no sé como el pobre Marsilla va a poder sacar algún dinero de Cuba... (Funeral en Teruel, 23)

O sea que Marsilla se nos presenta como víctima de un sistema opuesto a los valores idealistas burgueses que, a la larga, encarnan la ideología romántica sintetizada en el melodrama que funge de pre-texto. De hecho, el régimen castrista opera como catalizador de la tragedia. Marsilla vuelve cadáver de la Isla por motivos nunca precisados pero que se sugieren en procaces concatenaciones. Paco pone en duda la comparecencia de Macías antes de que se cumpla el plazo señalado y se impida la boda de Isabel con el nefasto y vampiresco Conde de Luna, cuyo atuendo rojinegro resulta asaz sugeridor. Aclara el mayordomo: "Conmigo no cuenten para que me dé un salto a Barajas. Además, ése vendrá en bote, porque lo que es por Iberia ya habría llegado... Y con Castro, además, no sabe uno a qué atenerse. A lo mejor le dan la salida. O a lo mejor ya le dieron la salida por el paredón" (Funeral en Teruel, 62). Más tarde, tras las insinuaciones por parte de Eva y Fefa de que Marsilla ha sucumbido ante los encantos de una mulata santiaguera, Gertrudis, más generosa, propone: "Marsilla posiblemente se ha visto enredado en el papeleo de una conjura internacional. Hay personas que hace cinco años solicitaron el pasaporte y no han podido siquiera tomarse la fotografía" (<u>Funeral en Teruel</u>, 69). A lo que replica Eva: "Rumores... Cuentos... Versiones del imperialismo yanqui... La cuestión internacional es una mulata chancletera" (<u>Funeral en Teruel</u>, 69).. En todo caso, el desenlace trágico de la obra dimana de un antecedente histórico concreto: el proceso revolucionario cubano. Marsilla sucumbe ante la imposibilidad de exiliarse; Isabel, su anacrónica prometida, lo sigue a la tumba en virtud de su incapacidad para adaptarse a un prosaísmo avasallador. Teruel misma, al final, se convierte en microcosmo caótico fundamentado en lo que Juanito Cosanueva, cuyo nombre simbólico no puede resultar más transparente, designa "el culto de la yegua y el caballo" (<u>Funeral en Teruel</u>, 78). Esa crisis impone una flamante consigna, voceada tácitamente por Marsilla desde el espacio que lo aprisiona y reproducida por Fefa en una escena significativa: "¡De aquí hay que irse! ¡Esto no se puede tolerar!" (<u>Funeral en Teruel</u>, 76). En <u>Funeral en Teruel</u>, el esquema paródico apuntala una herencia sangrienta que se proyecta a ambas márgenes del Atlántico y que culmina en un carnaval gesticulante y arbitrario sólo erradicable por lo que muere irónicamente en la pieza: el idealismo humanista.

Aún por editarse o estrenarse, <u>Oscuro total</u> constituye la última obra extensa de Matías Montes Huidobro. En apariencia, entraña una de las tramas más ajenas a la isla de cuantas el dramaturgo ha concebido. Su origen patente lo es el famoso caso Menéndez que ha venido cautivando hasta el presente a la opinión pública estadounidense. El autor poco se esfuerza en borrar su antecedente, ubicando la acción en San Francisco y en la época actual. No obstante, esta pieza estrictamente teatral, según su título apuntala, representa otro eslabón en una cadena temática jamás resuelta por Montes Huidobro. Si en sus principios escénicos se advierte la preocupación consabida por la familia cubana como violento microcosmo autodevorador, con <u>Oscuro total</u> esa noción se trasplanta al suelo norteamericano para subrayar su perpetuidad. En esencia, el aspecto del caso Menéndez que parece inspirar más al comediógrafo no lo constituye la bizarría del crimen sino el hecho de que sus protagonistas tengan ascendencia isleña. De ahí que se tome la libertad de trastornar la naturaleza de uno de los partícipes reales de la tragedia para cubanizar a ésta aún más. Tita, la madre sensual, también procede del país antillano. Por consiguiente, este complejo texto transparentemente desubicado se arraiga en la isla para manifestar en forma pesimista la prolongación de ese macabro ciclo familiar que se vislumbra en Los acosados, La madre y la guillotina, La sal de los muertos y tantas otras piezas donde el escritor se empeña en descifrar la esencia de la sociedad nacional de todos los tiempos.

El último acápite por esquematizar lo encarna ese grupo de obras que eluden el motivo sociopolítico isleño para configurar imágenes de índole universalista convencional. Dentro de este estanco caben tres piezas en un acto: Fetos, La soga y La navaja de Olofé. El primer texto parte de un "oscuro total" (Obras, 223) para culminar en otra oscuridad absoluta representativa de la desaparición que es el nacimiento de unos entes ya sufridores dentro del propio útero. Pieza ambigua en que la comicidad se halla en conflicto con la desesperada angustia de estos seres en potencia, sugiere una propensión prenatal a la violencia. El descarnado hablar del Feto 1, al contemplar junto a los espectadores "escenas de la película Blade Runner, o un equivalente, en las cuales un robot le tritura la cabeza a su creador" (Obras, 228), emblematiza de manera fatalista una criminal circularidad. Al observar al personaje que designa "El Triturador," exclama el primer Feto: "¡Que lo mate! ¡Que lo mate! ¡Que le triture el cráneo de una vez! ¡Que lo haga pedacitos! ¡Canalla! ¡Sinvergüenza! ¡Degenerado! ¡Miren esa cara! ¡Esa jeta! ¡Que no se nos despinte! ¡Tengo que matarlo! ¡Tengo que matarlo! ¡Déjenme salir! ¡Déjenme salir!" (Obras, 228). La vocación parricida y cainista clarividente en sus ansias complementan el oscuro representativo posterior a la explosión rojiza tras que desaparecen, añadiéndole una monstruosa potencialidad metafórica.

Monólogo arriesgado que hace recordar a escritores como Kafka, Brecht, Beckett, Piñera, o cualquier otro practicante de una fabulación literaria agónica y deshumanizadora, La soga, empero, se relaciona más bien con un pre-texto del propio escritor: La madre y la guillotina. La cuerda con nudo de ahorcado que se suspende en el centro mismo del escenario para amedrentar al hombre que corre para evadirla es un símbolo existencial transparente. En este caso, la muerte que persigue a este ser que se desdobla sobre las tablas para revelar los matices contradictorios de su integridad (el enfrentarse corajudamente con el final inevitable, el luchar contra él; el dejarse morir con cierta pusilanimidad) no procede, como en La madre y la guillotina, de un enemigo externo concreto. Más bien, se representa la tragedia cotidiana de todo ser humano que culmina, como se vaticina al final del cuadro, en el descenso definitivo de la soga.

Quizá una de las obras más comentadas de Montes Huidobro, <u>La navaja de Olofé</u> representa a las claras ese empeño por universalizar lo cubano que Yara González Montes le atribuye al autor en el personalísimo ensayo biográfico antologado en este libro. Las dimensiones míticas de dicha pieza ambientada en Santiago de Cuba durante los famosos carnavales de esa ciudad rebasan los parámetros afroantillanos, emplazándola anecdótica, formal y simbólicamente dentro de los esquemas literarios más cosmopolitas y por ende accesibles al lector-espectador internacional. Freud relumbra en un fondo translúcido, sólo parcialmente opacado por las idiosincrasias lingüísticas nacionales y el entramado conceptual isleño-africano.

Por último, con <u>Su cara mitad</u> (1992) Matías Montes Huidobro se propone enfrentar un componente temático que había rehuido hasta entonces. La intención primordial del escritor en este drama "con trama de *suspense,*" al decir de José Escarpanter ("Una confrontación," 623), es confrontar "el mundo norteamericano en que vive desde hace cuarenta años con el de sus raíces hispanas, más allá de los manidos estereotipos" (Escarpanter, "Una confrontación," 627). Los personajes anglosajones se codean con los latinos en una armazón escénica compleja donde rigen el metateatro y los desdoblamientos semejantes a esos que se advierten en <u>Exilio</u>. Se refleja en última instancia la agonía de seres atrapados entre dos culturas: una hegemónica y la otra aledaña, en estado latente de absorción pero reacia a entregarse por entero. El premio Tony que convierte a Raúl en "el primer hispano que conquista Broadway" (<u>Su cara mitad</u>, 646), emblema del triunfo rotundo en el espacio anglosajón, se yuxtapone al fantasmal Tiznado, representativo de otra cosa destructora, de una tirantez interna que, a la larga, conduce a la autodestrucción promovida por el descubrimiento fortuito de que tal monstruosidad es uno mismo. Así Raúl se dispara un tiro en la sien al caer el telón, sólo para evitar responder el teléfono a través del cual le hablaría el Tiznado, su propia voz, su esencia traicionada.

Según se ha venido destacando, la obra teatral de Matías Montes Huidobro pone en evidencia una evolución congruente fundamentada en raíces netamente criollas, luego ampliadas en base a esa vocación cosmopolita que, de acuerdo con su parecer personal, debe acompañar a todo escritor. En su artículo de 1990, Marina Pianca expresa el siguiente juicio en relación con el estado de la escena cubana a finales de los ochenta:

Si en décadas anteriores oficialmente se prefería reconocer los logros en el desarrollo de un teatro de la revolución, hoy (1988) las críticas y la valoración múltiple respecto a la realidad del teatro cubano y sus deficiencias provienen de Cuba. Y si en 1961 Fidel Castro, en sus "Palabras a los intelectuales," delimitaba los parámetros de la actividad cultural ... hoy, incluidas en el interior de la Revolución, aparecen–y se legitimizan–experiencias inéditas en la Habana de hace unos años, en un período de pluralismo que ya se está concretizando en búsquedas teatrales de osadía artística y política. (121)

Pese a la validez un tanto cuestionable de este supuesto, vale la pena aprobarlo a grandes rasgos para subrayar el retroceso que entraña la susodicha apertura con miras a la obra de tantos teatristas marginados o exiliados y de Montes Huidobro en particular. De hecho, toca sostener que, lejos de alejarse de la dramaturgia isleña contemporánea, este creador le ha sido más continuamente fiel que otros ya rebasados por haber rendido demasiada pleitesía a las pasiones y circunstancias de momentos concretos. En los Estados Unidos la producción de Matías Montes Huidobro sigue desenvolviéndose hasta el presente, pero siempre ligada al país natal y hasta al desenvolvimiento literario dentro de ese espacio lejano, al cual el autor se mantiene próximo mediante sus tareas críticas. Es con ese ámbito que hay que relacionar la totalidad de su obra ya que, según él mismo argumenta, "por mi formación, mi historia y mi concepción del mundo soy esencialmente un escritor cubano" ("Entrevista, 229"). Hace más de tres décadas, en una mesa redonda presidida por Rine Leal y en la que participaron tanto el teatrista como Julio Matas, Calvert Casey, Virgilio Piñera, Antón Arrufat, Carlos Felipe y otros destacados escritores isleños, Montes Huidobro señaló, como anticipando su propio destino: "Creo, como autor, que las bases del teatro cubano descansan, naturalmente en el autor. Cuando dentro de un siglo se hable de teatro cubano será referido directamente a la producción dramática a base de autores nacionales, que ha de ser el eje fundamental de nuestro teatro" ("Teatro," 32). Rine Leal solicitó mayor aclaración: "¿Tú crees que cualquier obra escrita por un cubano, aunque tenga un tema extranjero, es nacional, es cubana?" ("Teatro," 32). La respuesta no pudo ser más perentoria: "Creo que sí, que cualquier obra de autor cubano es cubana" ("Teatro," 32). Irónicamente, la suerte política del país ha resultado en una desubicación de Matías Montes Huidobro de ese espacio y de esa historia cultural a los que siempre se ha declarado anexo. Esta realidad constituye un desafuero que urge remediar a las luces de una incipiente e ineludible reconsideración de las letras cubanas.

OBRAS CITADAS

Campa, Román V. de la. José Triana: Ritualización de la sociedad cubana. Minneapolis: Ideologies and Literatures, 1979.

Escarpanter, José A. "Una confrontación con trama de *suspense.*" En: Espinosa Domínguez, Carlos, Ed. Teatro cubano contemporáneo. Antología, 623-27.

_____. "Funeral en Teruel y el concepto de la hispanidad." En: Montes Huidobro, Matías. Funeral en Teruel. Honolulu: Persona, 1990, 11-14.

_____. "La impronta de la Revolución Cubana en el teatro de Montes Huidobro." Trabajo incluido en esta colección.

_____. "Veinticinco años de teatro cubano en el exilio." Latin American Theatre Review, 19:2 (Spring 1986): 57-66.

Espinosa Domínguez, Carlos, Ed. Teatro cubano contemporáneo. Antología. Madrid: Centro de Documentación Teatral/Fondo de Cultura Económica, Sucursal España, 1992.

Febles, Jorge y Armando González-Pérez. "Entrevista inédita con Matías Montes Huidobro."

González Freire, Natividad. Teatro cubano contemporáneo (1928-1957). La Habana: Sociedad Colombista Panamericana, 1958.

Leal, Rine. "Los afanes de la subsistencia." En: Montes Huidobro, Matías. Persona, vida y máscara en el teatro cubano, 455-56.

_____. 6 obras de teatro cubano. La Habana: Letras Cubanas, 1989.

Miranda, Julio E. Nueva literatura cubana. Madrid: Taurus, 1961.

Montes Huidobro, Matías. Exilio. Miami: Universal, 1974.

_____. Funeral en Teruel. Honolulu: Persona, 1990.

_____. Obras en un acto. Honolulu: Persona, 1991.

_____. Las paraguayas. Texto inédito.

_____. Persona, vida y máscara en el teatro cubano. Miami: Universal, 1973.

_____. La sal de los muertos. En: Rodríguez-Sardiñas, Orlando y Carlos Miguel Suárez Radillo. Teatro contemporáneo hispanoamericano, tomo III. Madrid: Escelicer, 1971, 117-230.

_____. Su cara mitad. En: Espinoza Domínguez, Carlos, Ed. Teatro cubano contemporáneo. Antología, 628-703.

_____. "Teatro en Lunes de Revolución." Latin American Theatre Review,

18:1 (Fall 1984): 17-33.

Muñoz, Elías Miguel. "Teatro cubano de transición (1958-1964): Piñera y Estorino." Latin American Theatre Review, 19:2 (Spring 1986): 39-43.

Palls, Terry L. "El carácter del teatro cubano contemporáneo." Latin American Theatre Review, 13:2 (Summer 1980): 51-59.

Pérez Coterillo, Moisés. Prefacio a Teatro cubano contemporáneo. Antología, 9-10.

Pianca, Marina. "El teatro cubano en la década del ochenta: Nuevas propuestas, nuevas promociones." Latin American Theatre Review, 24:1 (Fall 1990): 121-33.

Portuondo, José A. Estética y Revolución. La Habana: Ediciones Unión, 1963.

Suárez, Virgil. "Latino Dreams Become Nightmares in the Land of Opportunity: Uprooted Cuban's Journey to Madness." View, The Philadelphia Enquirer, 28 de junio de 1992, 1-2.

"Apología a Matías Montes Huidobro:
Vale más dramaturgia que destino"
Guillermo Schmidhuber
(Centro de Estudios Literarios, Guadalajara)

Cuando medito en la aventura vital de Matías Montes Huidobro descubro dos circunstancias antagónicas que, como fuerzas polarizadas, han determinado su caminar por las tierras de la creación dramática. Los lectores de las estrellas dirían que posee una estrella protectora y una estrella maléfica, y los protoamericanos pensarían que tiene un nahual y un maleficio. La primera de las fuerzas es colosal, nace de su vocación de escritor, primeramente como dramaturgo, luego como pensador crítico y, por último, como narrador. En la polaridad contraria se presenta amenazadora la resultante de un conjunto de fuerzas de índole diversa, unas se originaron por la situación política de su Cuba natal, otras partieron de su situación de emigrado en un país angloparlante, y unas más han sido generadas por su trabajo de académico en un país en donde las labores de creación son consideradas incompatibles con los rigores académicos. Sin embargo, una voluntariedad consciente le ha guiado para salvar los obstáculos históricos y las limitaciones geográficas para proseguir por el camino de la dramaturgia. Un camino que ha sido tan arduo que otro autor, menos constante, hubiera desistido calificándolo de callejón sin salida, o de derrotero clausurado para la creación y la vida.

Montes Huidobro nació en Sagua la Grande, Cuba, en 1931. En su juventud vivió un proceso histórico que desembocó en la revolución cubana, a la que se apoyó en su primer período. Bajo el entonces reciente régimen castrista, fue uno de los dramaturgos jóvenes que mayormente prometían. Varias de sus obras se estrenaron con éxito antes y durante el proceso revolucionario, por ejemplo <u>Sobre las mismas rocas</u>, <u>Los acosados</u> y <u>La botija</u>. Pero su volición y su vocación dramática pronto le impidieron seguir creyendo en la libertad condicionada, tanto en lo social como en lo intelectual, que ofrecía el gobierno castrista. La emigración a los Estados Unidos pareció ser la única escapatoria, y Montes Huidobro, en compañía de su esposa Yara González, llegó en 1961 a Miami. Pero la nueva tierra tampoco fue segura ya que una voz delatora había calumniado al escritor, por lo que fue encarcelado por varias semanas en un campo de concentración en Texas a donde la ubicua CIA lleva a los cubanos sospechosos de tener ligamentos ideológicos y políticos con el cosmos que habían abandonado. Las aventuras de su llegada a los Estados Unidos sirvió de base para una excelente novela, <u>Desterrados al fuego</u>, acaso la mejor novela de los primeros años del exilio cubano continental. Esta primera novela se hizo merecedora de un importante premio otorgado por el Fondo de Cultura Económica de México, que la editó en 1975. Después de unos años de vivir en la parte continental de los Estados Unidos, el matrimonio, ahora padres de dos hijos, tomó la decisión de partir a hispanizar una isla situada en la otra parte del mundo, Hawaii. Así que la familia Montes-Huidobro-González no tuvo paz interior hasta que no habitó una isla de nuevo.

La vocación de dramaturgo de Montes Huidobro posee características poco compatibles con las de la mayoría de los dramaturgos latinoamericanos de su generación o de las generaciones siguientes. Cuando el costumbrismo era la visión estética omnipresente en nuestro teatro, Montes Huidobro escribió bajo la estética del teatro del absurdo, pero no seleccionó esta tendencia teatral por vanidad intelectual europeizante, sino porque el autor aún estaba en búsqueda de su verdad interior y logró transubstanciar la dinámica interior que consumía su alma en tensión dramática al teatralizar el laberinto del yo en disonancia con su habitat social. Más tarde, cuando la pieza de sabor político parecía ser la única que podía ser escrita en castellano en América, nuestro dramaturgo se perfiló hacia el teatro poéticamente abstracto, como en su magnífica pieza <u>Las paraguayas</u>, o hacia el teatro de ideas, como en <u>Exilio</u>. Consecuentemente, en la misma esencia de su teatro ha habido la contradicción entre su pluma y la moda de los estilos. La razón de esta aparente sinrazón estriba en que Montes Huidobro ha sido fiel únicamente a dos principios: 1) el principio de la verdad, que le hace ser un hombre verídico que escribe con una mano en la pluma o en la computadora mientras con la otra intenta asir el fugaz espíritu humano, y 2) el principio del arte, que le hace amar el teatro no como vehículo de ideas o de fama, sino como oportunidad propiciatoria del encuentro con la otredad, no con aquella burdeza con que el humano percibe al otro en la interacción social, sino como el único género artístico que logra un encuentro metafísico del yo con el tú. Estos dos principios, el uno ético y el otro estético, han sido las razones para que nuestro autor siguiera escribiendo teatro a pesar de que sus piezas por muchos años subían poco a la escena y menos viajaban por la América hispana.

Otro gran dramaturgo, Rodolfo Usigli, propuso tres demandantes principios para el verdadero dramaturgo: ser dramaturgo por *volición,* por *disposición* y por *vocación;* es decir, llevar a cabo una decisión fiel y constante de proseguir creando para la escena a través de toda su vida contra toda adversidad; poseer un balance de conocimiento y creatividad para poder escribir en el campo dramatúrgico; y sentir el llamado *(vocatio*=llamado) a la búsqueda de una verdad personal que conforma al ser auténtico y de una verdad social que conlleva la justicia histórica y política. Desta demandante trilogía usigliana, Montes Huidobro posee una determinante decisión que le ha llevado a escribir aun cuando no había posibilidad de publicar las obras, ni menos de llevarlas a escena. Escribir en contra del destino, parecería que fue su lema. Su disposición para la escena fue grande: primero, por su conocimiento del difícil *arte nuevo y viejo de escribir comedias;* segundo, por su volumen de lecturas a lo largo y lo ancho de la historia del teatro universal; y tercero, por la creatividad de impactar el papel y la escena con obras que poseen ambiciosas propuestas estéticas y soluciones dramáticas siempre renovadas y cambiante. Así que Montes Huidobro se ha presentado ante el mundo del teatro con un mejor balance del que poseen otros dramaturgos de su generación, a pesar de que el público y algunos críticos consideren a éstos de mayor valía.

En contra de la vocación y de la volición de Montes Huidobro ha habido más obstáculos que apoyos. Le tocó nacer en un período en que la palabra teatral fue perdiendo poder para ser sustituida por la mera imagen escénica, ya que los directores dieron preferencia a los elementos teatrales limítrofes con el arte plástico y la dinámica proxémica. Fue un tiempo en el que la escena se acercó más a la teatralización del lienzo y de la danza, sin hurgar en la condición metafísica del teatro que le hace ser vehículo para que la humanidad se escuche y se observe, para desentrañar los misterios de la vida y de la muerte.

¿Qué puede hacer un dramaturgo sin país y sin público, y rodeado irónicamente de críticos y de angloparlantes? Escribir y esperar, como lo hizo Montes Huidobro. Así que la virtud de la esperanza fortaleció su obra. No fue la esperanza de retrotraer el tiempo y soñar con el imposible regreso a los espacios pasados, sino la esperanza de que las miles de hojas que escribía tuvieran, en un día lejano, uno o dos, o ¿porqué no?, millones de lectores que quisieran asomarse al alma de un autor que es paradigma de la cubanidad, tanto insular como continental.

Su abundante obra dramática fue favorecida por el rumiar meditativo, logrando un teatro bien escrito y mejor conceptualizado. En un período en que se olvidó el arte del escribir comedias para únicamente montarlas, Montes Huidobro se pronunció por un teatro forjador de excelencias, fundamentado en la experimentación dramatúrgica y escénica, y con ideas permanentes alejadas del eventismo pasajero y de la circunstancia transitoria. Su teatro fue y se conserva robusto, tanto en la estructura como en el pensamiento. No expresa ideas, sino, como debe ser el buen teatro, invita a pensar.

La diversidad de dramaturgos mundiales puede ser tipificada en dos apartados, aquellos que impactan al público como objetivo primario, y aquellos que impactan a otros dramaturgos, aunque no siempre cuenten con el aplauso de la escena, es decir, el dramaturgo del público y el dramaturgo de dramaturgos. Ambos hacen un buen teatro, aunque los primeros dejan huella mayormente en las emociones volátiles de la butaquería, y los segundos permanecen en las reflexiones de aquellos que escriben, convirtiéndose en levadura de creación dramática. El teatro de los primeros triunfa pronto, pero envejece más rápidamente; mientras que el teatro de los dramaturgos de dramaturgos queda vigente por mucho más tiempo. Indudablemente Montes Huidobro pertenece a la categoría de dramaturgo de dramaturgos porque sus obras son y permanecerán como paradigma del teatro cubano, aunque por el momento aún esté vedada su escenificación en la Cuba que cierra el siglo XX.

Nadie que haya visto–en mi caso leído–Exilio puede quedar impávido. La pieza presenta la expatriación en todas sus modalidades, con la utilización de un conjunto de personajes que sufren tres exilios: el primero en Nueva York, como exilados que huyeron del régimen de Batista; el segundo en La Habana, en donde algunos intelectuales cubanos sufren el exilio interior durante los primeros años de la Cuba revolucionaria; y el tercero de nuevo en Nueva York, durante la crisis ideológica final de la Cuba revolucionaria. Alguna vez he escrito que "esta pieza bordea la frontera entre el teatro testimonial y el imaginativo, ya que mientras las fechas y los espacios tienen un asidero histórico, los juegos del teatro dentro del teatro y del exilio sobre el exilio permiten la pluralidad semántica, alcanzando así un valor universal fuera de los límites geográficos y culturales de la trama." El distanciamiento necesario para contar la anécdota es logrado por el autor a base de la metateatralidad y de un continuo juego dinámico de ironías y parodias.

Si Las paraguayas hubiese sido escrita por una dramaturga, ya esta pieza estaría formando parte de numerosas antologías y sus parlamentos se hubieran escuchado en los veintiún países hispanoparlantes. Pero la realidad es otra, la escribió un hombre, y este hecho parece ser razón suficiente para que aquellas personas más interesadas en la liberación que en el teatro, disminuyan el interés y acaso la valoración de esta pieza. Es una pena que hasta el momento no haya sido publicada.

Cuando pienso en la necesidad de desarrollar una dramaturgia esencialmente nuestra, para que el teatro no continúe siendo el resultado de la importación de soluciones dramáticas extranjeras llevadas a cabo por autores individuales o colectivos, pienso en los logros alcanzados por Las paraguayas que posee la rara virtud de ser escrita con más sangre que tinta, no sólo porque los personajes, el espacio y el lenguaje son intrínsecamente nuestros, sino porque también la conceptualización del discurso teatral nos pertenece. ¿Por qué la narrativa y la poesía hispanoamericana han sabido crear su propio camino alejado de la importación de principios estéticos, mientras que nosotros, los teatristas, no lo hemos logrado aún? Una de las pocas indagaciones para alcanzar una estética dramática esencialmente hispanoamericana está escondida en los experimentos llevados a cabo en las últimas obras de Montes Huidobro, especialmente en la pieza ya mencionada y en La navaja de Olofé (1982).

El haber tenido Montes Huidobro dos carreras, la de dramaturgo y la de crítico, incomprensiblemente entorpeció el desarrollo de ambos caminos profesionales, ya que para muchos dramaturgos y críticos miopes esta bipolaridad fue considerada incompatible. Más de alguno ha querido comparar ambas carreras y escoger una: "Me parece mejor dramaturgo que crítico," o viceversa, como si uno debiera escoger sólo un pie para caminar. En la bio-bibliografía de Montes Huidobro no existe tal incompatibilidad. Su abundantes labores críticas han dejado constancia de los pensamientos que meditaba mientras caminaba con su dramaturgia a través del devenir teatral. Muchos otros lo hicieron antes con astucia y buenos resultados. Pienso en Rodolfo Usigli y en Alfonso Reyes, por nombrar sólo dos. Alguno más capacitado que yo debería hacer la apología de su obra crítica que para mí resulta tan importante como la de los mejores críticos unidimensionales de su generación. Sin embargo, quisiera apuntar el respeto y la visión positiva con que trató a numerosos dramaturgos colegas cuando los analizó con la lupa del escrutinio crítico. Esta sana disposición es muy meritoria pues el ser generoso con otros dramaturgos no ha sido parte del perfil del dramaturgo hispanoamericano.

En mi opinión, el arte montehuidobriano sigue hoy estando en vigencia. Desde hace dos décadas, se pueden encontrar en su dramaturgia indicios de lo que hoy los críticos califican, acaso temporalmente, de posmodernismo: la autorreferencialidad de la obra que muestra su proceso de creación; la conciencia dramática de los personajes que les hace vivir en un microcosmos teatral que no puede intercambiarse con la vida; y la intertextualidad que retoma obras de otros autores para infundirles nueva vitalidad. Por estas y otras razones, su teatro debe ser valorizado por públicos más abundantes y por un mayor número de lectores.

No puedo cerrar estas divagaciones sobre mi experiencia personal de dramaturgo ante la dramaturgia de Matías Montes Huidobro, sin mencionar la presencia de Yara González en la vida y, necesariamente, en la obra literaria de su esposo. Ella supo, como intelectual que es, el valor dramático y literario de Matías, por lo que llegó a ser el contrapunto de la melodía vital de este autor, ayudándolo a sobrellevar su existencia, con su apoyo de amor y con su acicate de mujer inteligente. La pareja de la novela Desterrados al fuego, que es indudablemente un retrato literario de Yara y Matías, trató inútilmente de encontrar la salida de una encrucijada que se había convertido en laberinto. Ahora, después de más de seis lustros, esa misma pareja ha llegado a puerto seguro. Su hijos y su vida matrimonial lo atestiguan.

Una vez le pedí a Matías que me dedicara un ejemplar de Desterrados al fuego que yo había localizado en México. Me escribió lo siguiente: "Para Guillermo y Olga Martha, que con su amistad y afecto saben hacer más llevaderos estos destierros." Yo hoy quiero devolverle el halago. Personas como Matías y Yara hacen que nuestra vida, plagada de vacíos y de destierros en tierras propias y ajenas, sea más llevadera y fecunda gracias a la amistad de aquellos a quienes admiramos.

No deja de llamar la atención la ironía que encierra el hecho de que el mayor obstáculo que ha impedido la justa apreciación de la obra de Montes Huidobro va perdiendo intensidad, ya que el proceso revolucionario ha llegado, al menos ideológicamente, a su último acto, y se aproxima el desenlace del devenir cubano insular. En la actualidad, mientras tantas ideas y valores han muerto o caído en medio de tanto dolor, paradójicamente la obra dramática y literaria de Matías Montes Huidobro sigue estando viva, sobre todo porque su creatividad está despierta y la pluma sigue en su mano. Si es cierto que el destino parecía imponerse y negarle a Montes Huidobro la posibilidad de que pudiera consolidar su dramaturgia, más cierto es que sus principios de verdad y de amor al teatro fueron vigorosos, y que su deseo de ser dramaturgo por *volición,* por *disposición* y por *vocación* fue eficaz. Triunfó el que parecía débil porque se había llevado a tierras de exilio lo que más valía y que no podía ser incautado en ninguna frontera, ni por ningún país: su creatividad, la lengua materna y un puñado de tierra cubana en el corazón.

"Víctima de la historia:
la enajenación en una novela cubana contemporánea"
Gemma Roberts
(University of Miami, Florida)

Matías Montes Huidobro, escritor cubano exiliado en los Estados Unidos, ha logrado con su novela, <u>Desterrados al fuego</u>, trascender los aspectos políticos del hecho histórico concreto del exilio, para presentar esa circunstancia desde una perspectiva más amplia, profunda y universal: la del drama de enajenación y angustia al que está sometido el hombre en nuestro tiempo.[1]

La novela comienza como una historia realista, pero las mismas palabras del narrador–que aparece innominado en todo el relato–preparan al lector para lo extraordinario: "No sabemos en qué momento de nuestro viaje empezamos a experimentar aquellos peculiares cambios" (9). Creando, desde el principio, una tensión angustiosa entre la causalidad histórica y sus consecuencias, entre la apariencia externa de los acontecimientos y las mutaciones internas que producen, el narrador insiste en la naturalidad de lo que le ocurre: "Pero en general todo parecía natural, como si formara parte del proceso histórico dentro del cual nos encontrábamos viviendo" (12). Dentro de ese "proceso histórico," el narrador-

---

1 En una excelente reseña sobre esta novela afirma Mireya Jaimes Freyre: "But it is the deep human conflicts, the human conflicts arising from the center of our being, our sex, our self respect, our human dignity that makes this book, <u>Exiles in the Fire</u>, the good contemporary novel that it is." Para un estudio más extenso de la novela, véase: William Siemens, "Parallel Transformations in <u>Desterrados al fuego</u>."

protagonista y su mujer tienen que experimentar el cúmulo de circunstancias imprevistas y humillantes que suelen experimentar los exiliados políticos: la espera inquietante del permiso de salida, el despojo de los bienes personales, las limitaciones al equipaje. Se advierte el poco valor material de las cosas incautadas: "nuestra casa era modesta" (9), recalcando con ello el sentido espiritual de la usurpación. Ese valor espiritual que el narrador les concede a los objetos será, pues, esencial al efecto traumático que la incautación por el gobierno ejerce sobre su psiquis, ya que las pertenencias, y en especial ciertas pertenencias muy personales, pueden llegar a constituirse en verdaderos anexos de nuestro ser.[2]   Por ello el narrador-protagonista de <u>Desterrados</u> al fuego destaca el valor afectivo de dos objetos que se convierten en motivos simbólicos reiterados a lo largo del relato: la máquina de escribir, cuya pérdida relaciona con la frustración de su vocación de escritor al entrar en un diferente ámbito lingüístico, y el traje de novia de su mujer, que se relaciona con las amenazas que ahora se ciernen sobre el amor.[3] La expropiación de estos dos objetos se vincula así con el creciente sentimiento de enajenación que el narrador-protagonista va a experimentar desde el momento en que él y su mujer abandonan la tierra natal para empezar una vida incierta en tierras extranjeras. El natural proceso histórico comienza ahora a sentirse como algo ajeno y antagónico al desarrollo de la vida individual. Este choque entre la libertad individual y la opresión social y política ha sido acertadamente relacionado por William Barret con la evolución de toda la literatura contemporánea: "Two centuries ago, a century ago, men thought of themselves as masters of history; today we are more likely to think of ourselves as its victims. The literature of the twentieth century is largely a lamentation for ourselves as victims." (334)

¿Qué manera mejor para entender el sentido del absurdo y la contingencia de la existencia en nuestro tiempo que el experimentar el fenómeno del exilio con todo lo que conlleva de ruptura con la tierra nativa, de privación con los nexos del pasado, de enfrentamiento con un futuro lleno de interrogantes que se abre como un vacío angustioso que amenaza tragarnos? El destierro es una experiencia que afecta la estructura misma de la conciencia, una de esas situaciones extremas que obligan

---

2 Vease, por ejemplo, la importancia ontológica que Jean-Paul Sartre le concede a la relación entre lo poseído y el poseedor en <u>L'Être et le Néant</u>, págs. 677-78.

3 El título en inglés de la reciente traducción de la novela de Montes Huidobro refleja precisamente la importancia de dichos dos motivos: <u>Qwert and the Wedding Gown</u>.

al ser humano a hacer recuento de toda su vida, según tropieza con circunstancias inusitadas para las cuales no funcionan los antiguos acondicionamientos sociales. Antoine de Saint-Exupéry ha expresado bellamente ese sentimiento de enajenación del exiliado en su Lettre à un Otage: "Ils étaint des enfants prodigues sans maisons vers quois revenir. Alors commence le vrai voyage, que est hors de soi-même" (393). Ese *viaje fuera de sí mismo* será vivido con singular intensidad por el protagonista de la novela de Montes Huidobro, quien muestra hasta qué punto el exilio puede convertirse en una trágica conmoción psíquica y hasta ontológica, más allá de las penurias cotidianas de cualquier grupo nacional de exiliados. El desterrado es visto por este novelista no sólo como un hombre sin tierra, sino también como un hombre sin clase social, sin grupo, un descastado, un ser que en el límite de su experiencia se ve condenado a las más terrible e inexorable soledad. Es un desposeído de lo suyo, pero lo peor es que puede llegar a ser un desposeído de sí mismo. El desplazamiento geográfico implica dramáticamente el desarraigo, la ruptura de las raíces que afianzan la existencia en un ambiente y en un modo de ser concreto y determinado y que de algún modo dan un sentido de solidez–aunque sea ilusorio–a nuestro ser en el mundo. En este sentido vemos que Montes Huidobro va a hacer uso en su novela de un léxico muy acertado que abunda en palabras con el prefijo *des:* desgaste, desconocimiento, desgajamiento, destrucción, descuar-tizado, y muchas más. Nos hallamos ante un cuadro sumamente convincente y expresivo de la total enajenación de un ser humano, desde la percepción inicial de sentirse diferente a los demás hasta la angustiosa conciencia del no-ser.

Con el humor que caracteriza todo el relato, el narrador de Desterrados al fuego reconoce su condición atípica: "¿Cómo se había casado una muchacha como Amanda con un individuo que nunca se limpiaba los zapatos y que ni siquiera era típicamente simpático, pareciendo además ligeramente obtuso?" (18). En contraste con su mujer, quien demuestra un sentido práctico y realista, con una normal capacidad de adaptación a las peripecias de la vida, el narrador ejemplifica al rebelde existencial y, al mismo tiempo, evidencia una personalidad de tipo esquizoide que se manifiesta en su modo peculiar de reaccionar frente al mundo y a sí mismo. Las ásperas circunstancias del destierro son vividas por él de una forma extrema y hasta patológica: amenazan destruir su yo y exteriorizan esa inseguridad ontológica que el psiquiatra R. D. Laing encuentra en la raíz de toda conducta esquizofrénica.[4] Precisamente, ha sido una decisión adecuada del autor la de haber escogido a un personaje con esas tendencias anormales para ilustrar, en un caso límite, la esencia del trauma del exilio. En su presentación de las raras sensaciones, fantasías y alucinaciones de su delirante personaje, Montes Huidobro logra elevar sutilmente el tema del exilio a categoría de símbolo o parábola de la condición existencial del ser humano, en todo lo que tiene de limitación, de soledad radical y abandono, en medio de un mundo que ha ido quedándose sin dioses.

Mas hay que señalar que el mérito literario principal de <u>Desterrados al fuego</u> no estriba en disquisiciones filosóficas incorporadas al texto como digresiones ensayísticas, sino en el valor significante de la dinámica estructuración de los elementos anecdóticos y las peripecias vividas por el personaje, a través de una serie de motivos literarios–como los abrigos, la máquina de escribir, el traje de novia–que le dan unidad y profundidad temática a la narración. Así encontramos que el conflicto que el narrador llama humorísticamente "el penoso problema de la ropa," comienza por tener una significación sociológica. Desde sus primeros meses en el destierro de Miami, el narrador percibe la importancia enorme del vestir como una forma requerida de integración social, de identidad colectiva: "Nuestra manera de vestir, arcaica, obsoleta, nos hacía parecer un poco raros, como si procediéramos de algún extraño planeta" (12). Pero al mismo tiempo se refiere–ya en un plano de relevancia ontológica–a la plena identificación de la ropa vieja que lleva puesta con su propio ser: "la menos descolorida camisa azul que llevaba casi siempre y que por momentos me parecía parte integral de mí mismo." (12)

Desde el punto de vista argumental, el suceso decisivo lo constituye el traslado del matrimonio hacia el norte y su necesidad de proveerse de abrigos para el invierno, los cuales obtienen de una agencia caritativa que suministra ropa de segunda mano. Se trata de ropa *ajena* y, para colmo, anacrónica: "como si nos remontasen veinte años atrás. Más tal vez. Nos sentimos en la época del *charleston*" (20). La impresión que semejante indumentaria produce en el narrador-protagonista va a adquirir proporciones fantásticas, dentro de la estética de lo grotesco que resalta en las descripciones de Montes Huidobro. Así, por ejemplo, al aparecérsele Amanda con los abrigos colgados en sendos percheros, el narrador

---

[4] Véase <u>The Divided Self</u>, especialmente las págs 39-61.

describe la visión con un símil que parece salido de una novela gótica: "la figura me impresionó de una manera terrible, como si tuviera dos alas negras" (22). La momentánea metamorfosis de Amanda en una especie de negro vampiro nos proyecta fuera del terreno de los fenómenos ordinarios para enfrentarnos con la inquietante manifestación de lo extraordinario, de lo raro, de lo ominoso. De acuerdo con esta presencia de lo fantástico, el propio narrador-protagonista sufre igualmente una transformación a los ojos de su mujer, la cual aterrorizada se desmaya: "Ella me miraba ... como si temiera, como si de un momento a otro yo fuera a sacar un puñal (como Jack 'el destripador') y fuera a liquidarla. Una presencia ajena se cernía sobre mí... Yo no me acababa de mover para hablarle y tranquilizarla y decirle que era yo. Mi propio pronombre sonaba hueco en mi cerebro." (23)

El fenómeno del desdoblamiento de la personalidad no es nuevo en la literatura y ya ha sido un aspecto bien estudiado en la psiquiatría. En esta novela, Montes Huidobro lo trata sólo como una faceta del complejo proceso de enajenación de su protagonista. Este escribe su historia aparentemente después de haber sido curado de su locura, y hay que subrayar *aparentemente* porque todo el relato se enfoca desde la perspectiva de un "narrador no confiable," según la conocida definición del crítico Wayne Booth.[5] El propio narrador se encarga de introducir una nota irónica de descreimiento en relación con todo lo que dice haberle acontecido. ¿Realidad o sueño? ¿Percepción o alucinación? ¿Recuerdo de experiencias reales o pura invención dentro del juego imaginativo de la creación literaria? No podemos olvidar que el narrador está poseído por una fuerte vocación de escritor, a la cual da salida mediante la escritura de sus memoria de exilio, dando lugar así a una narración en la que abundan la ambigüedad y los aspectos meta-novelísticos.

Tal vez el mayor mérito de <u>Desterrados al fuego</u> consista precisamente en la habilidad del escritor para mantener un sutil equilibrio, basado en la ironía, entre lo serio y lo cómico, entre lo patético y lo grotesco de las situaciones descritas.[6] A

---

5 <u>The Rhetoric of Fiction</u>, págs 158-59.

6 Observa Jaimes Freyre en la reseña citada: "Montes Huidobro has known how to put life, irony and sense of humor into situations that are painful in their veracity." Y Danubio Torres Fierro observa en otra reseña sobre este libro: "Alterna los planos de la normalidad y la anormalidad, inventa un laberinto sombrío y sofocante, hace que su protagonista lo recorra con una actitud que oscila entre la fascinación y el rechazo." (64-65)

sabiendas de que pisa el terreno de lo fantástico, Montes Huidobro hace que su narrador-protagonista se empeñe en buscar la lucidez mediante alguna explicación lógica, social o psicológicamente verosímil: "Es evidente que de quedarnos allí acabaríamos en la más espantosa de las parálisis, y que el verdadero peligro de nuestros abrigos estaba en nuestro temor, en nuestra cobardía al no querer hacerle frente a la situación que teníamos delante" (24). La perspectiva de la narración primera persona da lugar a un constante juego de reflexiones que crea y destruye, a la vez, el clima de fantasía y misterio suscitado por la sensación enajenante de los abrigos: "Parecía una película de misterio, de esas mediocres, en las cuales se abre la puerta de un *closet* y cae un cadáver. O una película cómica donde ocurre lo mismo" (25). Por otra parte, advierte el narrador que, en un doble plano de superficies y profundidades, no siempre se ciñe la verdad a lo evidente o perceptible: "Había algo absurdo en la superficie pero en el fondo (inescrutable) había algo extremadamente lógico. Ella sabía también que había una verdad, algo confusa, pero una verdad después de todo" (26).[7]

Otro motivo de especial significación dentro del tema de la enajenación sufrida por el narrador-protagonista de Desterrados al fuego es su experiencia del aeropuerto, lugar que dos veces constituye el emplazamiento de la acción novelesca en una doble dimensión, primeramente realista (Capítulo II), después de tipo onírico (Capítulo VII). En el aeropuerto, rumbo hacia el norte, comienzan a intensificarse los rasgos esquizoides del protagonista, que ya se habían manifestado en su sensación de desdoblamiento al ponerse por primera vez el abrigo. El narrador comienza definiendo su estado de ánimo como una "mezcla de soledad, indiferencia y vacío" (27). Al efecto, observa Laing sobre el esquizofrénico: "Such person is not able to experience himself 'together with' others or 'at home' in the world, but, on the contrary, he experiences himself in despairing aloneness and isolation" (17). Esa soledad y aislamiento del narrador de Desterrados al fuego se agudizan en la gran ciudad industrial del norte, en medio de su crudeza climática y

---

7 El tratamiento de lo fantástico en esta novela concuerda, en lo esencial, con el siguiente criterio de Todorov en su Introducción a la literatura fantástica: "Lo fantástico se basa esencialmente en una vacilación del lector–de un lector que se identifica con el personaje principal–referida a la naturaleza de un acontecimiento extraño. Esta vacilación puede resolverse ya sea admitiendo que el acontecimiento pertenece a la realidad, ya sea decidiendo que éste es producto de la imaginación o el resultado de una ilusión; en otras palabras, se puede decidir que el acontecimiento es o no es." (186)

ambiental: "Estábamos solos, no conocíamos a nadie. Había mucha gente, pero por completo indiferente toda ella a lo que nos pasara o nos dejara de pasar" (39). El sentimiento angustioso de la soledad y del absurdo de la existencia suele alcanzar, incluso para la conciencia normal, grados extremos de intensidad, en la medida que percibimos la indiferencia del mundo circundante, en la medida que se quiebran los lazos de la solidaridad. Ya en el aeropuerto, el narrador declara: "Pensé de inmediato que todos los conceptos humanos eran presuntuosos y falsos" (27). Pero más allá de ese desdén por la condición humana, coincidente con tantos otros anti-héroes de la narrativa contemporánea, Montes Huidobro da muestra de una excepcional capacidad para expresar la forma peculiar en que una conciencia alienada habita y siente el espacio que lo rodea. El lector descubre así un estrecho vínculo entre la descripción de los estados de ánimo del narrador y su modo específico de experimentar la objetividad del mundo: las cosas, el tiempo, el espacio. El espacio, especialmente, adquiere un significado muy importante cuando el narrador relata sus vivencias en el moderno edificio del aeropuerto: "La plenitud del edificio se había integrado ... intensamente a mi estado de ánimo" (31). En su mundo fragmentado, sin sentido, sin solidez, tambaleante, la sólida estructura del aeropuerto va a ofrecerle una imagen de orden, de lógica, de seguridad protectora. Sin recurrir a un simbolismo rebuscado Montes Huidobro logra presentar descripciones de honda repercusión fenomenológica:

> Paradójicamente el aeropuerto tenía una acogedora sensación hogareña y maternal. Me impresionó de inmediato su inmensa bóveda, de cristal y concreto, que no ofrecía (a pesar de su tamaño) la sensación de que se elevase. Era circular y ancha como si quisiera abarcarlo todo, y aunque su inmensidad acrecentaba nuestra pequeñez daba al mismo tiempo la sensación de protegernos de todas las inclemencias del mundo exterior, particularmente de la naturaleza. (27. Subrayado mío)

En el citado pasaje comprobamos cómo el espacio y el ambiente del aeropuerto son percibidos en su calidad positiva de cobijo, de amparo acogedor: "El inmenso edificio me acogía" (29). Interesa, sobre todo, destacar aquí el significado simbólico de los adjetivos empleados. Dentro del citado texto, "hogareña y maternal" referidos a la bóveda aluden al útero materno y al hogar de la infancia, y se asocian a otras reflexiones del narrador en torno a los días seguros y protegidos de la niñez en su tierra de origen: "En ningún lugar había experimentado nada semejante, salvo, quizá, dentro de la evocación (no de la experiencia) de los remotos años en que había vivido en la calle Colón ... allá por los lejanos días de mi infancia. Era como si encontrara el paraje olvidado que había buscado siempre y que recuperaba ahora de la nada" (28). En contraste con "las inclemencias del mundo exterior," estamos frente a una vivencia íntima: evocación idealizada de un pasado que elimina todo riesgo implícito en la realidad del momento presente. El individuo desterrado, desplazado, desamparado, va a sentirse por un rato alojado, emplazado, resguardado bajo la bóveda amable de un moderno aeropuerto. En su libro <u>Poética del espacio</u>, relaciona precisamente Gaston Bachelard el techo abovedado con el sueño de la intimidad: "For it constantly reflects intimacy at its center" (24). La presentación de la vivencia del aeropuerto, con su estructura abovedada, como una evocación o ensoñación del hogar materno, libera al narrador de la vertiginosidad del tiempo, idea igualmente sugerida por la circularidad de la bóveda y su amplitud totalizadora, abarcadora. Montes Huidobro logra con esta descripción algunas de las páginas más poéticas y psicológicamente penetrantes de <u>Desterrados al fuego</u>.

El clímax de su neurosis lo vive el narrador-protagonista en la ciudad de Nueva York, donde conoce el fracaso de no encontrar trabajo (en parte por su deseo inconsciente de no encontrarlo), lo que agudiza su sentimiento de desarraigo social. El desdoblamiento y el sentido del ridículo producidos por el viejo abrigo se transforman ahora en una sensación más bien deleitosa de cobijo, de protección frente a las inclemencias del clima y la hostilidad o indiferencia del ambiente de la ciudad. Bajo el abrigo, en casi perfecta simbiosis con él, su dueño se reconcentra más y más en sí mismo, en un hermetismo que acaba por no reconocer otra realidad que la de su propia suciedad: "Era como si yo estuviese enterrado en aquel abrigo que conservaba mi suciedad amorosamente" (64). El sucio y apestoso abrigo adquiere entonces para él todo el valor de un *fatum*, de un destino que no quiere ni puede escapar, porque lo asocia a lo más auténtico de su persona: "En el fondo no quería saber nada. Lo que quería era cumplir a cabalidad mi destino y el significado más auténtico de mi vida estaba en mi diaria inmersión en el parque" (72). El parque aludido es el lugar de reunión de unos míseros ancianos, sucios y socialmente marginados como el narrador, únicos seres con lo cuales puede identificarse en un fin común de paulatina desintegración corporal y mental, únicas criaturas con las que, paradójicamente, puede comunicar en un mundo de soledad y silencio. La autenticidad de estos seres estriba para el narrador en que ellos están desprovistos de toda máscara social (irónicamente Amanda se ha colocado en una fábrica de máscaras), ya nada tienen que ganar o perder en el mundo, todos exhiben su propia costra corporal y han quedado reducidos a su propia ruina, revelando la condición miserable y derelicta del ser humano, su naturaleza perecedera, la verdad insoslayable y desnuda de su anticipada mortalidad. Uno de los pasajes más originales de <u>Desterrados al fuego</u> se halla en la descripción del delirante y patético existir de esos viejos alienados y olvidados del mundo, que parecen vivir no sólo marginados de la sociedad sino fuera del tiempo.

La fascinación que el narrador-protagonista de esta novela siente, desde el principio, por la suciedad se entiende, en parte, como una forma de rebeldía existencial y como una reacción frente a ciertos valores de la sociedad burguesa: "Quizá se trataba de una manifestación de rebeldía–escribe el propio narrador–que buscaba a través de aquel reducto de los pies una genuina expresión del ser" (14). La rebelión contra la higiene surge, pues, como un deseo estrafalario, pero no menos significativo, de autenticidad, considerada como un retorno a lo más elemental y primitivo del hombre: "Los animales ... no se bañan, mantienen su riqueza de olores (que distingue a un grupo del otro y evita que se confundan) y hasta el hombre es capaz de conocer las diferencias básicas entre una peste y la otra. Pero el hombre, llevado por su infinita vanidad, se baña tratando de borrar de sí la característica más marcada de su identidad: la peste" (67). Si consideramos que el narrador-protagonista de <u>Desterrados al fuego</u> experimenta en su neurosis lo que parece ser una fase de infantilismo y primitivismo, puede afirmarse que sus reflexiones olfativas, por extravagantes y antisociales que parezcan, conllevan un elemento reconocible de verdad existencial y psicológica. En este sentido, vuelvo a citar a Bachelard, quien observa: "A psychology of primitiveness must devote a great deal of attention to the olfactory system." (<u>The Psychoanalysis of Fire</u>, 103)

Se reconoce en <u>Desterrados al fuego</u> cómo el buen humorista (y Montes Huidobro lo es en buena medida) puede trascender las situaciones absurdas y hasta cómicas hacia planos de simbolismo y significación profunda. En última instancia, en medio de su locura, el narrador-protagonista de esta novela se está planteando y nos plantea a los lectores el conflicto básico de la existencia humana: ¿Somos tan sólo materia efímera y corruptible? ¿Es que estamos inexorablemente destinados a la desintegración final después de la muerte? ¿El ser humano capaz de concebir y construir bóvedas de cristal aséptico, diáfano y resistente, podrá superar la opacidad a que está sujeta la conciencia, la putrefacción a la que está condenado nuestro cuerpo? Privado de una creencia en ultratumba, la realidad existencial del hombre hiere a nuestro exiliado con una lógica férrea que decide honradamente llevar hasta sus últimas y fatales consecuencias. Así, entrando de lleno en la locura logra atisbos de dolorosas verdades existenciales y se traza un plan de vida que paradójicamente radica en la negación de la vida misma: "Yo me había decidido por la descomposición" (68). "Tenía que reafirmarme a mí mismo. Somos la secreción de la carne. Debía pues reafirmarme en el producto de mi propia materia" (77). "Elegido de la carroña, ésta hacía infinitos y veloces estragos sobre mi ser, acercándome paso a paso al aniquilamiento" (79). Detrás del desvarío del infeliz desterrado, nos hallamos ante la tragedia del hombre contemporáneo, cuya falta de fe lo hace sentirse fatalmente condenado a la nada, sin paliativos de esperanzas ultraterrenales:

> ¿Cómo era que aquellos transeúntes ávidos de cosas no se detenían para contemplarme (y contemplar el abrigo) como el más auténtico y supremo de los maniquíes? No lo hacían posiblemente porque yo les ofrecía el recuerdo de ellos mismos–era el auténtico lamento de su propio teclado y preferían no escucharlo. (79-80)

Montes Huidobro consigue extremar la dialéctica sartreana de la náusea, haciendo de lo asqueroso, de lo apestoso y de lo corrupto, el principio revelador de la realidad auténtica y primordial de la existencia:

> Eramos la constancia de la descomposición, el gran producto de Dios mismo, y todos los otros intentos no eran más que la evasión de aquella realidad cósmica. La higiene, individual y colectiva, era la más antihumana de las creaciones, y la ciudad, cada día más sucia, parecía anticipar aquel último estado de descomposición contra el que se hacían inusitados esfuerzos.[8] (60)

En su culto a la suciedad de la existencia, puede verse no sólo un acto de rebelión frente a las normas de la burguesía, sino también un acto de rebeldía contra la Divinidad por parte del narrador exiliado en su mundo de desarraigo y soledad. Porque en el trasfondo de su locura parece yacer un problema esencialmente

---

[8] En su citada reseña compara Jaimes Freyre a esta novela con La Nausée de Sartre.

religioso que se hace patente en muchos aspectos de la narración. Advierte Carl Jung que la actitud religiosa constituye un elemento de la vida psíquica cuya importancia no debe ser subestimada. No se trata, ciertamente, de una cuestión de doctrinas o dogmas determinados, sino de una preocupación más primordial del hombre que busca sentido y explicación a la vida mediante un principio que la trascienda:

> We require not only a present day, personal consciousness, but also a suprapersonal consciousness which is open to the sense of historical continuity. However far-fetched it may sound, experience shows that many neurosis are caused by the fact that people blind themselves to their own religious promptings because of a childish passion for enlightment. (67)

No es de extrañar, pues, que la preocupación religiosa aflore constantemente en Desterrados al fuego, novela cuyo tema no es el exilio en sí mismo, sino el modo cómo una conciencia neurótica vive esta traumática experiencia, roto el hilo de continuidad biográfica que daba un sentido de solidez y estabilidad a su yo (no se debe olvidar que la mujer del protagonista no sufre las mismas conmociones psíquicas y ontológicas que su marido.) Abandonado a sí mismo al desligarse de su pasado social e histórico, el narrador intenta reafirmar su yo en la realidad inmediata que le proporcionan su cuerpo y su abrigo, pero lo que encuentra son los límites de su existencia, la convicción íntima de su propia nada. No obstante, el vacío de Dios no elimina la necesidad de una trascendencia. Paradójicamente lo vemos huir de Dios y buscarlo; lo niega sacrílegamente como Divinidad, pero su Presencia lo acosa mágicamente en la subconsciencia. Es así que a cada momento el lector descubre gestos y situaciones que el narrador caracteriza a través de metáforas y símiles religiosos que apuntan hacia la raíz oculta de su crisis.[9] Por ejemplo, en la referida descripción del aeropuerto, el narrador opone sarcásticamente la justicia y la equidad de la tecnología a la injusticia e iniquidad de la Creación divina: "Tenía la absoluta conciencia democrática e igualitaria de un Padre ideal que acepta todas las ofrendas con idéntica simpatía" (29). También su proyecto de dejarse corromper debajo del abrigo y sus visitas obsesivas al parque

---

[9] Hay que señalar la enorme cantidad de vocabulario religioso que llena las páginas de Desterrados al fuego: sacerdocio, credo, contemplación, devota, cáliz, butafumeiros, gracia, infierno, piedad, sacrificio, ofrenda, pecado, castigo, altar, tabernáculo, martirio y muchas más.

de los viejos están cargados de una evidente simbología religiosa. El narrador habla de su vida de suciedad como un "renunciamiento," "mi apostolado," "esta devoción," "un acto religioso," "mi estado de fe," etc... Se refiere, además, al "credo del parque," a la "gracia de la putrefacción," a "nuestra profunda fe en la descomposición," a "la paz de aquel santuario." Pudieran multiplicarse las referencias, pero citemos sólo un párrafo especialmente revelador del sentido ético y religioso que el narrador confiere a su forma de enajenación en el exilio:

> Mi inmersión en el abrigo había sido absoluta; mi devoción a la corrupción de la carne, un acto sin claudicación alguna; mi búsqueda en la costra del abrigo, una ascensión mística. Pero no debía dejarme llevar por la vanidad del elegido. ¿No podía ser que, precisamente, por esa plenitud inmerecida, recibiese el castigo, cayese inesperadamente en el pecado y perdiese la posibilidad de alcanzar la plenitud del reino y los resultados últimos de la gracia? (77)

A pesar de que el empleo de una terminología sacra dentro de un contexto tan profano pudiera tener un matiz de parodia, y aunque el tono usado por Montes Huidobro suele ser irónico y hasta burlesco (el autor guarda así intencionalmente su distancia con respecto a su personaje), el lenguaje se hace significante del deseo vehemente de alcanzar el Absoluto que puede encerrar la desesperación nihilista del incrédulo. Dentro de este nivel religioso, en toda su relevancia tragicómica, escuchamos al narrador de Desterrados al fuego, según empieza a congelarse en un día nevado en el parque, rezando un Credo a la descomposición de la carne, que recuerda el credo nihilista de Hemingway a la nada en su cuento "A Clean, Well-lighted Place" (32-33). En este credo de la novela de Montes Huidobro, la descomposición de la materia acaba arrastrando tras de sí al lenguaje, el cual se reduce al final a un balbuceo fragmentado y caprichoso de letras vaciadas de significado.

Después de la congelación y tan pronto el instinto de conservación lo restituye a la vida, la salvación se le revela al narrador como el amor que tiene que recuperar, y éste como el fuego imperecedero del espíritu que rehusa extinguirse. Se inicia entonces una fabulosa peregrinación en pos de Amanda y su amor perdido, simbolizada en la recreación paródica del mito de Orfeo, en el episodio del restaurante subterráneo del aeropuerto. La obsesión sexual, a la que despierta el narrador después de su letargo, va gradualmente sublimándose, espiritualizándose, hasta convertirse en un sentimiento casi místico. Curado de su locura ya no se resiste a la apertura de su ser hacia el otro, hacia la amada; es más, se entrega enteramente en una especie de ofrenda mística a la eternidad del fuego:

> Entonces fue que miré y borré todas las páginas, destruí todo aquello que habia escrito, palabras, todas las fantasías de mi soledad, de mi abandono... Ardían las páginas, se quemaban las palabras de mi engaño, yo mismo creador del círculo ardiente que me abrasaba, o iba a quedar solamente la única realidad final del ave Fénix que surgía de las cenizas de mis propias palabras. (199)

La adopción del fuego como símbolo de la purificación, ya sugeridad por el título de la novela, resulta particularmente acertada si se tiene en cuenta el previo experimento de degradación corporal a que se ha sometido el personaje. En relación con el simbolismo del fuego escribe Bachelard: "When one gets to the bottom of animism one finds a calorism. What I recognize to be living–living in the immediate sense–is what I recognize as being hot. Heat is the proof *par excellence* of substantial richness and permanence: it alone gives immediate meaning to vital intensity, to intensity of being" (The Psychoanalisis of Fire, 111). Bachelar señala también dos razones fundamentales para la idealización tradicional de este elemento, ambas significantes en relación con la novela de Montes Huidobro: el poder de "deodorización" que tiene el fuego, y su capacidad para separar sustancias y destruir impurezas materiales.

El mito final del ave Fénix simboliza así la apertura de la conciencia del narrador-protagonista de Desterrados al fuego hacia una forma renovada de confianza en la inmortalidad que, independientemente de cualquier dogma religioso, y en una dimensión poética, supone el reconocimiento de algún principio indestructible en el espíritu humano–el amor–más allá de la desintegración y la corrupción de la materia.

46

OBRAS CITADAS

Bachelard, Gaston. The Poetics of Space. Trans. Maria Jolas. Boston: Beacon Press, 1972.

———. The Psychoanalysis of Fire. Trans. Alan C. M. Ross. Boston: Beacon Press, 1971.

Barret, William. The Illusion of Technique. New York: Anchor Press/Doubleday, 1978.

Booth, Wayne. The Rhetoric of Fiction. Chicago: University of Chicago Press, 1966.

Hemingway, Ernest. "The Snows of Kilimanjaro" and Other Stories. New York: Charles Scribner's Sons, 1964, 29-33.

Jaimes Freyre, Mireya. Reseña de Desterrados al fuego por Matías Montes Huidobro. Latin American Literary Review, 4.9 (Fall-Winter 1976): 96-98.

Jung, Carl G. Modern Man in Search of a Soul. Trans. W. S. Dell and Cary F. Baynes. New York: Harcourt, Brace & World, 1959.

Laing, R. D. The Divided Self. Baltimore: Penguin Books, 1973.

Montes Huidobro, Matías. Desterrados al fuego. México: Fondo de Cultura Económica, 1975.

———. Qwert and the Wedding Gown. Trans. John Mitchell and Ruth Mitchell de Aguilar. Kaneohe, Hawaii: Plover Press, 1992.

Saint-Exupéry, Antoine. "Lettre à un Otage." En Oeuvres. Paris: Bibliothèque de la Pléiade, 1959.

Sartre, Jean Paul. L'Être et le Néant. Paris: GAllimard, 1943.

Siemens, William L. "Parallel Transformations in Desterrados al fuego." Término, 2.6 (Winter 1984): 17-18.

Suárez, Virgil. Reseña de Qwert and the Wedding Gown por Matías Montes Huidobro. The Philadelphia Enquirer. View. Sunday, June 18, 1992.

Todorov, Tzvetan. Introducción a la literatura fantástica. Buenos Aires: Editorial Tiempo Contemporáneo, 1972.

Torres Fierro, Danubio. Reseña de <u>Desterrados al fuego</u> por Matías
Montes Huidobro. <u>Plural</u>, 5.6 (marzo 1976): 64-65.

"Vista del anochecer en el trópico:
el discurso de la iluminación escénica en Ojos para no ver"
Elsa Martínez Gilmore
(United States Naval Academy)

Ojos para no ver, de Matías Montes Huidobro, supone la incapacidad del público presuntamente cubano a quien se dirige para enfrentarse a una poco halagüeña historia nacional. En un comentario incluído en su artículo "Nueva Generación", aparecido en 1979 (el mismo año de la publicación de Ojos para no ver), el dramaturgo afirma que "la experiencia vital se parece mucho a la ceguera." (43) Más adelante, Montes Huidobro declara su interés en la expresión literaria de esta circunstancia en tanto que formula otro comentario a propósito de Vista del amanecer en el trópico, novela cuyo título coincidentalmente descansa en una metáfora visual. Dice: "Cabrera Infante se encuentra ante el hecho histórico [de la Revolución] y, con sentido cinematográfico, ajusta el lente. Lamentablemente, la historia es algo más compleja y el propio novelista sufre las consecuencias ópticas de la historia: no ver claro" (52).

El título de Ojos para no ver anuncia otro ajuste de lente, en esta ocasión en sentido inverso al que ejecuta la novela de Cabrera Infante. El argumento de la pieza puntualiza la relación existente entre Solavaya y María, sujeto y objeto de la acción, respectivas personificaciones del dictador y del país. Encabezan ellos dos bloques de personajes simbólicos, uno, del gobierno y del elemento cómplice, oportunista; el otro, de Cuba misma y del pueblo reprimido e impotente. Entre estos dos polos la acción dramática se desencadena en términos de una malhadada violación. A este plano argumental se le superpone otro nivel de discurso eminentemente *visual* cuyo código expresivo es la iluminación exigida en las acotaciones. En la casi total ausencia de decorado y de utilería, en Ojos para no ver la iluminación es el primordial útil mediante el cual, según ha observado la crítico Erika Fishcher-Lichte, se define el espacio escénico como sistema generador de significados (93). Este discurso, claramente establecido en las acotaciones, condiciona los otros niveles comunicativos (auditivo, kinestético, visual pero no específicamente lumínico, etc.) del drama. Nos interesaremos en particular en los cuatro aspectos significantes de la iluminación mencionados por la misma Fischer-Lichte, que por cierto coinciden en una doble función como signos de uso común tanto en una cultura dada como en el teatro: (1) intensidad, (2) color, (3) distribución, y (4) movimiento (111). Se diferenciará en particular entre los casos en que la iluminación significa en combinación con otro elemento teatral y aquellos en que lo hace independientemente. Se insiste en que se trata de un análisis de la iluminación prevista por el dramaturgo, y no de su ejecución en una puesta en escena específica.

Las acotaciones del texto dramático reclaman tres modos de distribución de la luz sobre el espacio escénico. En el primer acto y en el tercero se da el primero de esos patrones: una iluminación generalizada del escenario que alterna entre los tres colores primarios (azul, rojo y amarillo). En todos estos casos, la luz en sí misma denota significados simbólicos (Fischer-Lichte, 111-112) relacionados con el enmarcamiento de la pieza en el tiempo y en el espacio. Por lo general, el vestuario, los muebles, la arquitectura pintada sobre un telón o construida sobre la escena refieren icónicamente el tiempo y lugar de la acción a otros, externos y supuestamente históricos. En el primer acto de Ojos para no ver, no obstante, el único elemento de *decorado* que reclaman las acotaciones es la generalizada iluminación que primeramente se tiñe de azul y que posteriormente cambia al rojo. El primer color simboliza el mar, elemento definidor de una isla, al que se alude repetidamente en los parlamentos como único camino de huida para las víctimas de un régimen político opresivo. El rojo, tono simbólico del marxismo, completa la identificación del espacio como Cuba, y determina el tiempo de la acción como un "presente" posterior al año 1959. Los temas musicales de "Adelita" y "El manisero" que se dejan escuchar mientras impera esa luz, confirman la validez de descodificar ésta según patrones pertenecientes a la cultura y no específicamente al teatro. La célebre melodía de la Revolución Mexicana y la canción cubana cuyo título se ha incorporado en el lenguaje popular de la Isla a una burlona metáfora de la muerte subrayan la referencia simbólica, lumínica, a una época y a un lugar específicos, y al igual que el simbolismo cromático, son fácilmente accesibles al espectador conocedor de los códigos culturales del Caribe.

La iluminación generalizada del escenario como elemento simbólico en sí se repite en el tercer acto. En este caso toma un cromatismo amarillo para marcar el nacimiento de Solavaya hijo. No obstante, esas luces, semejantes en color a los rayos del sol de un nuevo día, son de brevísima duración. En lo que resulta ser una contradicción visual de la tesis optimista de Cabrera Infante, la luz dorada que acompaña el nacimiento se desvanece prontamente. El soñado "nuevo amanecer" se disuelve en las sombras. El recién nacido pronto demuestra ser superior al padre en su capacidad de digerir ideologías políticas y seres humanos.

No obstante, la iluminación de uniforme distribución y razonable intensidad sobre la totalidad del escenario no es la predominante en Ojos para no ver. Durante casi todo el drama, las acotaciones requieren una iluminación en forma de "conos de luz". La tercera forma de distribución también puede entenderse como aspecto de intensidad, y es aquella que representa el cero en ambas categorías, es decir, la oscuridad.

La acotación inicial: "Cámara negra; detalles del texto" establece inmediatamente que la iluminación predominante será precisamente de escasa intensidad o de mínima distribución. Durante la primera escena del primer acto, tal y como ocurre durante la mayor parte de la representación, casi todo el escenario se encuentra sumido en la negrura, de modo que el espectador ve unicamente aquello que le permite el "cono de luz" que se cierne sobre un área delimitada de las tablas. Podría suponerse que esta circunstancia lleva al extremo el aislamiento del espectador y por ende la negación de la identificación colectiva e invitación a la acción social que posibilitaba la iluminación diurna del teatro clásico, por ejemplo. Una larga serie de críticos, notablemente Brecht, se han preocupado a propósito de la iluminación escénica por este motivo. No obstante, en Ojos para no ver no se produce precisamente la escisión entre un espacio escénico icónico, en el que se trata de duplicar visualmente, en parte gracias a la iluminación, una realidad externa al recinto teatral, y un espacio oscuro, que invita al voyeurismo. En ese tipo de drama, Fischer-Lichte comenta que the stage space is one one side, where all of the light is directed, and the audience space is on the other, which is submerged in profound darkness... The actor performs as if no audience were present, and thus degrades the viewer to an indiscreet observer... As a result, however, the theater loses its ability to function as a form of the self-portrayal and self- reflection of society... For if the space for the audience is eliminated as the place allocated to the public social sphere, then the stage space can no longer function as the site of social life, but instead becomes the space into which the isolated observers project their inner world. (100)

En Ojos para no ver, la iluminación, lejos de crear un anonimato protector, se identifica como símbolo de un ámbito social amenazante, donde radican violencia y censura. No se produce una frontera luz/oscuridad que coincide con el proscenio, sino un continuo oscuro que lo abarca todo salvo un escaso "cono de luz." De puntos inescrutables de esa oscuridad surgen detonaciones y descargas de ametralladora que interrumpen frecuentemente el diálogo. Es allí que se sitúa el invisible "Muro de la Victoria," al que el esbirro Manengue acude repetidamente para ejecutar a sus víctimas. Por otra parte, la oscuridad funciona como índice (es decir, como síntoma o aspecto constituyente, según la terminología de Pierce) de la ceguera física, con la cual se intenta significar la ceguera intelectual y emocional del espectador. En la pieza de Montes Huidobro, la oscuridad que envuelve al espectador no le proporciona escapatorias, sino que le invita a tomar conciencia de la incómoda postura del ciudadano que no ve la realidad histórica que le rodea por ignorancia, por necesidad de sobrevivir, o por complicidad. La casi total falta de luz no invita por ello a la proyección escapista de sentimientos individuales, lo cual sería el equivalente de tener "ojos para no ver," sino a la toma de conciencia necesaria tanto para la participación en el espectáculo teatral como para efectuar cambios en un plano externo al teatro.

Entre iluminación general del escenario y oscuridad, media la tercera forma de distribución lumínica, que consiste de un "cono" de espacio escénico iluminado en contraste con la oscuridad circundante. Es ésta la que prima en el segundo acto y en gran parte del último.

Durante las escenas primera, tercera y quinta del acto segundo, el haz de luz aparece una y otra vez alumbrando la figura de María a lo largo de sus múltiples desdobles. En la segunda, el mismo cono se cierne sobre Solavaya y la Madre Superiora, y en la cuarta, en que aparecen Solavaya y Ruperta, la acotación indica que la luz, aún delineando un espacio cónico, debe de ser roja. La insistente delimitación visual que este tipo de iluminación ejerce sobre el espacio en que operan los personajes marca a éstos de un modo especial: "Isolation based on the use of light ... actualizes possible symbolic meanings. The light thus becomes fused with the sign it isolates, which we can qualify in a certain way as a specific sign that is capable of generating new meanings not previously thought of" (Fischer-Lichte, 112).

En contrapunto con la oscuridad y con la iluminación general, los conos lumínicos aíslan y recalcan otros signos. Entre otras cosas, la iluminación se funde con el colorido del vestuario; hace resaltar un parlamento; o acompaña la kinesis escénica para marcar, conjuntamente con esos signos, el desarrollo argumental del drama.

La importancia de la limitada distribución y específico colorido de la luz se hace innegable desde la primera escena del segundo acto. La acotación describe a María, de hábito blanco, arrodillada. Las frases de saludo de la Madre Superiora: "Da gusto verte, Niña. Tu inocencia petrifica a cualquiera," y un poco más adelante: "No en balde te han echado el ojo" (25), son una versión vernácula cubana de los versos del "Ave María" con que el Arcángel Gabriel saluda a la elegida que ha de ser madre de Jesucristo en el Nuevo Testamento. El significado del fragmentado parlamento pudiera pasar desapercibido si no fuera por el haz de luz que recae sobre la novicia, inclinada en oración. La luz blanca, fija, claramente circunscrita, le confiere a la escena el carácter de un ícono, con toda la expresividad visual tópica de los celebérrimos cuadros renacentistas sobre el tema de la anunciación. Se repiten trascendentalismo, cumplimiento de un destino profético, aceptación sumisa por parte de la escogida de un inevitable destino. Ese rayo de luz, simbólico del Verbo fecundador en muchos cuadros sobre el tema, contribuye a imprimirle el carácter determinado del texto bíblico al texto dramático. La iluminación sugiere que el argumento histórico a que alude la pieza, tal y como el del Nuevo Testamento, no es propenso a cambios extemporáneos, sino que como éste último, se encuentra sujeto a un "estaba escrito" inexorable. Profetizadas, condicionadas por circunstancias y por expectativas, ambas tramas, una vez iniciadas, no se detendrán hasta su inevitable consumación.

Las escenas III y IV presentan una incremental intensidad del cromatismo rojo en o asociado con la iluminación. Este coincide con el traspaso de la palabra a la acción; de la seducción verbal de la víctima a la violación. La transición se insinúa simbólicamente en la escena III, en la cual persiste el cono de luz blanca, pero que ahora ilumina a María Magdalena, vestida de rojo y a Ruperta, la vieja procuradora, de gris. Bajo la iluminación fija e intensa, el rojo identifica a María como la víctima marcada para el sacrificio, particularmente en tanto que Ruperta enarbola los gastados tópicos de la humildad, de las sanas intenciones, y del conocimiento profundo del corazón humano al estilo de Celestina en el cuarto auto de la tragicomedia de Fernando de Rojas.

El apogeo de la violencia se produce en la escena IV del segundo acto. La distribución de la luz sobre el escenario se mantiene constante: se trata nuevamente de un cono lumínico, pero que, como se mencionó anteriormente, en esta ocasión ha de ser rojo. Ese color inunda el prosaico y escaso decorado, confirmándole a los pocos objetos un simbolismo prostibulario y de gran violencia: "Un biombo con motivos orientales. Farolitos chinos. Ruperta se ha puesto un kimono oriental por encima de su vestimenta anterior. Es rojo y tiene bordado un dragón" (39). El color que los códigos culturales de Occidente asocian con un elemento infernal contrasta retrospectivamente con el disfraz gris de Ruperta en la escena anterior, así como con la iluminación y el vestuario blanco de María en la primera escena. La anulación de los significados simbólicos del blanco (paz, inocencia, etc.) y la afirmación de aquellos que se asocian con el rojo (violencia, pasión) que se hallan implícitas en el discurso visual se reiteran verbalmente. Con tono impasible, Ruperta le informa a Solavaya que a la cama se le están poniendo "sábanas limpias y almidonadas, por si las quieres manchar de sangre." (39) Por otra parte, la iluminación en rojo satura la acción escénica y permite la creación de un espacio mediante el cual se identifican elementos ambientales (sentimientos opresivos y de terror) e ideológicos (sexualidad, violencia, marxismo).

La escena V del segundo acto es la única del texto dramático en que las didascalias requieren el movimiento de la luz que recae sobre el espacio escénico. Tal movimiento coincide con una significativa kinesis escénica por parte de María. En este caso, al igual que en las otras escenas del segundo acto, la luz, muy delimitada, se funde con los signos de la acción escénica para adquirir un carácter simbólico. La santera Conga consuela a María la Concepción en un largo parlamento que aquí abreviamos:

Conga	¿Qué culpa tiene la tierra de que caiga en ella la semilla?... La tierra no tiene culpa de que la pisen... Y no podrás vengarte... ¿Cómo vas a llegar al crimen del Padre si el Padre es el Hijo?... Esta historia, muchacha, como las otras, tendremos que tomarla a relajo. (41-42)

A lo que María responde afirmando la posibilidad de un cambio. A medida que habla, la actriz que representa a María y la luz que la enmarca transitan a través del escenario:

María	*(Volviéndose).* ¿A relajo? Aquí, Conga, ya no se toman las cosas a relajo. El asunto es demasiado bíblico. *(Avanzando hacia el frente del escenario).* Es demasiado tarde: pero no me sacaré los ojos para no ver ni me ahorcaré para olvidar que he visto. (43)

La ceguera de Edipo, la cuerda de Judas Iscariote, y el choteo cubano son formas de escapismo tan tradicionales como inútiles para remediar la situación de María/individuo o de María/país. Al rechazar el personaje estas alternativas a medida que se aproxima al proscenio, la iluminación la acompaña. Este movimiento de la luz, único en la pieza, supone un dejar atrás de varios tipos de ceguera: el complejo de culpa que motiva al personaje de Sófocles a autocegarse, la desesperación suicida del apóstol traidor, y el cinismo del ciudadano promedio. El parlamento de María y el acercamiento de la luz al espacio ocupado por los espectadores sugieren una alternativa, una oportunidad de apertura visual para todos los ocupantes del entorno oscuro del teatro. Ante la más cruenta opresión, María declara que la víctima puede abandonar la parálisis, abrir los ojos y así afirmar su libertad al convertirse en testigo y evidencia del terror que lo rodea.

La fusión de la iluminación con los elementos de otros códigos teatrales persiste en el tercer acto, en el que acompaña el último estadio argumental de la pieza. La transición violenta de una dictadura a otra se expresa verbalmente y en la disputa física entre Solavaya padre, Pútrida y Solavaya hijo por el pequeño espacio iluminado del escenario. Las didascalias requieren una distribución muy concentrada del haz de luz, de manera de que quepa en él un solo cuerpo. A medida que el hijo, entregado a los cuidados de Pútrida, va creciendo, Solavaya es repetidamente desplazado a empujones de ese cono de iluminación, evidentemente simbólico del poder, al que retorna cada vez más colérico. Finalmente, la luz ilumina su ejecución, ordenada por Él mismo, y tras la cual resurge, cual ave fénix de mal agüero, en la figura gemela y homónima del hijo. La nueva dictadura no difiere significativamente de la anterior.

No obstante el pesimismo implícito en el argumento, la última escena del tercer acto hace recaer sobre la iluminación la comunicación de un mensaje redentor. Se repite brevemente la generalizada iluminación azul, que, como en el primer acto, sugiere el lugar de la acción, y a la que se le superpone un último cono de luz azul. Según las acotaciones, éste debe ir elevándose hasta fijarse en algún punto alto del escenario. En su última nota, el dramaturgo lo identifica iconográficamente: "(Crescendo en azul. Voces que se diluyen en la música, se pierden en el azul. Oscurecimiento gradual. Queda arriba, fijo, cono en azul, el manto de la Virgen) " (59).

A la conclusión del drama, el cono de luz azul remeda la capa estrellada que ostenta en innumerables estatuas y estampas religiosas la Virgen de la Caridad del Cobre. Su posición alta en el espacio escénico es análoga a la de la patrona de Cuba en dichas imágenes religiosas, y automáticamente remite al espectador a sus conocimientos de los códigos de la cultura cubana para completar el ícono. En el plano inferior del mismo, en el teatro, los espectadores de la pieza ocupan el espacio correspondiente a los tres humildes pescadores del Cobre, en una endeble embarcación amenazada por la tempestad. La imagen representa los instantes imprecisos en que reacccionan diversamente ante el inminente naufragio y la milagrosa aparición.

Tal y como la referencia a la anunciación le confiere al texto dramático los elementos tópicos de ese ícono religioso, la luz que simboliza la Virgen del Cobre le imprime los significados normalmente asociados con ese elemento de la cultura cubana: valores del hombre común, situación desesperada, acto de fe, milagro, esperanza. A partir de ese cuadro final, el drama le sugiere al espectador una contestación a la pregunta que María se hacía a mediados del segundo acto: "¿Se cumplirá[n] en mí ... las leyes de la herencia, la desgracia constante de mi casa? ¿Es la fatalidad o es el libre albedrío?" (pág. 38) Se insinúa asimismo una respuesta a la que Ariel Dorfman le atribuía al personaje literario latinoamericano de la década de los setenta, y que arde en los labios de cualquier hombre sujeto a una brutal dictadura: "¿Cómo mantengo mi dignidad humana, cómo me libero, cómo uso esta violencia en vez de que ella me utilice a mí?" (11). Ante el poder aplastante de una tormenta o de un régimen opresivo, cerrar los ojos conduce a la destrucción. La iluminación de la obra sugiere que, tal y como la salvación de los pescadores del Cobre, la de María en la obra dramática o la de los espectadores en el mundo sólo puede operarse a base de una ardua transformación, que requiere un grado de fe en la posibilidad de cambiar la historia análogo al del creyente ante el milagro. Abrir los ojos para tomar conciencia y responsabilidad de una dolorosa historia es el paso previo e imprescindible para un acercamiento a la pieza de Montes Huidobro y para iniciar el infinitamente más difícil proceso de ser libres.

OBRAS CITADAS Y DE CONSULTA

Dorfman, Ariel. Imaginación y violencia en América. Barcelona: Editorial Anagrama, 1972.

Elam, Keir. Semiotics of Theatre and Drama. Londres: Methuen, 1980.

Febles, Jorge. "La desfiguración enajenante en Ojos para no ver." Crítica hispánica, 4:2 (1982): 129-136.

Fischer-Lichte, Erika. The Semiotics of Theatre. Bloomington: Indiana University Press, 1992.

Franco, Jean. "Beyond Ethnocentrism: Gender, Power, and the Third World Intelligentsia." En: Grossberg, Lawrence y Carey Nelson, Eds. Marxism and the Interpretation of Culture. Urbana: Illinois University Press, 1988.

Montes Huidobro, Matías. "Nueva generación." Chasqui 9 (Otoño, 1979): 39-65.

_____. Ojos para no ver. Miami: Ediciones Universal, 1979.

_____. "Sistematización histórica del discurso poético teatral en la dramaturgia cubana." Alba de América 10 (1992): 115-134.

_____. Persona, vida y máscara en el teatro cubano. Miami: Ediciones Universal, 1973.

"La impronta de la Revolución Cubana en el teatro de Montes Huidobro"

José A. Escarpanter

(Auburn University)

Cuando a finales de los años cuarenta, Matías Montes Huidobro llega al movimiento teatral habanero, Cuba vive una etapa de prosperidad económica, consecuencia de la posguerra, y una situación política democrática; pero el bienestar material no permea todos los estratos de la población ni el régimen de libertades cívicas se acerca a un justo ideal democrático. En el orden político, imperan la corrupción gubernamental y las rivalidades de los grupos en busca de privilegios. Ante esta situación, muchos intelectuales jóvenes rechazan la contaminación con esta realidad y se entregan con preferencia a la creación de obras de proyección universal. Montes Huidobro responde con sus primeros textos a esta actitud, como antes lo habían hecho los dramaturgos surgidos en torno al Grupo ADAD,[1] como Modesto Centeno, Eduardo G. Manet y Nora Badía.

El empeño universalista de Montes Huidobro trae una serie de aportaciones bien diferentes al teatro que se escribía en La Habana por aquellos años, las cuales

---

[1] El Grupo ADAD se constituyó en 1945 con los antiguos estudiantes de la desaparecida Academia de Arte Dramático de La Habana, la cual funcionó de 1941 a 1944 bajo la dirección del profesor español exiliado José Rubia Barcia, de la cual tomó su nombre. El Grupo ADAD realizó una excelente labor respaldada por un crecido número de socios en la que se incluían representaciones mensuales de teatro, concursos dramáticos anuales y exposiciones de arte. Por dificultades económica se disolvió en 1951.

están muy bien expuestas en su pieza <u>Sobre las mismas rocas</u>,[2] que obtiene el premio Prometeo de 1951 y se estrena, bajo la dirección de Francisco Morín, ese mismo año.

La pieza sitúa la acción en un lugar de los Estados Unidos, pero sin abundar en datos ambientales, pues el entorno asume un significado simbólico: es la imagen del mundo contemporáneo, ganado por el dinamismo y la impersonalidad, concretizada aquí en el culto al deporte. En esta actividad, como en muchas otras de la sociedad actual, la problemática de cada ser humano queda abolida. Lo importante es actuar según las reglas establecidas. El rechazar o siquiera cuestionar una sola de ellas implican la sanción y el aislamiento. Así le ocurre al protagonista, quien atado a un sillón de ruedas desde la infancia, vive al margen de ese mundo dinámico e impersonal, sin lograr más que breves contactos lastimosos con él. El conflicto de la obra, pues, se refiere a una cuestión nacida del orden temporal: el hombre, siempre fiel a sí mismo, enfrentado a las normas que trata de imponerle la época actual. En cuanto a la caracterización de los personajes, el protagonista es el único que lleva nombre propio y el suyo, como su conflicto, está cargado de resonancias simbólicas: Edgard Cotton, es decir, materia ligera y frágil, pero producto auténtico de la naturaleza. Este inválido a menudo es confundido con otros seres por los restantes personajes. De esta situación, reiterada a lo largo del texto, se infiere que la individualidad, la esencial condición humana, padece constante crisis y peligro dentro del vivir contemporáneo. Las otras figuras de la pieza llevan nombres de letras, las cuales son puras convenciones arbitrarias creadas por las culturas y no por la naturaleza. Estas representaciones del mundo dominante esgrimen siempre la crueldad y la violencia en sus relaciones con el protagonista, dos elementos que con distintos matices serán permanentes en el futuro teatro del dramaturgo. A pesar del tono amargo y desesperado que rige la obra, Edgard Cotton logra superar su situación agónica al descubir un vago sentimiento de solidaridad que, aunque lleno de miserias y compasión, le concede un sitio entre los desdichados del mundo:

Ahora lo veo claramente... Los otros ... los inválidos como yo... Los destruidos, los inútiles, los desposeídos, los ilusos y los soñadores, los que el

---

[2] Matías Montes Huidobro, <u>Obras en un acto</u> (Honolulu: Persona, 1991): 21-49. Siempre que aparezcan menciones a textos teatrales del autor se sobreentiende que pertenecen a esta colección, salvo que se hagan otras especificaciones.

pensamiento activo inutiliza sus piernas, mis hermanos, a ésos los veo venir entre las sombras, como no los había visto nunca, unidos más allá del tiempo y del espacio, en una superior mueca de dolor, angustia y esperanza... Estamos en la misma escena, en un mismo tablado, sobre las mismas rocas y en la misma tierra. Ya no estamos solos, no lo estaremos más. (48)

La patética concepción del ser humano contemporáneo que establece Sobre las mismas rocas anula en todo momento la posibilidad de redención, tanto por la vía de la lucha político-social como por la creencia en una vida perdurable, pues hay que subrayar que el sentimiento religioso no aflora nunca en el texto. Cuando se alude a la religión, se la interpreta sólo como un recurso frívolo más de la sociedad actual.

En su estructura, Sobre las mismas rocas significa una ruptura con los estilos dramatúrgicos que predominaban en aquel momento. Ni realismo poético, ni evasionismo. Como se deduce de los detalles señalados, el texto se inscribe en la corriente expresionista de estirpe germánica, tendencia que le proporciona al autor varias técnicas que se constituirán con el correr de los años en rasgos definidores de su teatro. Entre ella deben destacarse, además de la preferencia por los nombres simbólicos, el alejamiento del realismo y, como corolario suyo, la distorsión del lenguaje, la organización de la acción preferentemente en cuadros, casi siempre dentro de la estructura del acto único, y la preponderancia de la luz sobre los demás signos escénicos.

En 1952, como bien se sabe, las instituciones democráticas son erradicadas de la vida cubana por un nuevo golpe militar de Fulgencio Batista. Este suceso determina que la generación más joven, apartada de las preocupaciones nacionales, ahora se ve urgida de tomar partido ante la gravedad de los acontecimientos. Muchos de sus miembros tornan su interés hacia la precaria realidad cubana, que interpretan siempre de modo crítico, y enfatizando los problemas familiares, que estiman, quizás, como razón primera del enorme fracaso nacional. Esta nueva actitud se refleja en el teatro de Montes Huidobro. Al mediar la década de los cincuenta, escribe algunas piezas que se aproximan a la realidad cubana, pero sin abandonar su filiación antirrealista. Compone entonces "Las caretas," obra en un acto en que elabora elementos de la mitología yoruba, y, mucho más tarde, Los acosados, también en un acto, que se publica ya bajo el gobierno revolucionario, en mayo de 1959 en <u>Lunes de Revolución</u>, y se estrena al año siguiente en el ciclo de Lunes de Teatro Cubano que el teatrista Rubén Vigón establece en su sala Arlequín.

<u>Los acosados</u> es como el testimonio de lo que el autor y la mayoría de su generación consideran entonces que había sido la horrible realidad del país, la cual sería modificada por el nuevo régimen. Un humilde matrimonio vive acosado por las miserias cotidianas, entre ellas, el agobio económico y la muerte de los seres queridos. Como antes Edgard Cotton, los dos únicos personajes del drama, el Hombre y la Mujer, despojados de nombres propios, ante un mundo que no comprenden y que siempre los agrede, se aman, se riñen y se consuelan en un ambiente cerrado presidido por una luz perpetua. En este cuadro desolado, como sucedía en <u>Sobre las mismas rocas</u>, se vislumbra un resquicio de esperanza: "Algún día vendrá un mundo maravilloso que no tendrá cobradores" (77) sueña la Mujer, pero el Hombre, más lúcido que ella, le responde: "Con algo habrá que pagar, te lo aseguro" (77).

Dos de los méritos fundamentales de <u>Los acosados</u> son el tratamiento del paso del tiempo, que se da por leves sugerencias, sin apagones ni cortinas sonoras para aumentar su trágica esencia implacable, y la utilización de expresiones coloquiales cubanas injertadas en un diálogo en apariencia gris, pero de gran funcionalidad dramática que ubica la acción en la realidad insular sin fáciles pintoresquismos.

La dictadura de Batista se derrumba la noche última de 1958 y pocos días después llegan triunfantes a La Habana las huestes revolucionarias de Fidel Castro. El júbilo y la esperanza se entronizan como signos de la nueva situación. El teatro de tonos sombríos que había cultivado Montes Huidobro cambia radicalmente de coloración durante el primer año del nuevo sistema. El dramaturgo escribe entonces las obras que propongo denominar "la trilogía de la breve esperanza," compuesta por dos piezas en un acto, <u>El tiro por la culata</u> y <u>La botija</u>, y una en tres, "Las vacas," premio José Antonio Ramos de 1960.

Distintos entre sí, estos textos muestran un propósito común: reflejar el momento de transformaciones político-sociales propiciado por el nuevo gobierno y echar una ojeada ahora sarcástica al pasado inmediato. Estas piezas están concebidas en tono de farsa, a menudo absurdista, escuela triunfante por entonces en la escena hispanoamericana, y revelan por primera vez el incisivo sentido humorístico del dramaturgo. Pero considero que la elección del género de la farsa no fue un simple detalle de moda literaria. Creo que respondía a razones mucho más profundas. La farsa presupone, en primer lugar, una fidelidad a los postulados antirrealistas y, en segundo término, exige una postura distanciada del mundo inmediato que se escoge como material dramático. Aunque la apariencia de las tres obras sea optimista y se prodiguen en ellas recursos cómicos y caricaturescos, leídas hoy muestran una actitud cautelosa por parte del autor, quien muy temprano había vislumbrado que las ilusiones depositadas en la revolución iban a resultar erróneas y efímeras. Este pronto desengaño se expresa ya nítidamente en las piezas que compuso en 1961: Gas en los poros, La sal de los muertos y La madre y la guillotina, aunque todas se asocian también con el ayer próximo y con el proceso revolucionario.

En un breve espacio de tiempo, se han producido trascendentales cambios en el ambiente político. Las utopías enarboladas en los momentos iniciales del régimen se han esfumado entre las medidas arbitrarias, el creciente dogmatismo y su inevitable secuela, la persecución política. Montes Huidobro, quien había mirado al pasado con ira, contempla ahora el presente con horror. Esta actitud lo impulsa a abandonar el sentido humorístico recién estrenado y a regresar a las atmósferas de sus producciones iniciales. Pero marcado ahora por las experiencias de una revolución, no va a tratar mal al hombre actual en crisis con un mundo contemporáneo abstracto, sino que va a describir al ser humano víctima de la violencia concreta y la específica represión política que gravitan sobre una porción muy vasta de nuestro tiempo histórico. La posibilidad remota de salvación que apuntaba en Sobre las mismas rocas y Los acosados no aparece ahora. El teatro de Montes Huidobro alcanza así la cota más alta de la angustia.

En estas piezas de 1961, que pintan al ser humano víctima de la violencia y de la represión política, no se precisa el ambiente, pero en el texto abundan las expresiones y las referencias insulares. El centro de atención de estas obras lo constituye el núcleo familiar, pues Montes Huidobro sostiene que es en aquél donde se manifiestan en forma microscópica los mismos desmanes que se advierten en el macrocosmos político (Persona, vida y máscara, 25-36). El autor emplea los procedimientos más disímiles de la técnica teatral para crear universos de pesadilla que reflejan tanto la monstruosidad de un pasado que hizo necesario el anhelo de un cambio político, como la crueldad implantada por éste en cuanto asumió el poder. Entre sus recursos, el más importante es el metateatro con sus variadas posibilidades. Los personajes, confinados por vínculos de sangre en un espacio cerrado, recrean el pasado (<u>Gas en los poros</u>), se aventuran en juegos peligrosos (<u>La sal de los muertos</u>) o interpretan un catártico texto teatral (<u>La madre y la guillotina</u>).

<u>La sal de los muertos</u>,[3] en dos actos, es, por una parte, una interpretación del pasado reciente cubano, la cual anula cualquier posibilidad de liberación porque descansa en la creencia fatalista de la culpa heredada establecida por la tragedia griega: el nieto ha crecido asimilando y remedando las felonías del abuelo y aunque ambos se aniquilan en una lucha feroz, los demás parientes, contaminados por el ambiente maligno de aquel hogar, permanecen sumidos en un círculo devastador que sólo los conduce a la muerte. Por otra parte, presenta a través de espléndidos monólogos, diálogos y situaciones donde abundan el surrealismo y las formas más intensas de la irracionalidad, un minucioso análisis de algunas familias cubanas y el entorno social en vísperas de la catástrofe revolucionaria, como pocas veces lo ha conseguido el teatro realista coetáneo.

<u>Gas en los poros</u>, estrenada en el ciclo de Lunes de Teatro Cubano, se desarrolla ya bajo el nuevo gobierno. En la trama, la madre había colaborado con la dictadura precedente y la hija es una víctima paciente de la tiranía materna. Ante el cambio político, la chica pretende quebrantar la hegemonía de la madre, pero sus primeros esfuerzos fracasan. Hastiada, la decisión que asume es extrema: el matricidio como única liberación a su confinamiento. El sentido de parábola que posee esta pieza acrecienta las connotaciones políticas de este breve, pero excelente drama.

<u>La madre y la guillotina</u> ocurre en plena represión revolucionaria. Unas actrices se disponen a ensayar un nuevo texto. Mediante las relaciones de estas mujeres y sus encontradas opiniones sobre la obra, se ofrece un pavoroso panorama de la histeria que engendra cualquier cambio revolucionario. El tiempo, como en <u>Los acosados</u>, fluye imperceptiblemente ante el lector/espectador para dejar actuarl al *deus ex machina* del asunto, o sea, la Revolución, que está concebida como un ser omnipresente que no ofrece soluciones a los conflictos, sino que precipita a los personajes a su destrucción. <u>La madre y la guillotina</u> es una obra de gran destreza técnica, pues resulta una de las integraciones más audaces de

---

[3] Esta pieza, a pesar de su importancia en el teatro cubano, aún no se ha estrenado.

recursos tan dispares como el teatro dentro del teatro, el distanciamiento brechtiano y el teatro total.

Al confiscar las autoridades revolucionarias cubanas la edición de La sal de los muertos y suspenderse los ensayos de La madre y la guillotina en 1961, Montes Huidobro decidió abandonar la isla y se trasladó a Estados Unidos ese mismo año.

El exilio significó para el autor un alejamiento temporal de la creación dramática. En un medio extraño, prefirió dedicarse a la narrativa y a la crítica, en cuyos campos produjo, respectivamente, dos obras memorables: la novela Desterrados al fuego, una de las mejores sobre el exilio cubano, y Persona, vida y máscara en el teatro cubano, ensayo controversial que constituye la interpretación más a fondo que se ha llevado a cabo hasta ahora sobre el teatro cubano de este siglo.

El autor regresa al teatro con Ojos para no ver, que se publica en 1979, pero que no se estrena hasta 1993.[4] Esta pieza retoma la temática nacida de la decepción revolucionaria, pero ahora, mediante un excelente dominio del instrumento lingüístico en su vertiente popular, amplifica la tragedia cubana al ámbito continental al incluir voces y referencias a México, Nicaragua y Perú. No en balde el dramaturgo ha sabido de la experiencia *mítica* de la Revolución Mexicana, del intento del general Velasco Alvarado en la región andina y del fenómeno sandinista, que se inspira en el *modelo cubano*. En Ojos para no ver por primera vez el escritor dibuja directamente a los responsables de la barbarie política y se les ve actuar en escena. La revolución no es ya una fuerza oculta en los entresijos de la trama, como sucedía en las obras escritas en 1961. Siguiendo en forma muy personal, como es usual en su labor dramática, procedimientos del esperpento de Valle Inclán, concibe los personajes y la historia. Los primeros aparecen con nombres cargados de significado en el ambiente cubano–Solavaya, Manengue[5]–y la acción está aparentemente desarticulada en cuadros. En la trama se asiste a los intentos del tirano, Solavaya, por sobrevivirse en un hijo, tomando como madre propicia a una virgen proyectada en tres personajes. El hijo resulta una criatura monstruosa que hereda la crueldad paterna, como sucedía en la familia

---

[4] La pieza se estrenó en junio de 1993 en el Festival Internacional de Teatro Hispano de Miami por el grupo Prometeo de esa ciudad.

[5] *Solavaya* es una expresión muy común en Cuba que se pronuncia para alejar los males de una persona. *Manengue* es el nombre que se aplicaba a los ayudantes poco escrupulosos de los políticos en los tiempos democráticos.

de La sal de los muertos. El personaje asesinado al principio de la pieza, el Ciego de la Bahía, representación del pueblo sufriente en busca continua de redención, revive a lo largo de la acción para volver a ser blanco de la tiranía imperante. Ante este recurrente espectáculo sangriento, sólo queda la posibilidad del recuerdo: "Acabarán ahogándolo todo... Es demasiado tarde: no me sacaré los ojos para no ver ni me ahorcaré para olvidar que he visto" (Ojos, 57) afirma María la Concepción. Como ha señalado Jorge Febles, en la última escena cabe la posibilidad de interpretar un atisbo de esperanza para este mundo en el signo lumínico azul que inunda la escena "como un mar intenso e indefinido" (Ojos, 59), mientras que los personajes perseguidos, María y el Ciego, repiten: "Nunca ... jamás ... siempre" (Ojos, 59), pero considero que estos adverbios contradicen en cierto modo la posibilidad de salvación.

En Ojos para no ver, Montes Huidobro manifiesta sus preferencias por el espectáculo teatral. En cuanto a las luces, adquieren como nunca antes una significación simbólica. En cuanto al espacio escénico, los personajes no se encuentran confinados en un medio cerrado, como en las obras anteriores. Se mueven ahora en espacios abiertos, en un mundo natural, de playas y mares, pero, sin embargo, sumidos siempre en la represión política.

Tres años después, en 1982, el dramaturgo da a conocer dos obras que se apartan de la temática política: La navaja de Olofé, que es una versión de su pieza anterior "Las caretas," y Funeral en Teruel,[6] pero regresa al tema relacionado con la realidad política de Cuba en Exilio, que se estrena y publica en 1988.[7] Aquí el autor abandona la técnica de las alusiones y aborda directamente el drama revolucionario de su país. Siguiendo los postulados de la libertad artística, aunque menciona varias veces a Fidel Castro y a otros dirigentes de la isla. se vale de personajes y situaciones inventadas, aunque a menudo en éstos se pueden hallar datos relativos a figuras de la vida cultural cubana de las últimas décadas. Pero Montes Huidobro no está interesado en escribir una obra en clave, sino en reflejar artísticamente una etapa padecida por los cubanos enfocada desde la perspectiva de unos intelectuales. La pieza narra los destinos de dos matrimonios–una actriz y un

---

[6] Aunque aparece en su forma definitiva en 1990, una primera versión de esta pieza se publicó con anterioridad en Verbena 4:1 (1982): 2-29.

[7] La obra se estrenó en marzo de 1988 en el Museo Cubano de Arte y Cultura de Miami bajo la dirección del notable teatrista cubano Helberto Dumé.

dramaturgo; un poeta y una activista revolucionaria–y un amigo, director teatral, a lo largo de unos veinticinco años, concretados en tres momentos importantes: los tiempos inciertos, pero esperanzados, del exilio en Nueva York provocado por los años finales de la dictadura batistiana; el afianzamiento del régimen castrista, con su rigidez ideológica y su secuela de persecuciones en la década de los sesenta, y el reencuentro, en un apartamento de Nueva York en los años ochenta, de estos antiguos amigos que han seguido derroteros diferentes. El texto comienza dentro de las convenciones del drama realista, pero como nunca antes, Montes Huidobro demuestra aquí su dominio pleno de los recursos de la técnica tradicional, con la que juega hasta hacerla añicos. Esto se produce, ante todo, por el juego del teatro dentro del teatro, que se manifiesta en varios niveles. Pero ese complejo entramado de recursos técnicos se reduciría a un hábil ejercicio retórico si no estuviera, como lo está, al servicio de una historia que analiza a profundidad problemas sustanciales de la vida cubana con énfasis en lo relativo al mundo intelectual. Con sólo cinco personajes, el texto ofrece una imagen muy completa del conflicto cubano sin apelar al sentimentalismo ni a la arenga fácil. Por ello Exilio sobresale en el panorama del teatro cubano actual y ocupa una posición única en el drama hispanoamericano de las últimas décadas, muy dado a denunciar las dictaduras de derecha y a ensalzar las revoluciones de signo izquierdista, omitiendo intencionalmente el clima de horror y la falta de respeto a los derechos humanos que estas revoluciones llevan consigo.

Las siguientes piezas largas de Montes Huidobro, "Las paraguayas" (1987) y Su cara mitad (1989) en apariencia tratan temas ajenos al de este trabajo.[8] Pero la primera describe en clave de oratorio la tragedia de las mujeres de Paraguay después de la sangrienta guerra que diezmó a la población masculina del país en el siglo pasado: un episodio más en la desdichada historia de nuestro continente que toca tangencialmente el del exilio, y Su cara mitad presenta como protagonista a un hispano radicado en Nueva York.

Su cara mitad se relaciona en muchos aspectos técnicos con Exilio. Como ésta, se desarrolla entre cinco personajes, también dos matrimonios y un amigo; responde a la estructura realista de los tres actos convencionales, que utiliza aquí las

---

8 "Las paraguayas" permanece inédita. Su cara mitad se ha publicado en dos ediciones. La primera, en traducción inglesa de David Miller y Lynn E. Rice Cortina. La segunda, en Teatro cubano contemporáneo, editado por Carlos Espinosa Domínguez.

unidades de tiempo y lugar, y maneja con eficacia el *suspense*. A primera vista, parece que este encuadre realista ofrece el ambiente para uno de los motivos favoritos de este estilo, ya que el clásico triángulo amoroso, a treinta años de la revolución sexual de los sesenta, adopta ahora la forma de un pentágono sin mayores escándalos. Hasta aquí las apariencias realistas. El título mismo y el primer acto confrontan al lector/espectador con múltiples ambigüedades: ¿cuál es el verdadero sentido de ese significante *cara* que acompaña a *mitad: ¿*significa los adjetivos *querida* o *costosa* o es sinónimo de *rostro?* ¿cuál es la relación cierta entre los cinco personajes? A partir del segundo acto la trama sufre un vuelco total que se intensifica en el irónico y sorprendente tercer acto. Este vuelco se produce por la intervención de los elementos del metateatro característicos del autor. Pero Su cara mitad no es sólo un ejercicio de virtuosismo dramático, como las piezas que pueblan las carteleras de Broadway. Mediante ella, Montes Huidobro confronta más allá de los manidos estereotipos el mundo norteamericano en que vive desde hace más de treinta años con el de sus raíces hispanas. Partiendo de un texto teatral abierto a las interpretaciones más diversas, el escritor somete ahora a un análisis profundo y sereno tanto las constantes de la civilización y de la cultura de Estados Unidos como las de los emigrantes hispanos que pretenden asimilarse a ellas. El dramaturgo subraya estas irreconciliables fuerzas en pugna que, al final de la pieza, otorgan, como un acto definitivo, un significado unívoco al título. Su cara mitad, por encima de sus comentados aciertos técnicos, revela, con sinceridad y sin melodramatismos, el hondo conflicto vivido por todos aquellos hispanos, en especial los creadores literarios, que por razones económicas o políticas–como el propio autor–han tenido que abandonar su país e irse a vivir a Estados Unidos.

Las piezas más recientes de Montes Huidobro hasta la fecha, dos textos breves, La soga y Lección de historia, ambas de 1990, significan un evidente retorno, en cuanto a las técnicas y a la temática, a las obras concebidas a comienzos de los años sesenta: el dramaturgo retoma el asunto revolucionario, pero desarrollado dentro de un ambiente impreciso, agobiante y alucinado, que sólo un lector/espectador cómplice puede vincularlo a la realidad cubana. La soga sugiere, a través de un monólogo desdoblado, la angustia de un preso político por sobrevivir en condiciones infrahumanas, hecho frecuentísimo en las mazmorras del irónicamente autodenominado "primer territorio libre de América." Lección de historia, como su título anticipa, es un recuento en intenso tono farsesco del vivir cubano desde la perspectiva del máximo líder de la revolución en el poder, utilizando personajes genéricos que van sumándose a un coro que primero repite dócilmente las consignas del régimen y finalmente reacciona ante la locura desatada por el caudillo. Obra de sólida teatralidad, <u>Lección de historia</u> abunda en referencias a la realidad cubana–consignas, acontecimientos–en espera de la conclusión de esa etapa turbulenta de la historia de nuestra isla que constituye la Revolución. Este fenómeno ha marcado dolorosamente a varias generaciones de cubanos, pero, también, gracias a la magia del arte, ya ha dejado su impronta en una serie de creaciones memorables en el terreno de la literatura, como estas piezas del teatro de Montes Huidobro.

OBRAS CITADAS

Febles, Jorge. "La desfiguración enajenante en Ojos para no ver." Crítica hispánica, 4:2 (1982): 13

Montes Huidobro, Matías. Desterrados al fuego. México, D. F.: Fondo de Cultura Económica, 1975.

_____. Exilio. Honolulu: Persona, 1988.

_____. Funeral en Teruel. Honolulu: Persona, 1990. También en: Verbena 4:1 (1982): 2-29.

_____. His Better Half (Su cara mitad). Trads. David Miller y Lynn E. Rice Cortina. En: Cortina, Rodolfo J. Cuban American Theater. Houston: Arte Publico Press, 1991, 55-110.

_____. Obras en un acto. Honolulu: Persona, 1991.

_____. Ojos para no ver. Miami: Universal, 1979.

_____. "Las paraguayas." Texto inédito.

_____. Persona, vida y máscara en el teatro cubano. Miami: Universal, 1973.

_____. La sal de los muertos. En: Rodríguez-Sardiñas, Orlando y Carlos Miguel Suárez-Radillo, Eds. Teatro selecto hispanoamericano. 3 vols. Madrid: Escelicer, 1971, 3:115-220.

_____. Su cara mitad. En: Espinosa Domínguez, Carlos, Ed. Teatro cubano contemporáneo. Madrid: Centro de Documentación Teatral/Fondo de Cultura Económica, 1992, 631-703.

"Magia, mito y literatura en La navaja de Olofé"
Armando González-Pérez
(Marquette University)

> "Todo tendrá que ser reconstruido, y los
> viejos mitos, al reaparecer de nuevo, nos
> ofrecerán sus conjuros y sus enigmas con un
> rostro desconocido. La ficción de los mitos
> son nuevos mitos, con nuevos cansancios y
> terrores."
>
> **José Lezama Lima, La expresión**
> **americana**

Matías Montes Huidobro escribe La navaja de Olofé en 1981 y la publica en
la primavera de 1982 en la revista literaria Prismal Cabral, de la Universidad de
Maryland. Esta pieza dramática fue estrenada con éxito en Miami en 1986 en el
Coconut Grove Playhouse, durante el Primer Festival de Teatro Hispano, bajo la
dirección de Rafael de Acha. La navaja de Olofé, como señala su título, se
relaciona con las creencias y los mitos religiosos de los diferentes pueblos del
Africa occidental traídos a Cuba entre 1517 y 1873 a trabajar especialmente en las
plantaciones y los ingenios en la producción de azúcar. La mayoría de los esclavos
eran oriundos de la costa occidental del continente africano, en particular de la
región donde vive el pueblo yoruba. Este grupo étnico se conoce en Cuba con el
nombre de lucumí o anagó y sus creencias y ritos religiosos predominan en

santería. Los lucumíes creen en un Ser Supremo e incorpóreo y en un número de *orishas* o deidades que se identifican con alguna advocación de la Santísima Virgen o de un santo cristiano.[1] Los cientos de *orishas* del panteón yoruba al ser trasplantados a Cuba se reducen a unos dieciocho o diecinueve debido al sincretismo que sufren en *santería*.[2] La hibridación de las creencias y ritos de los yorubas así como la sincretización de los *orishas* dificulta a veces la clasificación de éstos debido a los distintos avatares o caminos que cada deidad pudo haber tenido originalmente.

Matías Montes Huidobro interpreta libremente en La navaja de Olofé las leyendas y los mitos afrocubanos de *santería* que están estrechamente relacionados con algunos de estos *orishas* trasplantados a Cuba, específicamente Ochún, Changó y Yemayá. En efecto, podemos afirmar que los protagonistas de La navaja de Olofé muestran características que asociamos con estas deidades en el plano mágico y realista de esta pieza dramática. Una breve explicación de los avatares o caminos de los tres *orishas* que aparecen en la obra facilitará su compresión temática y simbólica.

Las leyendas sobre Ochún son numerosas. Según el mito, esta diosa es la amante favorita de Changó, rey de Oyo. De esta unión nacieron los mellizos sagrados, llamados Ibeyis. Ochún es la mulata sensual y sandunguera, la diosa del río, del dinero y del amor. Cuando era joven, esta *orisha* solía bailar voluptuosamente, desnuda y untada de *oñí* o miel de abeja a la orilla de los ríos, sacudiendo sus manecillas de oro. Ochún es, por consiguiente, la encarnación femenina de la coquetería, la sensualidad y la bachata. Esta divinidad también solía acudir a los *güemileres* o fiestas de santos a bailar frenéticamente hasta el paroxismo con el fin de enardecer a bailadores y tamboreros. La bella y dulce Ochún logra, con sus encantos y delicadezas femeninas, seducir y burlarse hasta del macho más fuerte e insensible, como ocurre en el *appataki* que nos relata sus amores con el temible Ogún, el dios de los hierros y de los metales. En otra ocasión, Ochún se vale de su belleza y gracia para engañar al mismo espíritu de los muertos que, por orden de la diosa Oyá, mantenía prisionero a Changó. Cachita,

---

[1] El dios supremo yoruba se identifica en *santería* con Jesucristo, con el Dios Padre, con el Santísimo Sacramento.

[2] Los principales *orishas* en la *santería* son: Babalú Ayé, Changó, Eleguá, Eshú, Obatalá, Ochún, Ochosí, Osaín, Oyá y Yemayá.

nombre afectuoso que le dan sus seguidores, es la Virgen del Cobre, patrona de Cuba. A la voluptuosa y sensual protagonista de La navaja de Olofé, igual que a la diosa lucumí, le gusta la bachata y quiere irse al carnaval santiaguero a bailar la conga y la rumba con el fin de gozar y enardecer a los hombres con su sandunga. El joven mulato protagonista, para aplacar sus celos, la piropea al compararla con la patrona de Cuba: "Claro que te quiero... ¡Eres mi virgencita del Cobre!"[3]

Muchos son los mitos y las leyendas sobre el poderoso y caprichoso *orisha* Changó en su versiones africanas y en sus relatos sincretizados afrocubanos. Changó aparece en Africa como un héroe divinizado a quien se le asocia con la divinidad solar Jakuta. Muchos de los seguidores de Changó en Cuba reconocen su carácter histórico-legendario cuando se refieren a él por su título monárquico de Alafi. El aspecto histórico-legendario de este *orisha* fue el que sirvió de inspiración a Pepe Carril para su obra Shango de Ima que el crítico Robert Lima ha comentado admirablemente en un artículo publicado en 1990 por la revista Latin American Theatre Review sobre la dramatización de los *orishas* en el teatro cubano.

Changó, dios del trueno, del relámpago y de los tambores en Cuba, es el *orisha* guerrero por antonomasia. Sus continuas luchas contra su hermano Ogún son legendarias. Changó es la personificación del macho por excelencia que encarna la virilidad. Tanto en Africa como en Cuba, Changó se considera el esposo de Oyá, de Obá y de Ochún. Pero en *santería*, es la hogareña y abnegada Obá la primera y la favorita de sus esposas. En algunos de sus avatares o caminos Changó aparece como un *orisha* lujurioso y obsceno. En otros, se manifiesta como un *orisha* fanfarrón e irresponsable y hasta mentiroso cuyas debilidades son, desde luego, el sexo y los tambores. Changó aparece sincretizado en la mitología afrocubana con Santa Bárbara, a quien se invoca durante las tempestades. La palma real es el árbol que le sirve de refugio a este *orisha;* es su trono y mirador (Cabrera, El monte, 221). El símbolo fálico que se asocia con este árbol destaca sus poderes sexuales.

Yemayá es una de las divinidades más importantes y poderosas del panteón yoruba. Esta diosa es la figura arquetípica de la Tierra-Madre. Ella es la deidad del

---

3 Matías Montes Huidobro, Obras en un acto (Honolulu: Persona, 1991): 4. Todas las citas que aparecen en este ensayo referentes al texto que nos ocupa llevan el número de página de esta edición.

mar, la Madre-Agua de donde mana toda vida. Esta divinidad es la madre por excelencia, la encarnación de la fecundidad. Según la leyenda que recoge la investigadora Judith Gleason, de ella nacieron los *orishas* principales:

> Then, as my nourishing waters began to inundate the earth, creating lakes in low places, rivers, intricate brooks and hidden sources, my generous belly burst open to release sixteen orishas: Olokun the ocean; Osha the lagoon; Shango, his brother, and his three wives; Ogun, and his brother the hunter; Oke the mountain; Oko the farm; Aje, wealth; Sun; Moon; and dreaded Obaluaiye. I've forgotten the name of the other one, for I am old. (8)

En la compleja mitología yoruba, Orungan, su hijo mayor, es el que comete incesto con esta poderosa divinidad. La versión afrocubana de este mito, en la que Yemayá inicia el incesto con su hijo Changó, está recogida por Rómulo Lachatañeré en su obra ¡Oh, mío Yemayá!:

> Más ocurrió que cierto día la madre se prendó del hijo y acercándose a él, rozo suavemente su cuerpo con el suyo, lo que le produjo un estremecido suave temblor y sus carnes fueron desfalleciendo hasta que presa de una soporífera sensación, se estrechó más y más al mozo, y por apagar el deseo que súbitamente afluyó a ella, comenzó a acariciarlo con una agilidad llena de sutilezas y más y más pudo el rebosante caudal de su sexualidad que el gesto moderado de la caricia, y así trémula y mirando vagamente se estrechó apasionadamente al hijo, convulsa y palpitante. (100-01)

En *santería,* Yemayá se identifica en Cuba con la popular Virgen de Regla, patrona del puerto de La Habana. Esta diosa puede tener en Cuba la imagen de la madre amante, fecunda y bondadosa que nos sustenta desde el momento en que nacemos, según señala uno de los creyentes en la obra Yemayá y Ochún de Lydia Cabrera: "La bebemos al nacer, la bebemos al morir y ella nos refresca el camino cuando nos llevan a enterrar" (24). Pero Yemayá también proyecta la imagen de una divinidad colérica, temida y destructora: Yemayá-Olokún que Obatalá, rey creador de la tierra sólida, tuvo que encadenar en el fondo del mar.

Según señala un informante de Lydia Cabrera, esta Yemayá vieja, Yemayá feminina, espíritu del mal, se conoce como "Olokún, <mitad hombre, mitad pez>, y vive en el fondo del océano, junto a una gigantesca serpiente marina que dicen asoma la cabeza en luna nueva. Si atado como está con siete cadenas, cuando se encoleriza hace estrago, ¡qué sería de nosotros, seres terrestres, si Obatalá no lo tuviera preso!" (Cabrera, Yemayá, 26).

La protagonista de <u>La navaja de Olofé</u> en su papel de Madre/Amante reúne varias de las características de esta diosa que puede manifestarse como la madre universal, esencia de la vida y uno de los *orishas* más respetados en la mitología afrocubana, o el temido y devorador espíritu del mar. La siguiente canción de cuna en <u>La navaja de Olofé</u> establece este vínculo entre los protagonistas y los *orishas* ya mencionados:

> Drume, drume Changocito
> que Yemayá te quiere a ti...
> Drume, drume Changocito
> que Ochún pregunta por ti...
> ....
> Drume, drume Changocito
> que Yemayá tiene un regalito...
> Drume, negro bonito,
> que no se despierte mi Changocito. (209)

Con respecto a la importancia que la magia y el mito juegan en la cultura cubana, Montes Huidobro comenta en su obra <u>Persona, vida y máscara en el teatro cubano</u> lo siguiente: "La magia nos llega de modo muy directo a través de lo negro, constituyendo integrante esencial de lo afrocubano. La liturgia negra ha tenido siempre una particular fuerza dentro del panorama cubano, tan fuerte como la liturgia cristiana; más fuerte según algunos" (41).

<u>La navaja de Olofé</u> destaca desde un principio la relación amorosa-sexual de una pareja, una mujer de cuarenta años y su amante de veinte, durante un día de carnaval en la ciudad de Santiago de Cuba. La aparente sencillez del argumento de la obra se complica cuando el autor introduce mediante el elemento mágico y la mitología afrocubana el escabroso tema del incesto. La integración de estos elementos en la obra facilita el desdoblamiento de los personajes en múltiples personalidades en su pugna o lucha individual y enriquece las posibles interpretaciones de la obra.

El título <u>La navaja de Olofé</u> se presta a varias interpretaciones simbólicas. La navaja puede referirse concretamente al instrumento que el Hombre usa para afeitarse y al mismo tiempo representa el arma que la Mujer emplea para llevar a cabo la castración simbólica al final de la obra. La navaja también alude al falo que es símbolo de la fuerza y la supremacía del poder sexual que identificamos en la obra con Olofé, dios supremo y creador del universo, y el *orisha* Changó que es la personificación del macho de atractivo físico y poderes sexuales.

El joven protagonista mulato de <u>La navaja de Olofé</u> muestra desde el comienzo de la obra una actitud machista y de superioridad. Lo vemos por primera vez cuando aparece afeitándose y adorándose a sí mismo ante un espejo como si fuera el mismo Narciso. La Mujer ya no le apetece. Hastiado de ella se prepara ahora para irse de juerga al carnaval a divertirse y gozar con las mulatas jóvenes y calientes: "¡Hay que arrollar! ¡Nadie puede quedarse en casa!... Hoy se goza de lo lindo. Como nunca" (209). Al ver sus intenciones, la Mujer se tumba en la cama y seductoramente le invita a fornicar de nuevo antes de que el Viejo, su esposo, regrese de la bodega de la esquina adonde ha ido a emborracharse.

El carácter de la Mujer sufre un cambio cuando al oír las palabras de rechazo de su amante se incorpora del lecho y se dirige al sillón. El autor ha logrado mediante el elemento de la magia transformarla en una madre triste y cansada que ahora se preocupa de lo que le pueda ocurrir al hijo que piensa irse de juerga al carnaval. Primero, le advierte del peligro del alcohol y la navaja: "Ten cuidado, hijo. No tomes mucho esta noche y ten cuidado con la navaja, que tiene la media luna" (209). Después, le aconseja que se cuide de cierto tipo de mujer que le puede perjudicar: "Ten cuidado, hijo. Esas mulatas jóvenes que se desnudan en un dos por tres, son candela y puedes quemarte" (211).

La Madre/Amante tiene celos de estas mulatas jóvenes y se lamenta amargamente de su vejez. Ella añora tristemente los buenos tiempos de su juventud: "¡Qué lejos están mis tiempos! Aquellas noches. El santo se me subía... Alcohol noventa con gotas de limón... ¡Ay, hijo, si hubieras conocido a tu madre en otros tiempos! Sería una de ... ellas..." (211). En efecto, ella culpa a Olofé de su sufrimiento y condición física y cuando se acerca al Hombre/Hijo, en el área del espejo, canta grotescamente: "Tú ves, yo no puedo caminar,/Tú ves, ya yo no puedo sinchar,/Tú ves, que yo soy negra mandinga,/Tú ves, que yo soy negra sin dinga" (209).

La Madre/Amante no puede conformarse con esta vida porque, como la diosa Yemayá, ella es símbolo de la fertilidad, la Tierra-Madre o el Agua-Madre de donde mana toda vida. Ya en el lecho de nuevo evoca lascivamente la leyenda de la seducción de Changó por su madre Yemayá:

¡Ay, pero qué lindo era Olofé cuando venía por las nubes! ¡Encuerito y sin taparrabos!... ¡Ven, Olofé, le decía la montaña, que estaba partida en dos por el valle! ¡Ven, Olofé, que yo soy Tierra Olofé, la que lo tiene todo! ¡Mira estas dos cumbres, Olofé, rico, machito sabroso, chulito de la lengua! ¡Mira estas cumbres, Olofé, y se tocaba las puntas de los senos! ¡Yo soy Tierra Olofé, Olofé!... y entonces Olofé bajó, porque tenía hambre. (210)

La evocación de este mito incestuoso, que el autor interpreta muy a su manera, tiene su paralelo en la relación amorosa que se establece entre Madre e Hijo en La navaja de Olofé al identificarse ambos personajes con los dioses de la leyenda de quienes están poseídos. Cuando él le pregunta: "¿Cómo era Tierra Olofé?" (210), ella le contesta: "¡Como la estás viendo! ¡Ven, Olofé, muñecón de la ceiba, tronco de palma, aguardiente de caña, melao de Santiago! ¡Ven, Olofé, para que recuerdes a Tierra Olofé!... Recuerda, Olofé... Haz memoria, negrito lindo..." (210). La Madre, como la diosa Yemayá en el mito afrocubano, juega un papel activo en la seducción del Hijo a quien ella llama su Changocito. Es obvio que la alusión a la ceiba y a la palma real se refieren a este orisha, encarnación de la lujuria. La madre, como la diosa lucumí, quiere que él la bese, la huela, la sienta y finalmente la posea porque ellos son Olofé; es decir, Changó, símbolo de la fertilidad: "¡Ven, tócame Olofé! ¡Olofé soy yo! ¡Olofé eres tú! ¡Olofé es la cama!... ¡Vuela y nada! ¡Nada en el agua! ¡Nada ... en el ... agua! (210). Recordemos que de Yemayá, la diosa del mar, La Madre-Agua, mana, por consiguiente, toda vida. El Hijo, poseído por la divinidad, exclama también: "¡Nada ... en el ... agua!... ¡Olofé soy yo!" (210).

Esta escena subraya la cópula mítica con sus ramificaciones incestuosas. La Madre/Amante tiene celos de las mulatas calientes que acudirán al carnaval a gozar. Ella no quiere resignarse a cuidar los chiquillos mocosos de otras mujeres y el Viejo, desde luego, no la satisface. Ella todavía tiene sandunga y quiere seguir comiendo pan en vez de casabe. Por esta razón, en su lucha individual con el Hombre/Hijo, que ahora la rechaza y la abandona por otras, asume los poderes sexuales de Olofé y se venga de él con la castración simbólica en que acaba la obra: "Es mío y ya no puedes irte. ¡Yo soy la que tiene lo que tiene Olofé! ¡Yo soy la tierra y el cielo! ¡Yo tengo la espada de Olofé!" (218). Esta escena que se desarrolla en la cama, símbolo del principio y el fin de la vida, destaca su triunfo final porque ahora es ella la que tiene la espada de Olofé; vale decir, el poder sexual de la divinidad que invoca.

En La navaja de Olofé se emplean constantemente la magia y el mito afrocubanos para crear el desdoblamiento de los personajes, con sus múltiples personalidades, en sus luchas internas. El tema del incesto maternal nos adentra en el mundo de Sigmund Freud con el inevitable complejo de Edipo.[4] La creación y caracterización de la Mujer/Madre en La navaja de Olofé es un verdadero logro y su fuerte personalidad tiene su paralelo con otros grandes personajes femeninos del autor, en particular con el de la madre en la obra La madre y la guillotina, escrita veinte años antes. Con respecto al papel de la mujer en el teatro cubano y específicamente relacionado con el tema del incesto, Matías Montes Huidobro ha dicho lo siguiente: "El énfasis en la familia, en la mujer y en la madre dentro del teatro y la vida cubana nos ha llevado de la mano hacia el incesto (que se manifesta en las religiones yoruba y católica, con supremacía del elemento femenino sobre el masculino), al complejo de Edipo, acompañado de su juego represivo de *ego* y *super-ego,* y su corolario inevitable: castración y parricidio" (34).

En resumen, podemos afirmar que Montes Huidobro crea en La navaja de Olofé un mundo poblado de seres poseídos por los dioses Olofé y Changó que simbolizan la virilidad y la lujuria. Dentro de este ámbito dramático destaca la figura de la mujer en su múltiples papeles de Madre/Amante. Este personaje es, como ya indicamos, un ejemplo magnífico de las grandes figuras femeninas que aparecen en la producción dramática de este autor. La navaja de Olofé es una obra sumamente compleja en su forma y contenido y, por consiguiente, se presta a distintas interpretaciones. Sin embargo, creemos que, cualquiere que fuese la interpretación de La navaja de Olofé, no hay duda de que la obra pone de manifiesto la habilidad y el genio artístico de uno de los grandes exponentes del teatro cubano tanto dentro como fuera de la Isla.

---

[4] Ver especialmente el capítulo 4 de The Scientific Credibility of Freud's Theories and Therapy, por Seymour Fisher y Roger P. Greenberg (New York: Basic Books, 1977)

OBRAS CITADAS

Cabrera, Lydia. El monte. Igbo-finda. Miami: Universal, 1975.

_____. Yemayá y Ochún. Miami: Universal, 1974.

Fisher, Seymour and Roger P. Greenberg. The Scientific Credibility of Freud's Theories and Therapy. New York: Basic Books, 1977.

Gleason, Judith. Orisha: The Gods of Yorubaland. New York: Atheneum, 1971.

Lachatañeré, Rómulo. ¡Oh, Mío Yemayá!. Manzanillo: Editorial El Arte, 1938.

Lima, Robert. "The Orisha Chango and Other African Deities in Cuban Drama." Latin American Theatre Review, 22 (1990): 33-42.

Montes Huidobro, Matías. La madre y la guillotina. En: Obras en un acto. Honolulu: Persona, 1991, 149-91.

_____. La navaja de Olofé. En: Obras en un acto, 203-18.

_____. Persona, vida y máscara en el teatro cubano. Miami: Universal, 1973.

"La otredad en la poesía de Matías Montes Huidobro"
Jorge J. Rodríguez-Florido
(Chicago State University)

Conocido mejor como dramaturgo, novelista, ensayista y cuentista, Matías Montes Huidobro ha cultivado la poesía con mucha dedicación y entusiasmo. Apenas tenía diecinueve años cuando publicó, en 1950, "El campo del dueño" en la revista cubana Nueva Generación. Y desde su llegada a Hawaii en 1964 ha escrito más de cien poemas. Muchos de ellos han aparecido en revistas editadas en Hawaii (como Mele), en Estados Unidos continental (Círculo Poético, Latin American Literary Review, Poetry 29, Q 21, Ometeca), en Puerto Rico (Mairena, En rojo), en España (Proa, Azor), en Bolivia (La Prensa) y en Argentina (Letras de Buenos Aires). Además, su poesía ha sido incluida en varias antologías: Antología de la poesía hispanoamericana (Buenos Aires, 1969), La última poesía cubana (Madrid, 1973) y Antología hispanoamericana (Buenos Aires, 1978).

La poesía de Montes Huidobro está recogida en tres libros. El primero, La vaca de los ojos largos, fue publicado en Hawaii en 1967, justamente tres años a su llegada a ese archipiélago. Fue editado por su colega de entonces, el rumano Stefan Baciu.[1] La obra consta de treinta y seis poemas, de los cuales sólo dos habían sido publicados anteriormente ("El campo del dueño," en Nueva generación [1950] y "Soneto a la rosa de las rosas," en Mele [1967]).

---

[1] Para un relato personal de la amistad entre Montes Huidobro y Baciu, consúltese el artículo de Montes Huidobro en Linden Lane Magazine.

La segunda obra, que incluye poesías de siete poetas cubanos, se intitula Poesía compartida (Miami, 1980). Aquí figuran diez de sus poemas, de los cuales sólo tres eran inéditos.

El tercer libro, intitulado Concierto, de próxima aparición, junta lo publicado en las obras anteriores, incluye poemas del período cubano, otros aparecidos en revistas dispersas y muchos más inéditos. Precedido de palabras preliminares del poeta, consta de quince secciones donde agrupa un total de ciento setenta y cuatro poemas, algunos de ellos corregidos por el autor.[2] Puede decirse que desde 1965 hasta el presente, Montes Huidobro ha publicado poemas casi sin interrupción.

En una entrevista concedida al crítico Luis González-Cruz en 1975 Montes Huidobro revela sus propias ideas sobre la poesía. Arguye que un poema no permite la intimidad y la relación humana que se consiguen en una novela. Y califica la obra lírica de *deshumanizada* ya que lleva al autor a jugar con las palabras y a olvidarse de la condición humana. En la misma entrevista, manifiesta:

> Quizás yo escribo poesía sencillamente como una reacción antipoética. La vaciedad de tanta poesía que se ha escrito y publicado me preocupa bastante. Al mismo tiempo creo que es imposible no darles cierta importancia a cosas formales. Como dijo alguien, en la poesía las imágenes y los elementos formales tienden a poner las ideas a un lado, convirtiendo la poesía en una mera asociación de sonidos, lo que relaciona la poesía demasiado a la fonología y a la lingüística, algo que, para empezar, resulta terrible. (González-Cruz, 164)

Trece años más tarde, en 1988, reitera su opinión sobre la naturaleza de la poesía:

> La poesía tiene un germen de silencio. Es ese gusano insepulto que se come el papel, la polilla mortal que puede más que la inmortalidad del verso y digiere un buen número de pretenciosos disparates... La poesía es una cópula de palabras y las hay de todas clases, de ahí que la poesía sea, muchas veces, un parto malogrado... (Le Riverend, 136)

En los comentarios anteriormente citados, se podría notar, a primera vista, un temor de que la creación poética devenga antipoética, de que se reduzca la poesía a

---

[2] Agradezco a Montes Huidobro que me proporcionara el manuscrito de Concierto (Con), antes de publicarlo. Referencias a los poemas de esta colección serán indicadas junto a los textos, de acuerdo con la paginación del manuscrito.

la grafía, y de que el lirismo escrito aleje al hombre de su ambiente inmediato y lo lleve a un silencio estéril.

La poética de Montes afecta su propia creación. Y no sólo eso, sino que también sucede al revés: su creación motiva sus ideas estéticas. El juego entre la teoría y la práctica se manifiesta, por ejemplo, cuando copia un poema de La vaca de los ojos largos (LV, 7)[3] y lo presenta, en forma de ensayo, para anunciar su credo poético: "La poesía no es nada. Son letras muertas que se unen en palabras y oraciones silenciosas más silenciosas que en el fondo del mar donde dicen los sabios que no hay sonido." (Le Riverend, 136)

La aparente falta de distinción entre el texto poético y el de la prosa podrá sorprender al lector desprevenido. Pero, en realidad, el problema de la distinción subraya la sensación del enajenamiento, de la otredad que al autor le motiva y le preocupa. El lector se hace confrontar con una poesía cuya existencia misma se cuestiona; muerta y silente, con un valor incógnito y con una distanciación física de elementos circundantes, la poesía se queda, al parecer, perdida en el fondo del mar.

Y es en esta poesía donde se podrá notar con frecuencia una marcada escisión entre el hablante y el lector. En este sentido, el formato y la edición de La vaca de los ojos largos contribuye al enajenamiento. No hay paginación, la mayoría de los poemas no tienen título. Falta un índice y los poemas se dividen entre sí por una raya. La disposición estructural, la fragmentariedad de los poemas subrayan una separación entre el que escribe y el que lee. A esta separación colabora también la caracterización que el hablante hace de sí mismo. En un poema afirma: "Nunca he escrito poemas./Detesto la poesía.../Mis versos siempre serán malos" (LV, 12). En otro poema también denigra la condición de éste: "Hoy voy a escribir cien poemas./Cien poemas malos que/no servirán para nada" (LV, 13). Como Sábato en El túnel, como Cortázar en Rayuela, Montes Huidobro se distancia del lector, se enajena y le otorga la opción de que interrumpa la lectura del libro.

Además de caracterizarse a sí mismo como el otro del lector, Montes Huidobro configura a éste como un otro rechazable, cuando le advierte de esta manera:

---

[3]De ahora en adelante las referencias a los poemas de La vaca de los ojos largos (LV) serán indicadas seguidas de los textos, de acuerdo al orden de aparición en el poemario, ya que éste no tiene paginación. Observaciones acertadas sobre esta obra pueden encontrarse en la reseña de Victoriano Cremer.

> A lo mejor hay algún idiota por
> el mundo
> en este mundo de idiotas
> que se le ocurra decir
> algún día
> que mis versos son buenos.
> Hay idiotas para todos. (LV, 13)

El antagonismo entre autor y lector corre paralelo con la distancia que existe entre la realidad representada por el emisor y su propia actitud enajenante. Y, así, se nota en muchos poemas un distanciamiento, o falta de familiaridad, entre el hablante y los elementos físicos que le circundan. Estos elementos parecen ajenos a su destino, como si se esfumaran de sus manos o nunca hubieran llegado a ellas. El primer poema de La vaca de los ojos largos ya muestra este desajuste:

> Cuando busco algo
> no logro encontrarlo.
> No está sobre la mesa
> entre los libros
> ni en las palabras escritas.
> Las cosas se van,
> se esfuman entre mis dedos,
> como mariposas que se escapan. (LV, 1)

El hablante se siente inadaptado, incomprendido y no asimila la realidad circundante. La realidad, pues, no es propia, es una otredad, que en el poema anterior era elusiva y en el siguiente resulta misteriosa:

> Estoy rodeado de misterios insondables.
> El disco que gira, las notas de Beethoven,
> no entiendo.
> . . . .
> estoy rodeado de misterios
> que se me escapan
> entre los dedos,
> horas que me son robadas,
> entregadas a la angustia
> y al silencio. (LV, 3)

Es esta representación de la diferencia entre el yo y el no-yo la característica fundamental de la poesía de Montes Huidobro. Los misterios adoptan distintos matices. Como un rey Midas, el poeta convierte la realidad en lo que la diferencia de ella. En <u>Concierto</u> encontramos un poema que pudiera resumir toda la praxis del poeta cubano. Aparece en la sección "Guantanamera," hacia el final del libro. En "Nudismo" se cuestiona la realidad, diferenciándola:

> El perro
> encuentra en los collares
> la diferenciación del mono.
> La cotorra
> encuentra en las plumas
> la diferenciación de la lechuza.
> ---------------------------
> El avión
> encuentra en el aire
> la diferenciación del barco. (Con, np)

Las diferencias y los misterios del poeta evidencian una imaginación barroca, que contrasta lo que es con lo que no es, el yo con la otredad. En este sentido, puede decirse que la poesía de Montes Huidobro incorpora elementos del realismo mágico, que fuera tan popularizado en la literatura hispanoamericana del boom, sobre todo en la prosa.[4]

La realidad misteriosa, que subraya las diferencias entre los objetos, a veces se sugiere en la sombra, un tópico esencial de la poesía de Montes Huidobro. En la sección "Disolvencias" de <u>Concierto</u>, que consta de quince poemas, la sombra juega un papel fundamental. A veces será un halo o foco de luz que no se puede ver (Con, 24). Otra vez se insinúa en forma de sueño (Con, 29) o de plasticidad (Con, 40). En <u>La vaca de los ojos largos</u>, en un poema ya comentado, la sombra son las mariposas que se le escapan o una silueta difusa que no puede retener entre sus manos. En otro poema de esta misma colección, se deja ver en un duende invisible, capaz de penetrar el propio cuerpo y atacarlo o, todavía en otro poema, pertenece al ser amado que se aleja del poeta:

> Caminas.
> Te veo caminar como una sombra.
> . . . .
> Te veo y ya no tengo ojos para verte.
> Te toco

---

4 Sobre la relación entre el boom y la otredad, consúltese el excelente libro de Martínez-Torres.

> y mis manos ya no tienen tacto para tocarte. (LV, 25)

Aún estando cerca del hablante, la presencia de la sombra resulta elusiva y misteriosa: "¿Será cierto/que tú estás siempre a mi lado/...o es sólo un misterio?" (PC, 74).[5] La sombra, pues, representa la incapacidad del poeta de asir la realidad inmediata y de comunicarse con ella. Muestra también la lucha por conocerse a sí mismo, por descubrir algunos indicios de su propia identidad.

Además de la sombra o de los objetos circundantes, la representación poética de la naturaleza muestra a un hablante aislado por la geografía hawaiana que lo circunscribe y lo aísla del resto del mundo. En un breve pero elocuente poema anuncia un destino demoledor: "Somos islas./El mar parece rodearnos./Tiempo llegará/en que entre las olas nos perderemos" (LV, 10). Rodeado de agua por todas partes, reconoce en el mar al origen de la vida, pero también un compañero tedioso:

> Arenas en la playa.
> Me cansa el mar.
> Me cansan las olas.
> Me canso.
> El reloj es eterno. (LV, 8)

En otro poema, el hablante se enfrenta al cañón Waimea, falto de vida, abismal y, sobre todo, desprovisto de civilización. Pcos son los poetas que hayan podido captar un fenómeno natural y presentarlo como un paisaje desgarrador, casi extra-terrestre, como lo ha hecho Montes Huidobro:

> la naturaleza en todo su horror
> la naturaleza en todo su espanto
> tan distinta de las iglesias
> tan distinta
> de los cementerios dimensionales
> tan distinta
> de todo lo que puede taparse
> con la mano.
> Los turistas
> cuando se detienen para contemplarte
> llenos de admiración
> son cadáveres contemplando su sepulcro. (LV, 2)

---

[5] Este poema pertenece a <u>Poesía compartida</u> (PC), editado por Montes Huidobro *et alia*. Para un estudio de este volumen consúltese la reseña de Jorge Febles.

El cañón Waimea representa el yo, al parecer estéril, de un poeta desterrado que, falto de comunicación con lo que le rodea, acude a la iglesia, a los cementerios, a la muerte misma, para reponder a la otredad con la otredad misma. El terror que experimenta ante el cañón se repite cuan el hablante visita los hospitales:

> Tengo miedo.
> Tengo terror.
> Tengo terror a los fríos pasillos de los hospitales.
> La sonrisa amable de las enfermeras.
> El afecto impersonal de los médicos.
> Las sombras siniestras de las radiografías.
> . . . .
> Los hospitales son así.
> Tan buenos, tan gentiles.
> Quiero que Dios me libere de ellos
> y me lleve a las viejas
> antiguas catedrales
> con sus horrendas gárgolas
> y bondadosos ángeles. (LV, 28)

De nuevo, como ante el cañón Waimea, ahora, dentro del hospital, el hablante se refugia en la quietud de las iglesias para escaparse de un ambiente desagradable y desolador.

Además de los elementos circundantes, de la geografía hawaiana, del cañón y de los hospitales, el poeta expresa la otredad en la reacción a las personas que lo rodean. Su propia familia es su no-yo, que lo atrae y con el cual dialoga. En un poema dirigido a su hijo Eugenio, la ternura del padre contrasta con la simpleza y el balbuceo del vástago, cuyo lenguaje resulta difíciles de descifrar. La transcripción del diálogo entre padre e hijo representa la otredad lingüística:

> Eso no se hace con yo.
> Con yo no, con mi.
> Ese es el tuyo.
> Eso son mío.
> Yo soy Eugenio.
> . . . .
> Voces de mi hijo que se perdían
> a lo lejos.
> Que se esfumaban.
> Palabras que,
> quizás,

> no volvería a escuchar otra vez. (LV, 5)

Por muy cercanos que se encuentren el padre y el hijo, al relacionarse por el lenguaje, el hablante se siente extraño. El padre, como tal, acepta al otro en el hijo, pero el adulto rechaza las señales ininteligibles del párvulo. El niño, como los elementos circundantes en los otros poemas, también se le escapa de las manos.

De igual manera, al aproximarse a su hija Ana, el hablante revela que hay un distanciamiento entre ambos. Revela también que la comunicación entre padre e hija es limitada. Que, a la larga, Ana será la dueña de su propio destino y que se liberará completamente del mundo adulto:

> Un poema de voces para Ana
> . . . .
> Abre las puertas
> y encontrarás detrás de ellas
> la sombra de un misterio.
> Hay bellezas que yo no puedo decirte
> y que tú sola has de conocer.
> Horas que tendrás que descubrir
> sin que nadie te las explique.
> Siluetas que se irán perfilando
> lentamente,
> hasta que con ellas puedas formar un rostro.
> Libros tan misteriosos
> que nadie los podrá traducir para ti
> pero que entenderás tú,
> tú solamente,
> a medida que toques sus palabras. (LV, 17)

Objetos de esta poética de la otredad familiar son la madre y la esposa del poeta. A raíz de la muerte de la primera, acaecida en 1985, cuando ya había cumplido los noventa años, el poeta escribe varios poemas desgarradores. La muerte inexorable se torna en la otredad inaceptable para el desconsolado hijo poeta. En pocos poemas elegiacos se nota la humanidad, el sentimiento de rechazo ante la muerte:

> Por momentos
> retrocedía
> como si la batalla
> fuera a ser un triunfo
> en la garganta.

> Pero no había retroceso
> sino un ir hacia adelante
> desbocado
> al encuentro brutal. (Con, 18-19)

Doce poemas inspirados por esta muerte componen una sección de <u>Concierto</u> intitulada "El cordón umbilical." En ellos el poeta deslinda su personalidad de la de su progenitora, a quien reconoce como su otro yo, de la que no puede separarse ni aún después de la muerte:

> Nunca de mí te vas:
> en mí te quedas
> como si a cada paso
> que diera me habitaras.
> Te reconozco
> en cada latido de mis venas,
> más fuerte aún que cuando aquí estabas.
> Es el cordón umbilical
> en que me abrazo. (Con, 23)

El diálogo entre Montes Huidobro y su madre capta la completa identificación entre el yo y su otro o doble. En la literatura cubana de los últimos cincuenta años sólo Manuel Navarro Luna en su <u>Doña Martina</u> (1952) ha logrado tal identificación.[6]

La identificación del yo con su otro(a), se repite con la esposa del poeta, Yara González, a quien le dedica dieciocho poemas en la sección "Entre nosotros" de <u>Concierto</u>. Compañera del destierro, colega en el profesorado y acompañante en los numerosos viajes realizados desde Hawaii, Yara González es el otro yo de Matías Montes Huidobro. Como tantas parejas de la literatura universal, Matías y Yara se inmortalizan en el poema "Autorretrato," donde el yo y el otro forman una misma entidad:

> Durante la tendida cuenta de los días
> sumando de meses y de años
> has estado arropando
> el tapiz de mi vida
> tejido con el tuyo.

---

6 Hay muchos puntos de contacto entre la poesía social y vanguardista de Navarro Luna y la de Montes Huidobro. Para un bosquejo de la poesía del vate manzanillero, consúltese mi entrada en el <u>Dictionary of Twentieth Century Cuban Literature</u>.

Hilanderos de amor
hemos tejido
cotidiano paisaje de la vida.
No hay uno sin el otro
y sin el otro uno
no hay división posible
en esta huida,
encuentro que nunca se termina.
¡Oh gran total
de horas compartidas,
unidad de pincel,
autorretrato,
imagen de los dos
que configura
el espejo real
de nuestras vidas¡ (Con, 62B)

Entre los poetas de la diáspora cubana, Montes Huidobro figura como uno de los más innovadores, tanto por el contenido de las composiciones como por la técnica empleada. De interés particular resulta su tratamiento del destierro, fuente de la otredad espacial. Pero, a diferencia de otros poetas de su generación, Montes Huidobro rechaza todo dogmatismo o sentimentalismo patriotero. Fuera de Cuba, de los Estados Unidos continental y de las comunidades cubano-americanas, Montes Huidobro recobra a la isla en momentos inesperados, en situaciones sorprendentes, en recuerdos del pasado reciente. Por ejemplo, en un poema en el que revive su estancia en Meadville, Pennsylvania, o en otro en el que describe el río Sil de España, o en un tercero, en el que habla de su viaje por Alemania, Francia, Italia y Colombia, Cuba se hace presente por su ausencia, por el contraste de culturas, por el idioma caribeño del texto.[7]

Otra manera de recrear el exilio es el de escribir poemas sobre figuras históricas de la revolución cubana, mayormente mujeres. Presenta a éstas no tanto por las diferencias ideológicas, que nunca se elaboran, sino por la diferenciación sexual. En unos versos a la miliciana cubana, Montes Huidobro aúna la reproducción biológica al militarismo propio de la guerra fría:

Mujer antillana eras,

---

[7] En una carta recibida en septiembre de 1993 Montes Huidobro me revela que sus poesías más inspiradas en el tema de Cuba se pueden encontrar en <u>Concierto</u>. Sobre todo hay unas escritas durante unos días que pasó en Colombia, mientras asistía a un congreso.

> de la habanera tú,
> el minuet,
> la contradanza,
> y las danzas de Cervantes,
> sólo queda
> tu función fisiológica.
> Introduciéndote
> el cañón de la metralleta
> reproduces
> con semen de plomo
> hijos
> de plomo. (LV, 32)

El poema muestra la deshumanización de la mujer, quien ha perdido su estereotipo de compañera alegre, casera y amante de la música para convertirse en militar y esposa y madre de militares. El mismo proceso de deshumanización ocurre en la recreación de Celia Sánchez, la fiel secretaria y amiga de Fidel Castro, a quien describe en términos físicos ambivalentes y con sugerencia erótica:

> Bella cual galana nube,
> delgada,
> flaca,
> macilenta,
> fea,
> elegida fuiste entre la otras.
> Celia,
> secretaria,
> taquígrafa de nuevos papistas redentores.
> La dicha has tenido de escribirle
> sus cartas
> y de verlo desnudo en la bañera. (LV, 33)

En este poema Montes Huidobro desmitifica a la heroína de la Sierra Maestra y la presenta con la perspectiva irónica no de un hablante sino de una hablante que observa y envidia el fácil acceso que la secretaria tenía a su jefe. El poema concluye:

> ¡Oh, cuán dichosa has sido!
> Sin embargo,
> nadie sabrá de ti.
> Enigma truculento,
> deformidad malsana,
> injerto,

¡cuánto te envidian la
mujeres latinoamericanas! (LV, 33)

Como en el poema anterior, en éste el poeta traslada el conflicto político y la tensión ideológica a un conflicto o concierto entre faldas y pantalones. Parece, pues, que la diferenciación sexual toma un primer plano, dejando atrás la disparidad política.

En conclusión, la poesía de Montes Huidobro muestra el itinerario de un yo que busca comunciarse con un otro para aceptarlo o rechazarlo. Y en esta búsqueda o rechazo desarrolla un mundo de enajenación, de contrastes, de emparejamientos y diferencias. Los textos de esta poesía podrán cotejarse con los de Julián del Casal, con los de José María Heredia y se encontrarán algunos ecos. Podrán compararse sus creaciones a la de los poetas cubanos de los últimos tiempos (desterrados o no) y se encontrarán semejanzas. Pero el alcance de la producción poética de Montes Huidobro reside sobre todo en la presentación de lo diferente, de los elementos contrastantes, de la diferenciación genérica. Por eso, sus raíces cubanas y universales habrá que buscarlas en sí mismo, en la representación de su yo y de su otredad. Poeta de los contrastes, de la diferencia, de la enajenación, Montes Huidobro es el poeta de la otredad.

OBRAS CITADAS

Cremer, Victoriano. Reseña de <u>La vaca de los ojos largos</u>. Diario <u>Proa</u>. León, España, 22 de octubre de 1967, 65.

Febles, Jorge. Reseña de <u>Poesía compartida: ocho poetas cubanos</u>. <u>Hispania</u>, 66:3 (1983): 443.

González-Cruz, Luis. "Matías Montes Huidobro, the Poet: Selected Poems and Interview." <u>Latin American Literary Review</u>, 2:4 (1974): 163-70.

Le Riverend, Pablo. <u>Diccionario biográfico de poetas cubanos en el exilio</u>. Newark: Ediciones Q-21, 1988.

Martínez-Torres, Renato. <u>Para una relectura del boom: populismo y otredad</u>. Madrid: Editorial Pliegos, 1990.

Montes Huidobro, Matías. <u>La vaca de los ojos largos</u>. Honolulu: Mele, 1967.

_____ et alia. <u>Poesía compartida</u>. Miami: Ultra Graphics, 1980, 63-74.

_____. "Ahora no tengo a nadie a quien llamar." <u>Linden Lane Magazine</u>, 12:1 (1993): 26.

_____. <u>Concierto</u>. Manuscrito inédito proporcionado por el autor.

Rodríguez-Florido, Jorge. "Navarro Luna." En: Martínez, Julio A., Ed. <u>Dictionary of Twentieth Century Cuban Literature</u>. New York: Greenwood Press, 1990, 315-18.

"La sal de los muertos
o la comedia de espanto de Montes Huidobro"
Esther Sánchez-Grey Alba
(Montclair State College)

Con Matías Montes Huidobro tenemos un autor que inició su carrera dramática en la Cuba anterior a Castro y continuó la misma en el exilio. Debido a ello pudiera esperarse que en su dramaturgia se hiciera evidente el cambio de su experiencia vivencial y en efecto hay algo de esto. Pero si tenemos en cuenta que en gran medida lo que se aprecia es la evolución natural de un autor que empezó a escribir antes de llegar a tener veinte años, nos resultará más interesante buscar en su obra algunas de las constantes temáticas y técnicas que la han caracterizado.

Sus primeras piezas muestran un tinte inconfundible de determinismo procedente del fatalismo griego, pues presenta situaciones que confirman lo que bien un vaticinio o una premonición anunciaba. Estamos pensando en la primera, Las cuatro brujas (1950) así como en Sucederá mañana (1951). En otras, aunque no haya el anuncio de lo que ha de suceder, sí se evidencia ese fatalismo, por ejemplo en La puerta perdida, en que se anticipa el destino de Graciela en la visión del presente que ofrecen la sumisa hermana mayor y la madre dominante, un poco al estilo de la famosa Bernarda Alba. Según Natividad González Freyre, estas dos influencias—la clásica y la lorquiana—eran muy comunes entre los autores de esa generación, pues también la encuentra en Rine Leal. En Montes Huidobro, al analizar detenidamente cada una de sus piezas de este período inicial, encontraba González Freyre "el deseo ferviente por escribir un teatro distinto al de sus contemporáneos" (215), lo cual justificaría a mi parecer que se viera tentado a experimentar entre los *ismos* de la vanguardia, pues no podemos olvidar que para ese entonces, cuando nuestro joven autor se iniciaba en estas lides, la dramaturgia cubana se había asomado ya a las nuevas corrientes tal como lo hacían las más adelantadas de Hispanoamérica. Es decir, que había alcanzado un grado de madurez que alentaba a la experimentación por caminos no muy trillados. José A. Escarpanter, en una valoración más contemporánea, parece confirmar esta tendencia de Montes Huidobro al señalar la experimentación constante como una de las características de su creación dramática (11).

La sal de los muertos, que es la pieza en la que nos vamos a detener, tiene el interés especial de ser la de transición entre su producción dentro y fuera de la patria. Francesca Colecchia aprecia en ella por primera vez la conjunción de los factores que el propio Montes Huidobro ha señalado como crítico en el teatro cubano (79). Por mi parte yo encuentro a un dramaturgo en pleno dominio de los recursos técnicos y estilísticos, fiel a sus concepciones teatrales iniciales, pero con nuevos ímpetus, más seguro de sí mismo; un autor en vías de consolidar su obra. Fue escrita en 1960, pero como el propio Montes Huidobro me ha dicho en carta personal, "por no haberse publicado hasta el 71 y no haberse estrenado nunca, ha sufrido una muy lamentable desubicación cronológica. En una entrevista con el crítico Luis González-Cruz, Montes Huidobro hace la historia de lo que pasó con esta pieza: ya planeando salir de Cuba, decidió dedicar los ahorros que tenía y que no podía sacar del país a publicar La sal de los muertos y Las vacas. El permiso de salida le llegó después que había revisado las galeras, pero antes de que saliera el libro, por lo cual se marchó, dejando a su madre encargada de que recogiera la edición e hiciera con ella lo que estimara pertinente. En definitiva, ésta nunca vio los libros ni supo si se habían llegado a imprimir o no.

En La sal de los muertos hay en efecto muchas de las característics que se apreciaban en su dramaturgia desde el principio, como son el manejo de los símbolos, la nota pesimista y la actitud fatalista, pero hay también ciertos cambios. El más importante a mi juicio es en cuanto a los personajes. No hay la preocupación de caracterizarlos psicológicamente porque no interesan como tales sino como individuos dentro de una determinada situación. Son personajes que responden al prototipo de los dramas existencialistas en los que lo importante no es el hombre sino la situación que viven, porque el cúmulo de todas las situaciones posibles desenvueltas entre individuos de una infinita posibilidad de valores es lo que es el *verdadero realismo* dentro de esa concepción teatral.

La soledad en que habíamos encontrado al paralítico Edgar Cotton en Sobre las mismas rocas, o a la Graciela de La puerta perdida, agobia aquí a la pareja con la convicción de que "En esta vida, lo peor es la imposibilidad de hacer un pacto. No hay remedio para la soledad" (144). Esto hace pensar necesariamente en Jean Paul Sartre y su concepción de la soledad irremediable en que se debaten los hombres, encerrados en la prisión inexpugnable de sí mismos y sin esperanza de encotrar una salida. Pero los que esto sienten no tienen una caracterización definida como los personajes de sus piezas iniciales ni tampoco quedan imprecisos bajo los rótulos de "El hombre" y "La mujer" como en Los acosados, sino que responden a nombres que resultan simbólicos dentro de la trama, los de Aura y Lobo.

La situación planteada en La sal de los muertos es de índole familiar, lo cual en el teatro de Montes Huidobro no es inusual, pues la figura de la madre como protagonista y agonista es un aspecto que merecería estudio especial. Una razón posible para explicar la reiteración del tema es que el ámbito de la familia–que representa la madre como núcleo central y aglutinante de la misma–es el más adecuado para plantear la soledad humana en su aspecto más cruel, pues la madre representa siempre el refugio más seguro, el mejor lenitivo para curar los males del espíritu y, por eso, cuando esa relación se quiebra, quedan la nada y el escepticismo ante la condición humana. En esta pieza la familia se desdobla en tres generaciones, pero en definitiva se cierra el círculo con la continuidad que desde el principio se establece entre Lobito–que es quien presenta en el primer acto las bases de la situación y crea la atmósfera de perversidad que es la fuerza unificadora de la trama–y su abuelo Tigre, de quien ha heredado esa condición de "ser brutal ... terriblemente fuerte, atronadoramente sólido... Ser monstruoso y desproporcionado, ni niño ni hombre" (127) con que se presenta al personaje. Como eslabón de enlace, su padre Lobo, cruel, cobarde y mediocre, y su mujer Aura, madre de Lobito, que según ella fue hermosa, "recta y alta como una palma" (137), pero que en el momento en que la conocemos tiene, como todos en la familia, una joroba en la espalda que es el símbolo de la tara moral que todos padecen: la codicia. La situación que queda planteada es la de la impaciencia de los herederos del terrible Tigre por tomar posesión de los bienes que pasarán a ellos a su muerte. Como puede verse, lo simbólico entra en juego tanto en la identificación nominal de los personajes como en otros aspectos, como son la deformación física y las piezas de plata que se tornan en el tesoro apetecido como representación de los bienes de Tigre. No es, sin embargo, la historia de una familia (ni siquiera se nos dice el apellido) sino que explora una de las tantas situaciones posibles que, por ser humana, no le resulta extraña al espectador.

Conforme al teatro existencialista a que queda afiliada esta pieza según mi opinión, no sostiene ninguna tesis ni está inspirada por ninguna idea preconcebida. Se muestra acorde con lo que sostenía el propio Sartre al explicar la finalidad del teatro según su concepto:

> Todo lo que busca es explorar la condición humana en su integridad y presentarle al hombre moderno un retrato de sí mismo: sus problemas, sus esperanzas y sus luchas. Creemos que el teatro traicionaría sus fines si representara personalidades individuales, aunque fueran tipos universales ... porque si va dirigido a las masas, el teatro debe hablar en términos de las más generalizadas preocupaciones, diseminando sus ansiedades en foma de mitos de manera que todos lo puedan comprender y sentir hondamente. (783; la traducción del inglés es mía)

En <u>Los acosados</u>, Montes Huidobro ya había trabajado con el concepto sartriano de la "conciencia entre muros" y en <u>Gas en los poros</u>, dentro de una relación tensa entre madre e hija, pero en <u>La sal de los muertos</u> hay mayor desarrollo, más elaboración. Como hemos explicado, las características generacionales de la familia sugieren la idea del círculo cerrado, pero a la vez, cada uno de sus miembros se siente infinitamente solo, encerrado en su propia culpa y sin posibilidad de acudir al otro porque todos son parte de un mismo instrumento de horror y tienen que soportarse los unos a los otros y jugar el juego que les está impuesto. En ese *juego,* en ese repetir la infamia, reiterar la tortura, está el espanto de la comedia. Como típicos personajes sartrianos, son seres condenados, socialmente muertos. En el título se puede encontrar la intención de sugerir esta idea tal como Sartre la buscaba en su pieza <u>Muertos sin sepultura</u>, dentro de una situación distinta pero coincidentes en el hecho de que en ambas, cuando los personajes quedan al parecer libres al desaparecer las presiones que los agobiaban, esta libertad no les sirve de nada porque todos son como muertos en vida.

En el segundo acto se desata la lucha entre unos y otros. Los objetos de plata de la casa han desaparecido y la duda, el temor, las acusaciones y el infierno en que cada cual vive pasan como ráfagas en escena, pero en definitiva se centra en Lobito la sospecha de que es él quien ha robado y la inminencia del castigo terrible mantiene la tensión hasta que Lobito llega y se establece entre él, su madre y su abuelo "el juego de las trampas abiertas." Aura casi siempre es partícipe de estos juegos: una vez con Lobito, otra con Lobo o como parte engañada en el juego de Tigre de pretender estar moribundo. Aquí Montes Huidobro hace uso del metateatro para crear la duda de si Tigre pretende burlarse de Aura, de Lobo o de los dos. "El juego de las trampas abiertas" culmina con la muerte de Tigre y Lobito y a partir de ese momento el espacio escénico se divide en tres planos que se indican en el tono de las voces: Cuca pretende dar todo por terminado y volver a la vida alegre y frenética que llevaba antes de casarse con Tigre porque, según piensa, "todo ha sido mejor así... No hubiéramos podido vivir en paz si Tigre hubiera dejado a Lobito o Lobito hubiera dejado a Tigre" (204). Aura y Lobo mantienen contacto con lo ocurrido y se concentran en tratar de encontrar los papeles de la herencia aunque Aura se siente desalentada por la búsqueda infructuosa pero Lobo la anima diciéndole: "Seamos sensatos por una vez en la vida. Esta es nuestra oportunidad de resarcirnos de todo lo que hemos sufrido... Aquí hay dos vivos... ¿No es así?" (200). El tercer plano lo vive Caridad, un personaje de excepción sobre el que volveremos más tarde. De momento nada dice. Deambula como ciega por la escena, tropezando con los muebles, palpando las paredes, haciendo gestos y sonidos extraños (198 y 205).

Aceptando la influencia sartriana, se puede encontrar en esta pieza cierto paralelismo con Las moscas, especialmente en algunos recursos técnicos. Así tenemos que el peso de la culpa y el remordimiento satura un ambiente siniestro de muerte y crimen en ambas piezas y en cuanto a los personajes también se pueden apreciar ciertos paralelismos. Aura, como Electra, es un personaje patético por sus alternativas y sus dudas. Reniega de haberse casado con Lobo y odia su joroba, pero la ambición puede más que todo posible arrepentimiento; sufre como madre el repudio del hijo, pero es capaz de propiciar su muerte para obtener la plata que simboliza la riqueza del viejo Tigre; es tentada por la fuga que le propone Caridad, pero no se arriesga porque, como Electra, la obsede una idea fija. Esta lucha constante en que se debate Aura entre el peso de la culpa y el remordimiento que se interpone en su ambición, y la actitud rebelde de Lobito provocada por el hecho de que él no tuvo la oportunidad de decidir su destino, como la tuvo su madre, sino que la joroba en la espalda le viene por herencia, puede constituir un paralelo con el sentimiento de culpabilidad que mantiene el pueblo de Argos por la muerte de Agamenón. En la presentación que se hace de Tigre, además de la afinidad que pudiera tener con el personaje Ubú de Alfred Jarry por lo grotesco de su apariencia física, es curioso notar que tal como Sartre presentó a Júpiter en Las moscas como un corrupto manipulador político, Montes Huidobro lo define como "el típico político criollo" (149) y lo hace desenvolverse bajo esos cánones en el diálogo inmediato que sigue a su entrada (152-56). La diferencia entre Tigre y Aura es que, dentro de esta concepción sartriana que estamos considerando, Tigre es de los que ha elegido su camino y está satisfecho de ser como es, pero Aura se debate entre su horrible realidad y su debilidad y cobardía para afrontar un cambio. Lobo y Cuca la Cava son cobardes y ni siquiera contemplan la posibilidad de romper con lo establecido.

Fuera de ese círculo–ya lo hemos mencionado antes–queda un personaje que merece atención especial porque en ella, en Caridad, se sugiere en primer término, dentro de la simbología nominal, la invocación de nuestra Santa Madre la Virgen patrona de los cubanos, y además, la representación de Cuba y su pueblo. Quizás sea oportuno señalar aquí que Julio Matas encuentra natural que las figuras simbólicas de la patria sean mujeres si se tiene en cuenta que Montes Huidobro se cuenta entre los escritores que piensan que la vida social de nuestro país ha estado sujeta siempre a la tiranía del matriarcado que preside la estructura de la familia (17). Este valor simbólico de que hablo puede encontrarse en el primer discurso de este personaje con el que se cierra el primer acto, cuando dice: "Todo parecía quemarse. Todo ardía. La playa estaba desierta... El mar tenía olas, inmensas olas rojas con espumas de sangre. Todo el mundo comenzaba a conjurarme, pero en el fondo sólo había un abismo... Era el mar, me decía, porque la isla sólo tenía mar por todas partes y nadie podía librarme de aquel mar que ya era rojo, de un solo color" (172). Estas palabras no tienen sentido para ser dichas por el personaje secundario que es, dentro del conflicto familiar, la pariente pobre a quien nadie presta atención, pero sin embargo no sorprende porque ya antes les había ofrecido a Aura, Lobo y Cuba una salida del laberinto y les había hablado de un "pájaro de plata" y un "pez de acero" que Cuca interpretó como un avión y el "Magallanes" dentro del juego que se había planteado. Hay un segundo discurso de este personaje excepcional y único dentro del conflicto presentado que ocurre cuando ya sólo quedan Aura y Lobo, confusos, asustados, abriendo inútilmente puertas tras las cuales sólo encuentran sus propios temores y miserias morales. En éste, su segundo discurso, Caridad explica lo de su ceguera al terminarse "el juego de las trampas abiertas": "Y entonces fue cuando todo se iluminó de pronto, hecho ya un rayo que me cegaba. Inútilmente gemía, inútilmente palpaba las paredes, porque había visto. Y de ver tenía que cegarme, porque al ver todo se me había revelado" (215). Estas palabras implican la visión de una realidad palpable y si vamos a buscar a qué emomento se refiere ese rayo de luz esclarecedor, nos encontramos con que es el del encuentro fatal entre Tigre y Lobito. Se comprende entonces que cuando Montes Huidobro configuró al primero como un "típico político criollo" estaba llevando al personaje intencionadamente al plano de lo nacional y ya en ese camino se deduce que Lobo puede ser la consecuencia de la realidad política y Lobito el futuro que se proyecta en la perdurabilidad de lo nefasto, dentro del la visión fatalista del autor. Por eso, a pesar de que hay un propósito muy definido de restarles humanidad a los personajes, se establece y mantiene la distancia con el público a través de un lenguaje explícito, claro, con muchas expresiones que resultan familiares a una audiencia cubana.

Tenemos, pues, que La sal de los muertos es indudablemente un hito dentro de la dramaturgia de este autor no sólo por sus recursos técnicos, sino porque es la plasmación dramática de la situación que Montes Huidobro encuentra como crítico del teatro cubano. Así tenemos que, al enfrentarse a la paronámica de éste desde el exilio, el crítico no puede desasirse del dramaturgo y dice:

> El teatro cubano ha ido en un crescendo en que el amor en su forma normal ha ido desapareciendo. Las palabras determinantes son las típicas del terrible amor esquizoide: trampa, prisión, destrucción. Ha sido un crescendo brutalmente teatral que da al teatro cubano una continuidad fascinante, que lo hace una obra dramática en sí misma como lo propia historia de su pueblo. (Persona, 57)

Esta obra que él concebía abstractamente como crítico, bien pudiera ser La sal de los muertos, puesto que en ella había planteado lo que él veía como el problema existencial clave de la vida cubana y su teatro: "la posibilidad de salir dentro de un círculo cerrado" (Persona, 61). En definitiva lo que pasa es que ninguna obra intelectual–y mucho menos la creativa–puede separarse de la esencia del ser del autor y por eso, cuando se estudia a Montes Huidobro ya sea en su dramaturgia o en su narrativa, se encuentra una angustia humana dominada por la asfixia y la frustración y saturada muchas veces de un sustrato histórico en el que puede reconocerse la tragedia de la patria.

OBRAS CITADAS

Colecchia, Francesca. "Matías Montes Huidobro: His Theatre." Latin American Theatre Review, 13:2 (1980): 77-80.

Escarpanter, José A. "Funeral en Teruel y el concepto de la hispanidad." En: Montes Huidobro, Matías. Funeral en Teruel. Honolulu: Editorial Persona, 1990.

González-Cruz, Luis. "Selected Poems and Interview." Latin American Literary Review, 2:4 (1974): 163-70.

González Freyre, Natividad. Teatro cubano (1928-1961). La Habana: Ministerio de Relaciones Exteriores, 1961.

Matas, Julio. "Prólogo" a: Montes Huidobro, Matías. Persona, vida y máscara en el teatro cubano. Miami: Universal, 1973, 9-18.

Montes Huidobro, Matías. Carta personal a la autora de fecha 21 de abril de 1992.

_____. Persona, vida y máscara en el teatro cubano. Miami: Universal, 1973.

_____. La sal de los muertos. En: Rodríguez-Sardiñas, Orlando y Carlos Miguel Suárez-Radillo. Teatro selecto contemporáneo hispanoamericano, III. Madrid: Escelicer, 1971, 125-220.

Sartre, Jean Paul. "Forgers of Myths." En: Corrigan, Rober W. The Modern Theatre. New York: MacMillan, 1964.

"La dialéctica del marginado en
Sobre las mismas rocas"
Daniel Zalacaín
(Seton Hall University)

Primer premio en el Segundo Concurso de Obras Teatrales Prometeo, celebrado en La Habana, en 1951, Sobre las mismas rocas representa una de las piezas dramáticas en un acto más sobresalientes del teatro cubano. Matías Montes Huidobro, partiendo de las sensaciones provocadas en él por impresiones de la realidad norteamericana en la década del cuarenta, aborda teatralmente el tema universal de la marginación y la consecuente huella que deja en el individuo el estar enajenado de la corriente social principal, a través de una geografía dramática multiespacial que obra recíproca y coherentemente dentro de diferentes dimensiones temporales.

La propiedad múltiple espacio-temporal de la pieza permite que la comunicación dramática sea transmitida desde diferentes niveles simultáneamente, sosteniendo así la trabazón teatral. El espacio escénico, todo lo visible y audible al público en la sala de teatro (discurso, sonidos, iluminación, decorado, vestuario, objetos), sirve de signo que evoca en el público otros niveles o espacios dramáticos. El dramaturgo mantiene la coherencia del discurso teatral en el desdoblamiento espacial valiéndose del fenómeno de transcodificación, que Keir Elam explica que consiste en que "un fragmento de información semántica pueda traducirse de un sistema a otro o ser suministrado simultáneamente por diferentes clases de señal" (84). De esta forma, un mismo mensaje es transmitido al espectador por medio de elementos diversos de la representación. Conjuntamente, los niveles temporales de presente y pasado se funden para mezclarse en un presente fluido que socava las barreras del tiempo. Pero el tiempo no se nos ofrece desconectado del engranaje teatral. Por el contrario, la coherencia temporal en la obra se logra por la consistencia de las partes sucesivas de información semántica y por la organización de la información heterogénea transmitida por los signos del drama en patrones cohesivos en el espacio y el tiempo (Elam, 84).

Al descorrerse el telón, pequeñas luces que se desplazan en la oscuridad y una espesa niebla que envuelve el escenario producen una sensación cósmica, espacial y de irrealidad. Al mismo tiempo, se escucha el clamor de Voz Uno y el Coro, ensalzando desde un espacio dramático extramuros al espectador las hazañas beisboleras de la figura tríptica de Willy/Larry/Johnny Price, quien tampoco se presenta en el escenario. En acción simultánea, aparece Edgard Cotton, niño inválido que gira en su silla de ruedas, tratando de determinar el origen de las voces. Otros tres niños, A, B y C, entran en escena también elogiando a Price. Tanto Price como Cotton subsisten en tres personas de una misma naturaleza. Así como Price encarna a Willy, Larry y Johnny, Cotton encarna a Oliver, Randall y Richard Rice. Cada uno de los tres niños conoce a estos personajes por nombres distintos: A conoce a Price por el nombre de Johnny, y a Cotton por el de Oliver; B conoce a Price por nombre de Larry, y a Cotton por el de Randall; y C conoce a Price por el nombre de Willy, y a Cotton por el de Richard Rice. Price es el antípoda al trigémino Edgard Cotton. Si Price es atleta, Cotton es paralítico; Cotton piensa, Price no; Price es mitificado por la sociedad, Cotton es desdeñado y menospreciado. A reprocha a Cotton porque al intentar jugar a la pelota con él, Cotton arroja la pelota al agua, creyendo haberla tirado a una gran planicie poblada por niños procedentes de todo el universo, razón por la que A, B y C juran nunca más jugar con Cotton. Al final de la escena todos abandonan a Cotton, quedando inexorablemente solo y sin entender lo que le rodea. Está implícito desde este momento que Cotton actúa en una realidad diferente a la de los demás personajes, y que mientras no se establezca comunicación y comprensión entre ellos, a Cotton le será imposible caminar, es decir, desenvolverse en la sociedad. Confiesa Cotton: "Sí, es cierto. El [médico] dice que puedo caminar… pero no puedo" (26). La paradoja de su parálisis más bien se debe a su condición de marginado y a su estado sicológico y no necesariamente a razones físicas.

La escena dos es paralela a la primera, sólo que en vez de captar el mundo de la infancia, la acción tiene lugar cuando los personajes son jóvenes, y en vez de A, B y C, aparecen sus correspondientes novias, D, E y F. Ellas, de la misma manera que sus novios, mitifican a Price y hacen mofa y reprueban a Cotton. D, como hiciera su novio A en la primera escena, intenta un falso acercamiento con Cotton y hasta parece haber roto la barrera de incomunicación que separa la realidad de Cotton de la de ella. Esta posibilidad de comunicación y de amor hace que Cotton se levante de su silla de ruedas e intente caminar. Pero al hacerlo, le rompe el vestido a D, y ésta, enfadada, lo abandona, truncando ella a su vez dicha esperanza. La escena termina igual que la primera, con Cotton ensimismado en el vacío de la más profunda soledad. La figura de Cotton niño en su silla de ruedas permanece durante toda la escena a un costa del escenario, de espaldas al público. Su presencia es señal del misterio del drama: la sensación de compartir dos tiempos y dos lugares en una misma unidad.

La escena tres, que tiene lugar unos años después que la segunda, comienza de la misma manera que las anteriores, con Voz Uno y el Coro vitoreando a Price y ahora también a su hijo, "el nuevo Willy/Larry/Johnny Price" (43), quien perpetuará el mito. Las alabanzas a Price continúan por los otros personajes, que entran en parejas: A-D, B-E, C-F: "Van cogidos de las manos, distorsiona-damente, poseyéndose, dominándose" (43). Hablan al mismo tiempo y realizan los mismos gestos y movimientos. Las figuras de Cotton niño y de Cotton joven sentadas en sus sillas de ruedas permanecen a la izquierda y a la derecha del escenario, de espaldas al público e invisibles a los otros personajes. Se produce un tercer desdoble temporal con la entrada a escena del tercer Cotton, algo mayor que su doble joven, quien se coloca frente al público. Subraya la falta de comunicación entre el tercer Cotton y el resto de los personajes el que éstos se dirijan a él de espaldas, como si se hallara en el fondo del escenario cuando en realidad está al frente. Tal disociación se acentúa aún más cuando Cotton se comporta de forma semejante. Queda patente en esta última escena que la distancia que separa los dos diferentes planos de realidades en que se desplazan los personajes es todavía mayor que antes:

A-D	*(Extendiendo las manos.)*	Te escapas.
B-E	*(Extendiendo las manos.)*	Te esfumas.
C-F	*(Extendiendo las manos.)*	Te pierdes.

Cotton   *(Haciendo lo mismo.)* Se escapan. Se esfuman. Se
pierden. (46)

El distanciamiento con la realidad de Cotton también se testimonia en el
desconocimiento que tienene A, B, C y D de la palabra "inválido," la cual han
olvidado:

D   Por cierto, ayer me encontré una palabra desconocida en el
diccionario. Empezaba con I. Es una palabra extraña.
Inválido. La acompañaba una corta explicación que decía
así: "palabra en desuso con la cual se designaba a las
personas que no podían caminar." ¿Se imaginan una
persona que no pueda caminar? Es para morirse de risa o
estarse riendo toda la vida. (47-48)

Una vez roto todo tipo de contacto con los demás personajes, se exhibe una
transformación en Cotton, quien, habiendo reconocido su identidad y tomado
conciencia de su realidad, reafirma su posición en la tierra. Por primera vez puede
ver a los otros inválidos:

Los veo venir por todos los caminos de la tierra, en sus sillas de ruedas, con
sus corazones destrozados, sus fantasías y sus sueños... Veo a Richard Rice,
a Randall, a Oliver, a todas esas criaturas que hay en mí, confundidos todos
en el sueño de Edgard Cotton... Estamos en una misma escena, en un
mismo tablado, sobre las mismas rocas y en la misma tierra... Ya no
estamos solos. No lo estaremos más... ¡Tres personas distintas en un solo
foco verdadero! (48)

Sobre las mismas rocas proclama una filosofía activista, la idea que el nuevo
hombre ya no estará sujeto a las limitaciones impuestas por la burguesía porque su
alma se liberará de las cadenas de sus dogman que segregan a la humanidad. La
consecuencia del sufrimiento como medio de lograr lo ideal exige que el verdadero
héroe, Cotton, realice un papel pasivo hasta el último momento de la acción. Los
antagonistas son los poderes externos que ejemplifican el *modus operandi* en la
sociedad; por lo tanto, Edgard sólo puede lograr su meta en un mundo imaginario.
Atrapado en la malla de un mundo imperfecto, concibe la idea de una forma más
alta de la existencia humana, emancipándose de la parálisis que le provocaba el ser
discriminado.

Montes Huidobro utiliza al máximo las propiedades del espacio como recurso dramático. En su visualización de una percepción geométrica como un hecho exterior visible, establece en la pieza un esquema numérico que se relaciona, simbólicamente, con la condición existencial y la problemática de la identidad del protagonista. Mediante el esquema matemático 3=1 lo múltiple logra síntesis en el uno cuando Edgard Cotton logra su autorreconocimiento. Como en el misterio de la trinidad, Edgard Cotton tiene una sola naturaleza aunque subsista en tres personas. Esta misma dialéctica entre lo plural y lo singular se evidencia en la figura diegética de Price, su antagonista, quien también lo conforma un mismo ente reconocido en tres personas. Así se mantiene equilibrio entre polos opuestos de arquetipos sociales, los dioses populares y los olvidados. Los tríos ABC y DEF también exhiben modos de conducta monocordes regidos por falsos convencionalismos. Por otra parte, la configuración tricótoma de los personajes se relaciona a su vez con la estructura tripartita del acto dramático, que queda dividido en tres escenas correspondientes a tres espacios temporales diferentes.

Fenomenológicamente hablando, el concepto del doble que emplea Montes Huidobro combina la calidad de igualdad y la de ser otro dentro de un mismo marco conceptual. Y no sólo las combina, sino que también las igualal de forma armoniosa. La multiplicidad de espacios dramáticos y temporales se extiende a personajes que son a la vez múltiples y únicos. La transformación de los personajes en el espacio y en el tiempo, sumado a las intensidades del ritmo del lenguaje y al efecto cósmico que se crea, alude a la noción de Artaud de "poesía en el espacio" (38), en la que se exploran dimensiones de significados y de imágenes que traspasan los límites de la palabra. La pluralidad de espacios se descubre dentro de una noción de irrealidad que manifiesta el carácter onírico de la realidad teatral.

La teatralidad en los gestos y en el lenguaje subraya el tono lúdicro de la obra. Los personajes anónimos juegan constantemente, en un juego frenético de tono farsesco que sugiere burlas y escarnios, además de acentuar con sus movimientos la parálisis de Cotton. Nora Eidelberg señala que las técnicas empleadas en el juego lúdico "se basan en las relaciones y los contrastes entre lo cotidiano y lo fantástico u onírico, entre lo real y lo mítico, entre lo físico en oposición a lo metafísico, entre lo irreal dentro de lo real aparente (teatro dentro de teatro)" (15). Resulta significativa la observación que ofrece Eidelberg en referencia al teatro lúdicro ya que encontramos en ella connotaciones implícitas a la pieza de Montes Huidobro. En <u>Sobre las mismas rocas</u> dichas técnicas desenmascaran la realidad y configuran el esquema dramático de las relaciones entre los personajes. El juego con las imágenes y con el lenguaje crea signos que chocan con la realidad propia del espectador y que remite el conflicto a un plano de percepción que se realiza, como bien apunta Eidelberg, "en un mundo abstracto entre el mundo de la escena y el del espectador" (15). Es aquí donde se determina el significado de la paradoja teatral.

El dramaturgo descarta el realismo sicológico en la caracterización de los personajes, quienes son presentados como figuras desindividualizadas. La falta de nombres propia-mente dichos indica su falta de comunicación y de identidad. El tono lúdrico en la pieza se entremezcla con otro farsesco. La caracterización farsesca de A, B, C, D, E y F (movimientos distorsionados, saltos grotescos, teatralidad del lenguaje) impide que el público los vea como seres humanos reales sino más bien como abstracciones de calidad arquetípica, caricaturas que a través de la parodia subvierten rituales sociales establecidos. Los personajes anónimos son tipos monodimensionales cuyos patrones mecánicos tanto en sus movimientos como en su discurso revelan una caracterización guiñolesca, de la que se vale el dramaturgo para sus propósitos satíricos. Este aspecto se destaca en la ceremonia ritual del juramento en que A promete no jugar más con Cotton:

> Juro y prometo sobre el guante y la pelota del equipo de Johnny Price, por Johnny Price, por Johnny Price y la gloria de su equipo, por el Gran Stadium y el Empire State, por la séptima torre del Kremlin y por la octava fábrica de tanques rusos para la paz, por la libertad de palabra de los estúpidos, por el capitalismo, el fascismo, el comunismo, y el nuevo orden, que nunca más volveré a jugar, por los siglos de los siglos, con Oliver, inválido que no puede caminar, que no juega y que sólo piensa. (30)

Se crea un efecto metateatral en el cuadro en que D, E y F, formando un conciliábulo de brujas, representan, con máscaras, saltos y gritos desarticulados, "la Noche del Aquelarre," "la Fiesta de las Calabazas" (40). El cambio de prosa a verso contribuye a establecer un distanciamiento onírico en relación a la realidad circundante:

Las Tres   ¡Aleluya! ¡Aleluya!
              ¡El consejo de las brujas!

Reunidas nos encontramos
en el festín del dolor.
Somos las brujas de Macbeth
que bajo tierra cayó.
Visiones somos del mundo
en su festín del dolor.
Por la tierra y por los mares
el cáncer del corazón. (41)

Básicamente, <u>Sobre las mismas rocas</u> es una obra de tipo expresionista. En el teatro, el expresionismo tiende a representar las sensaciones y estados de ánimo producidos en el individuo por impresiones internas por medio de símbolos externos y concretos. Estos aspectos se revelan en la pieza a través de las líneas de la escena que se muestran distorsionadas para de esta manera expresar la distorsión emocional de Cotton y en las escenas que representan el desdoblamiento de su mente en la búsqueda de autorreconocimiento y ansia de realización, es decir, regeneración en un nuevo hombre. La dialéctica entre el **YO** y el **OTRO** que se patentiza en el discurso muestra una calidad representacional. La escena concreta tanto el interior como el exterior de una mente compleja que trepida de miedo y de ansiedad, hasta el extremo de la parálisis. La acción se desplaza entre la vida real y el sueño en un juego cohesivo de combinaciones mentales, afinidad de gestos y eventos traducidos a actos. Los personajes se multiplican, se conglutinan y se esfuman, pero los controla una fuerza mayor, la mente del soñador. Se representa en escena el estado de ánimo del protagonista, quien se halla marginado y sumergido en la más profunda soledad. Su parálisis interior se escenifica mediante símbolos concretos (los sillones de ruedas) y el discurso, que resulta como especie de monólogo ensimismado, como si Edgard hablara solo, por dentro. En los otros personajes, casi fantasmas, ni el que sean primos o si viven en la misma casa es seguro. Cuando C le pregunta a B si conoce a A, B le responde: "Creo que sí, pero no sé, no te puedo decir. Se parece mucho a un primo que yo tengo, pero no estoy seguro. Yo tengo un primo que es huérfano y mi mamá lo recogió. Desde entonces vive en mi casa y come en mi casa, pero no estoy seguro si es mi primo... (Se dirige a A). ¿Eres tú mi primo?" (24) Montes Huidobro nos presenta la agonía del solitario sin fe para quien todas las cosas que lo rodean son símbolos mudos y ciegos.

Al abordar el desplazamiento temporal, el dramaturgo se vale de dos niveles temporales distintos: cronológico e interior. El tiempo cronológico lo marca la transformación de los personajes de niños en la primera escena a adultos en la segunda y tercera. Por otra parte, la acción se cumple en un tiempo indefinido y desconcertante, como si el tiempo no existiera. Esta es la realidad que representa Edgard Cotton. Su condición es onírica e invisible, pues se halla "perdido en alguna galaxia que se mueve en el espacio para siempre" (44). La yuxtaposición de ambos planos temporales se entremezcla estrechamente con el entrejuego de realidades. El plano irreal en el que se realiza la conciencia de Edgard Cotton se conjunta con el plano de los demás personajes. A, B, C, D, E y F asumen el papel que les impone la realidad circundante moldeada por fundamentos sociales: asisten a juegos de béisbol, escuchan la radio, van al cine, practican la caridad hipócrita, gozan de los privilegios de la democracia y forman dioses en las esquinas, como Price, que sostienen "el espíritu del nuevo mundo, la fuerza del capital y la ideología democrática" (43). Ellos actúan su papel en la realidad de la misma forma que lo hacen en la representación teatral, fingiendo que aceptan a ls clases desprivilegiadas. Es decir, son figuras metateatrales antes de subir al escenario (Abel, 60). Observa D: "Lo mejor es fingir, disimular. Si no, ¿qué van a pensar de nosotras?" (40). Los elementos realistas en la pieza son sólo aparentes o amalgamados con lo irreal. Este aspecto se logra simultáneamente por medio de diferentes clases de señales que emiten una misma imagen, como los efecto de iluminación, pequeñas luces en la oscuridad que crean un efecto cósmico, espacial; la niebla que produce un efecto de irrealidad; y el histrionismo de los actantes.

La abstracción de la representación permite que podamos realizar la exégesis de la obra desde diferentes perspectivas. Como señala Francesca Colecchia, "La pieza plantea muchas preguntas al espectador. ¿Dónde tiene lugar la pieza ¿Están los personajes vivos o han pasado a otra condición, y existen en otra dimensión tempora? ¿Es Edgard una persona o un símbolo? ¿Ha penetrado desde otro tiempo al presente?"[1] Esto se debe a que la acción se desenvuelve en un mundo propio en el que la realidad es un estado del alma, es lo subjetivo. El dramaturgo hace caso omiso a las unidades clásicas y las reemplaza por una unidad interna que determina la naturaleza de la pieza. En la búsqueda de lo subjetivo, las relaciones

---

[1] Citado en Montes Huidobro, Matías. Obras en un acto. Honolulu: Persona, 1991. Esta y las demás traducciones del inglés son hechas por mí.

clásicas entre lo dramatizado y el espacio y el tiempo se borran o quedan nebulosas. La pieza proyecta la realidad interna del protagonista y concreta en escena pensamientos y sentimientos que ponen de manifiesto la angustia del hombre moderno que se siente nacido de la tierra y que quisiera agarrarse a ella, mientras el desmoronamiento interior que sufre lo inmoviliza y lo mantiene alejado, enajenado, inválido, invisible, solitario y sin fe. Por otro lado, la parálisis de Edgard Cotton no sólo la designa su estado sicológico sino también la sociedad, que mitifica a los héroes populares mientras que inmoviliza e ignora a los idealistas, a los intelectuales. En este sentido, la dramatización constituye una metáfora de la realidad social, y en especial la norteamericana, pues el dramaturgo ubica la acción en un pueblo de los Estados Unidos durante la década del cuarenta. Pero aunque la acción se ubica en un pueblo de los Estados Unidos, el dramaturgo señala que "los efectos lumínicos crearán una cierta irrealidad que colocará la cción, en última instancia, fuera del tiempo y el espacio" (21). Es decir, la pieza retrata dos niveles de existencia universal, la realidad aparente que es inadecuada e insatisfactoria y el mundo ideal en donde la realidad verdadera se realizará en el futuro. Se crea aquí un teatro introspectivo que produce su propio espacio; un lugar sin tiempo y contrario a la realidad mimética. Se enfatiza el dolor y el sufrimiento más que la acción, pero con el descubrimiento de valores positivos, con la proclamación de un futuro nuevo y mejor, tal sufrimiento implica un triunfo moral sobre los aparentes éxitos mundanos.

OBRAS CITADAS

Abel, Lionel. <u>Metatheatre: A New View of Dramatic Form</u>. New York: Hill and
Wang, 1963.

Artaud, Antonin. <u>The Theater and Its Double</u>. Trad. Mary Caroline Richards. New
York: Grove Press, 1958.

Eidelberg, Nora. <u>Teatro experimental hispanoamericano (1960-1980)</u>.
Minneapolis: Institute for the Study of Ideologies and Literature, 1985.

Elam, Keir. <u>The Semiotics of Theatre and Drama</u>. New York: Routledge, 1991.

Montes Huidobro, Matías. <u>Obras en un acto</u>. Honolulu: Persona, 1991.

"La navaja de Olofé:
trilogía freudiana de lo grotesco y ritual dionisíaco"
Mariela Gutiérrez
(University of Waterloo, Canadá)

C'est par l'intermédiaire des masques
que le masculin, le féminin se
rencontrent de la manière la plus
aiguë, la plus brûlante.
Jacques Lacan,
Le Séminaire (99)

Aunque el mismo Matías Montes Huidobro afirma que su drama, La navaja
de Olofé, se basa en una temprana obra teatral suya intitulada Las caretas, podemos
estipular sin ambages que La navaja de Olofé corta el cordón umbilical que la une a
Las caretas para convertirse en un digno ejemplar de obra psicoanalítica basada en
parte en el mito de Dionisio, el cual es llevado, gracias a la cultura natal de Montes
Huidobro, la cubana, a encontrar su paralelo mitológico en las raíces africanas que
impregnan la obra misma, a través del mito del falo de Changó. En La navaja
de Olofé lo freudiano, lo erótico, lo simbólico, se entremezclan y se entrelazan
para formar una pieza de múltiples niveles de la realidad, todos aunados en un
mismo espacio escénico.[1]

---

[1]Al presentar *La navaja de Olofé* en su nota al programa presentado en el Coconut
Grove Playhouse de Miami, en 1986, Rafael de Acha hace incapié sobre estas características
aquí mencionadas, las cuales generan en sí los diferentes niveles que forman la expresión
mítico-ritual de esta pieza. De Acha también enfatiza el hecho de que el nominativo "*Olofé*

Mi estudio sobre esta multifacética obra de Matías Montes Huidobro comienza ahondando en la importancia de lo grotesco (las máscaras, lo carnavalesco) en la trilogía básica formada por la relación *espejo-hombre-mujer* que caracteriza esta pieza de teatro; luego, partiendo de lo grotesco, se expone a los personajes a un análisis freudo-junguiano, subdividido en forma tripartita: primero, la relación narcisista entre el hombre y su espejo; segundo, la relación incestuosa del hombre con su vieja madre; tercero, la relación pseudo-emancipadora del hombre con la mujer joven. De ahí, terminamos con un análisis simbólico junguiano del ritual dionisíaco del desmembramiento, en este caso la castración, el cual hace escena, en su paroxismo, después de una ardua lucha entre los personajes por la posesión simbólica de la navaja/falo de Olofé/Changó, la cual simboliza en la mitología afrocubana la fuerza suprema creadora, y que en este singular drama termina en las manos de una mujer.

Antes de meternos de lleno en el estudio mismo, es muy importante que tomemos en cuenta el espacio y el tiempo de la acción, y la escenografía. La acción toma lugar en la ciudad de Santiago de Cuba, en la primera mitad del siglo XX, en cuaresma, durante la época de carnaval; la escenografía se desarrolla en una habitación típica de ciertas zonas históricas de la ciudad de Santiago, vestigio del pasado colonial cubano. En dicho escenario el dramaturgo ha establecido tres *áreas de acción:* un gran espejo en el centro de la pieza el cual centraliza la acción, a un lado del mismo una cama, y al otro lado un sillón.

---

es en esta obra una corrupción de *Olofím*, nombre que se le da a Changó en uno de sus caminos" (Montes Huidobro 205).

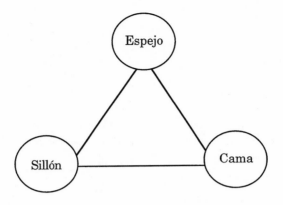

Cada *área de acción* es en sí misma un lugar simbólico predispuesto al ritual que va a llevarse a cabo. Consciente de sus intenciones míticas, el mismo Montes Huidobro explica que:

> [El espejo] es el área narcisista del hombre, [quien] al descorrerse el telón se estará afeitando con una navaja de barbero. El acto de vestirse nunca se llevará a efecto. Se tratará de un proceso ritual que no llega a su fin... El área del espejo es el área del hombre, donde se desarrolla el acto narcisista de adorarse a sí mismo, así como la ceremonia de adoración de la mujer.[2]

De las otras dos áreas Montes Huidobro comenta: "El área de acción de la mujer, cuando represente el carácter de la madre, será el del sillón; como la amante la acción tendrá lugar en el lecho" (207-208).

En esta pieza de teatro es de importancia la música; ésta a su vez forma parte integral de otro ritual, el carnavalesco, el cual toma lugar paralelamente al ritual freudiano que se lleva a cabo detrás de las puertas del recinto ya antes mencionado, el que conlleva características sartrianas;[3] la música resuena como un *leit motiv* sacramental africano a través del tiempo de la representación: "Se escuchará la música de las comparsas santiagueras durante los carnavales. Ritmo de tambores" (208).

---

2 Matías Montes Huidobro, *Obras en un acto*. Editorial Persona: Honolulu, Hawaii, 1991. De ahora en adelante todos los números de página que aparecen entre paréntesis pertenecen a esta edición.

3 Para Jean Paul Sarte el escenario debe ser ante todo cerrado, uterino, sencillo, penumbroso, casi despojado de mobiliario que desviara la atención del público de los personajes mismos

Tanto la música afrocubana como el color de la piel de los dos personajes–ambos son mulatos–nos confirman la africanía de la obra y a su vez establecen esa otra dimensión que deberemos tomar en cuenta a lo largo de nuestro estudio.

Por último, es imprescindible el mencionar las edades de los protagonistas y la maleabilidad del aspecto físico de ambos, dependiendo de en cual de las tres *áreas de acción* estén representando su papel. Nos dice Montes Huidobro: "El tiene unos veinte años. Ella tendrá unos cuarenta años o más. Por momentos resultará muy atractiva, pero en otros instantes dará la impresión de estar prematuramente envejecida" (207-208).

Habiéndonos ya situado en el espacio y tiempo de la acción he aquí una síntesis del tema de esta pieza de teatro la cual, desde un principio, se establece como drama ritual que se lleva a cabo repartiendo equitativamente la acción entre las tres áreas antes mencionadas. En primer plano tenemos la acción ritual ante el espejo en el que la *imago* del hombre, se mira y se remira con narcisística devoción, en el cual también la mujer se refleja, intermitentemente, y con su reflejo amplía la vanidosa circunstancia del hombre. En segundo plano está el ritual de la madre, y las conversaciones que tiene con su hijo desde su sillón. Por último, aparece una y otra vez el mas activo de los tres escenarios, el que nos lleva al *denouement* de la pieza; es en la cama que tiene lugar la batalla entre el joven y la mujer, por su relación simbólica con el útero materno–generador de vida–, escenario del acto sexual, y sede final a la hora de la muerte. La pugna en cuestión se lleva a cabo en dos niveles: en el nivel de la realidad cotidiana se entabla una vez más la batalla entre los sexos; en el nivel mítico presenciamos la lucha en pos de la fuerza suprema creadora africana, simbolizada por la navaja/falo de Olofé. El que se posesione, al final, de la navaja/falo de Olofé es el vencedor, y nuevo supremo dueño de los poderes de la creación. En este drama la mujer vence al hombre, castrándolo, trayéndonos así a la memoria el mito helénico.

En cuanto al trasfondo de la trama, éste se encuentra en el carnaval, y lo que de otra forma fuera banal y cotidiano, gracias a la magia de este festival pagano, se transforma en grotesco, exagerado, ambiguo, ambivalente, enmascarado. En la obra se percibe un ambiente, externo e interno, de lascivia, y el hombre y la mujer, engañosamente, parecen portar caretas que se quitan y se ponen según el *área de acción* que esté siendo alumbrada por el encargado de las luces. Aquí debemos, entonces, recordar que simbólicamente la definición del carnaval está unida directamente a la idea de lo grotesco.

Primero veamos que, etimológicamente, lo grotesco se caracteriza por representar la destruccción de la norma, de la medida, afirmando con esta conducta la armonía de lo primitivo. En realidad, la etimología de la palabra grotesco viene del Renacimiento italiano bajo el influjo de las pinturas encontradas en grutas antiguas, y fue introducida al castellano a fines del siglo XVIII por Leandro Fernández de Moratín. Por otra parte, como concepto estético, lo grotesco ha sufrido de incomprensión al ser siempre vinculado con lo burlesco, y aún con lo risible. Sin embargo, literariamente, lo grotesco, según Wolfgang Kayser, tiene aún otro significado, el cual secunda los hallazgos de nuestro estudio; Kayser explica:

> Lo grotesco es, para nosotros [los literatos], la ley estructural en cuya virtud un mundo se presenta como desencajado. Las formas que nos son familiares se deforman, las proporciones naturales se alteran, el orden a que estamos acostumbrados se trastrueca espacial y temporalmente, se suspenden las leyes de la identidad, de la estática, etc., y la separación de los dominios se suprime... Títeres, muñecos y diversos monstruos, so námbulos o animales fantásticos [son] los motivos preferidos de la creación grotesca... Toda aclaración, incluso el intento de pedir compasión para la víctima ofrecida comprometería lo grotesco... Algo inquietante irrumpe en nuestro mundo y lo distancia de nosotros... El sentimiento que lo grotesco nos inspira no es el miedo a la muerte, sino el temor a la vida, y la creación artística es aquí como un intento de conjurar y exorcizar lo demoníaco-abismal... La literatura burguesa, en su ansia de seguridad, no mantuvo verdaderas relaciones con lo grotesco, y la investigación tampoco ha sabido o querido verlo siempre" (512-513).

Pero lo grotesco sí existe y reafirma su existencia en obras como la de Victor Hugo (en el Préface de Cromwell es un concepto central), en toda la obra de Edgar Allan Poe, en la de Lord Byron, en Sylvina Ocampo, en Jorge Luis Borges, en Ana María Matute, entre tantos y tantos otros, y hoy lo volvemos a encontrar en esta pieza de teatro de Matías Montes Huidobro que proporciona el tema de nuestro estudio.

Al decir que el carnaval en la mayoría de sus aspectos ejemplifica lo grotesco también tomamos en consideración su etimología latina, *carrus navalis,* la que está asociada a las ideas de orgía, de travestismo, y del retorno temporal al Caos primigenio (Cirlot 118). El carnaval es en suma una "inversión del mundo", idea a la cual debemos volver una y otra vez en nuestro trabajo por ser punto crucial en nuestra trayectoria.

El carnaval, en todos los países que han sido influenciados por la Roma antigua, como son Italia, Francia, España, y por lo tanto la América Latina, personifica el cambio de estaciones por medio de una figura burlesca que, tras una jornada de rápida disipación y gloria, es destruída ante la euforia del populacho asistente. El carnaval está ligado por un lado a la fiesta romana de la Saturnalia, y por otro al festival de Dionisio. En un caso u otro, la *encarnación* de la deidad, debe ser destruída al final para que un nuevo ciclo comience.

En La navaja de Olofé de Matías Montes Huidobro lo grotesco está representado a través del carnaval, con su rito bullicioso, con el sentimiento orgiástico que el mismo conlleva junto con las máscaras invisibles que cada participante–en este caso un hombre y una mujer–portan durante el desarrollo de la trama.

Al principio de mi investigación pensé enfocar la tradición de la *Saturnalia,* la que pudiera estar ligada a la pieza de teatro en cuestión ya que en ambos casos aparece el trasfondo mitológico de que "todo reinado ha de ser sucedido por otro". En la *Saturnalia* está explícita la idea del "asesinato ritual del rey", el cual es precedido de una ceremonia violenta y sangrienta, la cual prepara a la muerte por sacrificio. Cirlot enfatiza que "el personaje principal del carnaval es la figura burlesca que sucede históricamente al rey de la *Saturnalia"* (400). Todos los reyes carnavalescos simbolizan las ideas de duración, sacrificio, inversión o cambio entre la brevedad e intensidad de la vida; el propio Cirlot agrega: "el mismo carnaval con su brevedad, es un símbolo de ese anhelo de acumular en un tiempo dado todas las posibilidades existenciales, aparte de que, por su sentido orgíaco, es un llamamiento al caos primordial y una desesperada invocación a la *salida del tiempo"* (Cirlot 400).

Sin embargo, aunque es llamativa la perspectiva del sacrificio del rey de la *Saturnalia,* en nuestro caso personificado en el hombre de La navaja de Olofé, me detuvo el sentido orgíaco de la pieza misma, unido al sentimiento junguiano de la *salida del tiempo* que la permea toda; de esta manera, mi idea inicial cambió de rumbo una vez que tomé en cuenta la temprana edad del protagonista–veinte años–; entonces quedó claro para mí que nuestro rey del carnaval no podía ser un Saturno/Cronos maduro, sino el joven dios Dionisio, deidad en la cual son pan de cada día la orgía, las mujeres, la violencia, y el desmembramiento final. De Dionisio sabemos que es:

> Una deidad infernal, símbolo del desencadenamiento ilimitado de los deseos, de la liberación de cualquier inhibición o represión … en consonancia con el instinto tanático de Freud, hacia … el autoaniquilamiento… Entre sus atributos [está] el símbolo fálico… Según Jung, el mito de Dionisio significa el abismo de la *disolución apasionada* de cada individualidad humana, a través de la emoción llevada al paroxismo y en relación con el sentido pretemporal de la *orgía*. Es un llamamiento del inconsciente" (Cirlot 172).

Por otra parte, haciéndonos sentir más a gusto, y sin premeditado interés en confundirnos en el interior del tumultuoso universo de los dioses, Montes Huidobro enreda más la situacion al presentar a su *hombre/Dionisio* con características deíficas africanas: el hombre de La navaja de Olofé también personifica a Changó, dios africano de la guerra y del trueno, y dios afrocubano por la osmosis de la transculturación, el cual, inexplicablemente, posee características que lo unen irremisiblemente al Dionisio romano: [Changó es] "enamorado y pendenciero–que no hay sin él rebambaramba–, el Rey del Mundo, un hampón muy valiente y muy bien parecido–, se crió en el arroyo" (Cabrera 67). El es también

> el segundo gran *orisha* [africano] (...) y es el dios del trueno [y] (...) de la guerra. De su vida sexual sabemos que tiene dos mujeres, que son sus hermanas carnales, Obbá y Oyá… Por otro lado Changó comete adulterio con su tía Ochún, quien se enamora de él, y es sabido que, según unos, casi comete adulterio, con su madre Yemanyá. No cabe duda que Changó es mujeriego, pero sus problemas con el sexo femenino son producto de su hermosura sin par, nadie se le resiste" (Gutiérrez: El Cosmos 56).

Sus símbolos son el rayo, el trueno, la espada, y la palma real, todos símbolos fálicos.

En La navaja de Olofé, nuestro protagonista, *hombre/Changó/Dionisio* es un personaje a dos niveles, y como tal lo estudiamos; su coprotagonista comparte con él los mismos y lo único que nos queda ahora es establecer cuales son estos niveles para proceder al estudio de la obra.

El hombre protagonista, como encarnación freudiana, nos aporta de entrada el primer nivel de análisis que llevamos a efecto. A su vez, en un segundo nivel, el hombre encarna las deidades de Changó y de Dionisio; en este nivel ambos dioses, como personajes míticos, son el centro de un análisis mítico-junguiano que toma lugar en la segunda parte de nuestro análisis.

En el primer nivel de análisis, el freudiano, el espejo, como hemos estipulado anteriormente, aparece como centro de la acción, área narcisista del hombre: "al descorrerse el telón se [está] afeitando con una navaja de barbero" (207).

Durante el espacio de acción que pertenece al *estadio del espejo* la posición del hombre con respecto a sí mismo y a su circunstancia puede expresarse con el siguiente esquema de inspiración lacaniana, el cual nos recuerda por su estructura a la *mis-en-scène* de La navaja de Olofé que propone Montes Huidobro:

FALO (PADRE) /NAVAJA
(lo deseado: el poder)

HOMBRE/ ESPEJO
(relación narcisista)

MADRE/SILLON
(relación edipal)

MUJER/CAMA
(relación erótica)

Aunque casi no se menciona en la obra, la presencia del padre (se le apoda *el viejo*) se hace sentir sólo en forma abstracta, omnipresente. Por esa razón, la navaja con que se afeita el hombre, y que luego se pone al cuello, toma el lugar del padre ausente, y como símbolo fálico freudiano concentra en sí lo deseado; o sea, el *falo/navaja* toma el lugar del padre (*el viejo*, o el mismo dios Olofé) y se convierte en *objeto del deseo* (Lacan), por el cual el hombre y la mujer luchan al final de la pieza, y esta última irá hasta castrar al hombre por el deseo de la simple posesión del *objeto/falo*.[4] Las dos puntas inferiores del triángulo que rodea al *círculo del espejo* corresponden a las relaciones que el hombre tiene en la obra, cuando se aventura a salir del círculo narcisista en que se encuentra: 1) la relación edipal con su madre (ya que con su padre no puede tenerla dado a la ausencia paterna), la cual ha convertido al padre en *objeto del deseo (falo)*, 2) la relación erótica con la mujer joven.

Inmediatamente, la mujer se acerca al espejo, provocadora, lo acaricia: "Rico... (se separa y se tira en la cama) ¡Ven!... Otra vez... Hay tiempo todavía" (208).

Ella, impávida, sigue en el lecho inmóvil, en éxtasis. De pronto, mira al sillón, se incorpora y lentamente se va acercando al mismo. Mientras camina el elemento africano se introduce en la pieza a través de una canción. Grita ella: "Changó se ha tirado por la calle" (209), y bailando canta: "Oculé Mayá, oculé Mayá/Negro prieto ¿dónde tú estás?/Oculé Mayá, oculé Mayá/Negro prieto ¿dónde tú vas?... (209)

Al llegar al sillón no se sienta sino que empieza a mecerlo, y ahora transfigurada canta, desde el área de la madre, la siguiente canción: "Drume, drume Changocito[5]/que Yemayá[6] te quiere a ti.../Drume, drume Changocito/que Ochún[7] pregunta por ti ..."(209)

El sigue afeitándose, y una conversación entre madre e hijo se entabla, una vez que la mujer se sienta en el sillón. Desde allí, ella le amonesta, y como un

---

[4] Para más detalles véase mi artículo "Rosario Ferré y el itinerario del deseo: un estudio lacaniano de 'Cuando las mujeres quieren a los hombres,'" nota 7, 216-17.

[5] Diminutivo cariñoso para el Dios Changó. Changó es, en Africa como en Cuba, el dios del trueno, del fuego, de la danza, de la música y de los tambores. Para conocer los distintos avatares o caminos de este orisha, consúltese el libro de Mercedes Cros Sandoval, La religión aforcubana, 184-87.

[6] Yemanyá, o Yemayá, en Africa es la diosa de las aguas saladas y también de las aguas dulces. Sin embargo, Yemanyá es una de las divinidades más poderosas del panteón afrocubano. Para una discusión más extensa sobre el escabroso tema del incesto de esta diosa con Changó, véase el libro de Cros Sandoval citado previamente (219) y el clásico estudio de Lydia Cabrera, El Monte. Igbo Finda, 236-37.

[7] Ochún es reconocida como diosa del amor, la Afrodita afrocubana, patrona de amores lícitos e ilícitos y protectora de las gestantes y las parturientas. En Cuba se la tiene como la amante por excelencia de Changó, de quien ya sabemos es su tía. Véase también el antes mencionado libro de Cros Sandoval, La religión aforcubana, 197-99.

oráculo le pronostica que tenga "cuidado con la navaja, que tiene la media luna" (209). Hablan del carnaval, de la fiesta, la conga, la rumba, el tambor; él se prepara para divertirse, ella añora la mujer que una vez fuera.

De inmediato lo grotesco hace acto de presencia y la mujer, hasta ahora tranquila, cae de rodillas, levantando los brazos y gritando: "¡Olofé, Olofé, sácame del pozo donde me has metido!" (209). Aquí Montes Huidobro escribe entre paréntesis: "(Transición grotesca. De rodillas, se acerca al hombre en el *área del espejo*. Canta grotescamente)": "Tú ves, yo no puedo caminar,/Tú ves, ya yo no puedo sinchar,/Tú ves, que yo soy negra mandinga/Tú ves, que yo soy negra sin dinga" (209).

El continúa afeitándose, con un poco más de furia, mientras la mujer sigue en una trayectoria verdaderamente ritual, entre cantos y cambios de lugar, ahora arrastrándose en dirección al lecho, tercera *área de acción* de la pieza. Al llegar al lecho, una nueva transformación ocurre, y la madre desaparece entre las risas y las provocaciones lascivas de la que parece ahora ser una mujer joven, encima de la cama.

En este momento, el hombre deja de afeitarse, "hipnóticamente" (210), y la mira, pero aún lo hace "a través del espejo" (210). El sigue en el área narcisista, desde allí la oye y la contempla. La mujer sigue seduciéndolo, hablándole de Olofé y de la tierra de Olofé, hasta que por fin lo logra... Se rompe el círculo mágico del espejo cuando el hombre finalmente se vuelve y le pregunta: "¿Cómo era la tierra de Olofé?" (210).

Es hasta aquí que el *área del espejo* es central; al salirse de ella, al voltearse, dando la espalda al espejo, dejando atrás su narcisismo, su *yo*, la seguridad de su niñez, el hombre interrumpe lo que por un corto espacio y tiempo ha sido su centro de acción, su centro de protección y ensimismamiento, y se lanza al exterior, a su circunstancia.

En esta primera parte, que para nuestros propósitos de estudio hemos llamado *primer nivel*, el protagonista aparece engolfado en un estado narcisístico edipal del cual no parece poder salirse hasta la última tentación que le presenta fuera del *círculo del espejo* –la mujer joven: *la tierra de Olofé*, nombre que por su resonancia nos hace pensar en la bíblica tierra de promisión.

Un niño normal durante el período del crecimiento va primero del estado narcisista a la dependencia edipal para con uno de sus padres, para luego llegar a manipular por sí solo su libre albedrío, y así, por sí mismo, sin interferencias ni influencias, poder escoger el objeto/persona sexual de su elección. Pero, el hombre en cuestión, ni en este primer nivel, ni más tarde en el segundo, parece ser dueño de sí mismo; por un lado el *espejo* lo atrae, por otro la madre lo mima, lo quiere incestuosamente para sí–como veremos más tarde–, por otra parte, la mujer joven lo seduce, lo trastorna. Sin embargo, el hombre, aún en estas circunstancias, se encuentra protegido por el *estadio del espejo;* nuestro protagonista, al mirarse y remirarse en el espejo, al enfocarse a sí mismo, no parece poder salirse de su estado narcisista por completo:

> el *estadio del espejo* es un drama cuyo empuje interno se precipita de la insuficiencia a la anticipación; y que para el sujeto ... maquina las fantasías que se sucederán desde una imagen fragmentada del cuerpo hasta una forma que llamaremos ortopédica de su totalidad ... que va a marcar con su estructura rígida todo su desarrollo mental" (Lacan 91).

Lacan también estipula que el *narcisismo primario* evoca asimismo "instintos de destrucción, y hasta de muerte" (Lacan 91). Pero, podemos aquí preguntarnos, ¿cómo puede estar ligado el narcisístico *estadio del espejo* a la destrucción y a la muerte? Julia Kristeva comenta al respecto: "Ce qu'on appelle le *narcissisme* ... est le déchaînement de la pulsion telle quelle sans objet, menaçant toute identité, y compris celle du sujet lui-même" (Kristeva 55-56).[8]

Nuestro protagonista al salirse del *área de acción* del espejo, no sólo lo hace sin despojarse de su *narcisismo primario,* sino que avanza hacia su encuentro crucial, que será a su vez brutal y grotesco; el siguiente episodio tendrá lugar entre las *áreas de acción* del sillón y la cama. La madre comete incesto con su hijo; luego, la mujer joven lo seduce y acto seguido lo castra. Por otra parte, no podemos olvidar que el elemento afrocubano continúa vigente, ahora apuntando al posible doble incesto de Changó, el cual el dios consumara primero con su madre Yemayá, y luego con su tía Ochún (ver notas 6 y 7).

Al apartarse del espejo, y acercarse a la cama, el hombre–al que ahora la mujer llama Olofé, traspasándole así las virtudes del dios–se enfrenta a una mujer en posición de entrega, quien le grita, efectuando primero el acto sexual

---

[8] Mi traducción: El narcisismo es el desencadenamiento de una pulsión tal que, sin razón alguna, amenaza toda identidad, aún la del sujeto mismo.

con sus palabras, trasmutando de esta forma a la oralidad la cópula en potencia:
"¡Ven, tócame Olofé! ¡Olofé soy yo! ¡Olofé eres tú! ¡Olofé es la cama!...
¡Entrega y coge!... ¡Sube y baja!... ¡Besa y se deja besar!... ¡Huele y se deja
oler!... ¡Come y se deja comer!... ¡Olofé eres tú! ¡Olofé soy yo!" (210).

Como por arte de magia hay una transmutación grotesca, inmediata, cuando
él "se separa [de ella], vuelve al espejo y se mira" (210). Ella está entonces al
borde de la cama, alejada del centro, y ya no parece ser la misma... ahora habla
como vieja, se dirige al sillón quejándose de que le duelen las piernas, mientras
canta el estribillo africano del comienzo: "Oculé Mayá, oculé Mayá,/Negro prieto,
¿dónde tú estás?/Oculé Mayá, oculé Mayá/ Negro prieto, ¿dónde tú vas?" (211).
El no parece recordar, y dice: "No sé, no lo recuerdo" (211).

Volvemos aquí a la lucha verbal entre madre e hijo, ella añora su juventud, y
con celos de mujer y de madre mezclados, camina hacia el *espejo*. Allí, en esa
área que aparece en la pieza como *lugar sacro*, comienza un nuevo episodio, el
que durante dos páginas se ejecuta oralmente hasta convertirse en la realidad física
del incesto una página más tarde. El espejo es elemento primordial durante todo
el episodio, porque una vez más el espejo ejerce su posición de duplicador, de
reflejo de lo exterior. Por otra parte, al no existir en la obra el personaje del padre,
a quien se menciona sólo superficialmente, llamándosele *el viejo*, al no tener
vigencia física, la cohesión del individuo–en este caso la del protagonista–es
destruída, ya que las fronteras freudianas entre su interior y el exterior (la madre)
se han desmoronado, al no haber padre, la llamada *prohibición del incesto* pierde
su fuerza. Acto seguido, el hijo asume el rol del padre, simbólica y físicamente,
para poder así destruir la figura totémica del padre.[9] Pierre Fédida explica al
respecto: "La loi détenue par la mère suppose l'annulation préalable du principe
paternel dont le fondement était précisément l'interdiction de l'inceste. La loi
incarnée par la mère est donc une loi de la naissance ... est une loi de la
réintégration" (37).[10]

---

[9] Ver Gilles Deleuze, Présentation de Sacher Masoch, 81.

[10] Mi traducción: La ley retenida únicamente por la madre presupone la previa
anulación del principio paterno del cual el fundamento esencial es la prohibición del incesto.
La ley personificada por la madre se presenta como una ley del nacimiento (...) siendo así
una ley de la reintegración.

Freud mismo establece que la transgresión de la ley del principio paterno remplaza la ley misma por la ley del deseo. El momento decisivo llega en las páginas 214 y 215:

Mujer   Te entregué mi juventud... Pero tú sabes que yo, aquí, en la cama, a la medianoche, es como si fuera otra mujer... Porque cuando le empecé a pegar los tarros contigo... ¿Qué puede hacerse? Que si antes te burlabas de él, el Viejo, y ahora te burlas también de mí... Aquí hay *espejos*, ¿sabes? Me puedo ver... Antes se los pegabas a él; ahora me los pegas a mí."

Hombre   La vieja que me daba la teta.

Mujer   Y el niño que se la chupaba toda.

Y así, sigue el diálogo *in crescendo,* más y más se van los dos acercando a la cama, y para que no queden dudas del incesto entre madre e hijo que aparentemente duró muchos años, y que empezó desde temprano, la madre misma dice: "Eras un lindo mulatico, gracioso, y todo el mundo tenía que ver contigo. Te pasabas la vida pegado a mis faldas y cuando tenías miedo hasta te metías debajo de ellas... Allí aprendiste algunas cosas, tal vez" (212).

En el apogeo del diálogo hay ciertas connotaciones sobre la bisexualidad del *hombre/Olofé:*

Hombre   Cuando entró en el cuarto hizo lo de siempre. Como siempre estaba desnudo no tuvo que quitarse la ropa... Cuando abrí la puerta todo estaba a oscuras. Yo, que había estado contigo, tenía tu perfume y todo tu perfume era el perfume de Olofé, ¿comprendes? No nos podíamos reconocer.

Mujer   Acabarás diciéndome que quería acostarse contigo y que tú querías acostarte con Olofé.

Hombre   Yo quería lo que tenía él. (216)

Aunque este diálogo presume más que asume la bisexualidad del protagonista tanto como la de Olofé, no debe de sorprendernos, ya que el dios Changó es andrógino, y como tal su sexualidad es bisexual. Una vez más lo ancestral africano hace acto de presencia, consciente o inconscientemente por parte del autor.

Finalmente llegamos al último episodio de esta pieza en un acto. El joven hombre se va acercando más y más a la cama, salta en ella, saca la navaja y se la cuelga del cuello; siguen hablando mientras la mujer se va acercando también al lecho; él la acaricia con el filo de la navaja, con este gesto entramos en la parte final de la obra. La que hasta hace minutos era vieja y madre, ahora ríe, sexual, amenazante y joven; comienza a jugar con el hombre tratando mutualmente de apoderarse de la navaja en cuestión, elemento que para nosotros aparecerá como símbolo fálico de poder, de ahora en adelante, pero que también está ligado a la mítica africana como a la clásica.

La introducción de la *navaja/falo* como elemento activo en las últimas páginas cierra con broche de oro la situación freudiana que hasta ahora llenaba las páginas de *La navaja de Olofé*. Gracias a la acción que crea la *navaja/falo* entramos de lleno en un mundo mítico que guiará nuestros pasos hasta ese instante en que uno de los dos protagonistas se apodere y se haga poseedor de la misma. Desde este momento nuestra aproximación al texto toma una perspectiva mítico-junguiana, la cual expone el mito de Dionisio en paralelo al mito de Changó, el cual a su vez actúa como elemento central del desenlace de la obra.

La probabilidad de un *denouement* clásico se hace posible gracias al parentesco mítico que existe entre el Changó afrocubano y el Dionisio clásico. Las características atribuidas a ambos dioses los hermanan, aún teniendo en cuenta que uno es blanco y otro es negro. Ambas deidades son, en sus respectivas culturas, símbolo del desencadenamiento ilimitado de los deseos, de la liberación desordenada de cualquier inhibición o represión. Los dos son insaciables, Dionisio con el vino, Changó con los alimentos–"Changó no se llena" (Cabrera: *El Monte* 529)–; ambos son representados con símbolos fálicos: Dionisio con la piña, la serpiente, el caballo, el toro, la pantera, el macho cabrío; Changó con el relámpago, el trueno, el hacha, el machete, la palma real, la ceiba, el caballo, la llamada *piedra de rayo,* la que siempre se encuentra donde ha caído un rayo. Tanto Dionisio como Changó están en relación con el sentido pretemporal de la *orgía* –el tiempo fuera del tiempo–en el cual las emociones son llevadas al paroxismo, como un llamado del inconsciente. El rito orgiástico es llevado al extremo en el caso de Dionisio, cuyo mito significa la *disolución apasionada* llevada hasta el abismo (ver Cirlot 172). Sin embargo, excepto por el ritual del desmembramiento que sólo pertenece a Dionisio, como acto extremo del mismo paroxismo, en todo lo demás las dos deidades se asemejan. El párrafo siguiente, aunque se refiere a Dionisio, pudiera atribuírsele a cualquiera de los dos:

If you let him into your life, under appropriately ritualized circumstances, you will be deeply disturbed but also deeply enlivened, touched by the sources of good and evil and yet sanely returned to the casual comedy of civil society. If you refuse him entry he will invade, and you will die one of the many deaths he mischievously conceives in his elaborate theater of the mad (Young 219).

En relación con ambos dioses también está el instrumento que unifica lo terrenal con lo cósmico en esta obra, o sea la navaja, la cual aparece como elemento de relación desde el mismo título del drama: La navaja de Olofé. A través de la navaja el hombre hace contacto con el espejo, con la madre, con la mujer, y por supuesto consigo mismo. Tanto en Dionisio como en Changó la navaja alude al ritual de la mutilación. La navaja es la representación moderna de la arcaica *harpé*, pequeño puñal de forma curva, el cual aparece representado en algunas imágenes de deidades ancestrales. La navaja es también simbólica del *falo*.

Según Cirlot todas las armas curvas, en general, son lunares y femeninas, mientras las rectas son masculinas y solares. Lo recto es penetración e impulso; lo curvo es camino y pasividad. Por eso se asocia la *harpé* a la *vía indirecta*, o sea, el camino al ultramundo; por otra parte, está asociada con el renacimiento de un nuevo ciclo. En la *harpé* se encuentran plasmados la mutilación y la esperanza, los que, pese a su carácter contradictorio, coinciden en un punto: la idea del *sacrificio* (ver Cirlot 230).

La pareja parece entrar en un estado *intermundo* [11] y como en una larga letanía se lanzan el uno al otro frases relacionadas con Olofé, con su poder, con su sexualidad, con su navaja:

Mujer	¡Lo que tiene Olofé! ¡Ay, quien tuviera lo que tiene Olofé!... Porque es anterior a ti ... antes que tú vinieras al mundo, ya existía Olofé.
Hombre	Me dormías con los rezos, pero entre sueños yo lo podía ver.
Mujer	*(En éxtasis)* ¡Olofé, ahora no, Olofé! (...) ¡Deja esa cosa, Olofé! (...) ¡Sigue! ¡Déjame! ¡Sigue, sigue, Olofé! ¡No te vayas, Olofé! (217)

---

[11] Estado místico en el cual todo lo visible se transforma en símbolo.

De pronto se hace una última alusión al espejo; el hombre se enfrenta al espejo en el cual ve a alguien más mientras dice: "¡Cabrón, cabroncito, hijo de puta, que se te ven los tarros!", y de ahí volviéndose a la mujer le grita: "¡Canalla! ¡Hija de puta!" (217).

El hombre se agita más y más, su violencia empieza a no tener límites, sacude brutalmente a la mujer, pero esto acrecienta más y más la voluptuosidad femenina: "¡Así, duro, fuerte, Olofé! ¡Mátame, tritúrame, acaba conmigo!" (217).

El nombre de Olofé lo domina todo, y en el paroxismo del acto sexual, en el cual los dos cuerpos se han unificado, penetrado el uno y mordido el otro, la navaja hace acto de presencia reluciendo en la mano del hombre; se contorsionan los cuerpos, ella queda sobre él, él queda debajo con la cabeza hacia atrás, mirando al revés al público. Entonces, la mujer, levantando el único de sus brazos que tiene libre, lo muestra y en su mano tiene *la navaja de Olofé*. El hombre aún osa decir: "Ahora soy yo, para siempre, el hijo de Olofé. ¿No lo ves? ¿No lo reconoces? ¡Es Olofé!" (218).

Ella, sin embargo, y también el público saben que esas palabras son en vano, y empuñando la navaja dice: "Es mío y ya no puedes irte. ¡Yo soy la que tiene lo que tiene Olofé! ¡Yo soy la tierra y el cielo! ¡Yo tengo la espada de Olofé!" (218).

Con este último grito baja el brazo, y con el arma blanca castra al *hombre/Olofé*.

Aunque a este final podemos aplicarle diferentes críticas, desde el argumento feminista hasta la postura política; el camino más indicado para nuestro estudio es el del sacrificio báquico, el cual eleva el fenómeno de la violencia irracional a mito, haciendo ritual lo que de otra forma consideraríamos un acto de violencia criminal, dándole un porqué al barbárico desmembramiento final en la obra de Montes Huidobro.

El sacrificio báquico, como recordatorio de la muerte de Dionisio, ha sido de gran importancia para las civilizaciones neolíticas, porque con su ritual asegura la continuidad de la vida. El desmembrar, y por lo tanto dar muerte, a Dionisio conmemora ante todo el dar término al *año viejo* para que un *año nuevo* pueda comenzar.

La mitóloga Doudly Young cuando habla del sacrificio dionisíaco le llama "the mutilating ecstasy": "The tearing of flesh can now be perceived ... as an avenue to the sacred... Such mutilation, performed by the hands, is finally what makes divinity come" (222-223).

El sacrificio dionisíaco también se ve sublimado a través del acto sexual el cual funciona como *meta-sacrificio* o *sublimación sacrificial* del ritual báquico. Doudly Young hace énfasis sobre la mutilación elevada a *meta-sacrificio* por medio del acto sexual:

> The desire to mutilate (and be mutilated by) one's partner is engaged, absorbed, and transformed in gentleness... In sexuality the mutilation, death and rebirth are (usually) metaphorical representations of the energies lethally deployed in the hunt... As in the hunt,the sex becomes murderous when the lovers mistake each other ... for whom [they are not]" (226-227)

Este es el caso, en parte, de los amantes en *La navaja de Olofé*; ambos en el delirio del encuentro sexual se confunden el uno· y el otro con *Olofé/Changó/Dionisio,* y luchan por la posesión de un poder que como humanos no pueden alcanzar y mucho menos entender.

La obra de Montes Huidobro nos lleva paso a paso al sacrificio dionisíaco, incluyendo rítmicos lamentos africanos que pueden compararse a los *cantos fálicos* de los sátiros danzantes en las procesiones populares helénicas. En su final La navaja de Olofé escenifica la locura de la violencia ligada a Dionisio y a su ritual:

> "his rituals involve madness... The survivable madness ... is inflicted on the women who must nurse the divine child through the winter's affliction and then ritually mutilate him ... the lethal dose is inflicted on those who are ... invaded by the dismembering madness" (Young 239-240).

La mujer en la obra de Matías Montes Huidobro va de madre a mujer fatal, procrea, amamanta y cría al *hombre/Changó/Dionisio,* al que luego amará, poseerá y por el cual será poseída, y al cual en el transcurso del ritual amoroso castrará para que la divinidad descienda sobre ella, haciendo suyo el poder del dios.

No cabe duda que la última entrega en La navaja de Olofé alude al simbólico *horizonte transcendente* del que nos hablan Cirlot y Jung, entre otros, el cual permite el paso *de un lado a otro,* del año viejo al nuevo, de lo material a lo espiritual, de lo terrenal a lo divino, de la vida a la muerte. Según Schneider, la llamada *continuidad* se asegura a través del sacrificio mutuo que se establece en la cima [simbólica] de la montaña mística para que toda muerte permita un renacimiento.

La navaja de Olofé, como bien ha dicho Armando González Pérez, "es una obra bastante complicada por su técnica dramática en la que se emplea constantemente la magia y el mito afrocubano para crear el desdoblamiento de los personajes, con sus múltiples personalidades, en sus luchas internas" (639). Por esa razón ha sido posible que la trayectoria tomada en mi estudio esté marcada tanto por lo psicoanalítico como por lo mítico, sin olvidar lo simbólico. Por último, podemos concluir nuestro análisis de esta lograda pieza de teatro de Matías Montes Huidobro destacando también la intervención del público como elemento intrínsico de la obra; el expectador, como en un teatro de la antigüedad, se convierte en parte de la acción, y así, como testigo de los acontecimientos ayuda a que el paso de lo divino, simbolizado por la *navaja/falo,* de una mano a la otra, del hombre a la mujer, se logre, asegurándose una vez más, como en tiempos ancestrales, que la *continuidad* mítica, propiciada por el sacrificio, genere una vez más la reincarnación de la divinidad en cuestión y por lo tanto origine un nuevo comienzo, un renacer.

OBRAS CITADAS

Cabrera, Lydia. El Monte. Igbo-finda. Miami: Universal, 1992.

_____. "Los compadres." En Cuentos negros de Cuba. Ediciones C. R., 1972, 67-90.

Cirlot, Eduardo. Diccionario de símbolos. Barcelona: Labor, 1985.

Cros Sandoval, Mercedes. La religión afrocubana. Madrid: Playor, 1975.

Deleuze, Gilles. Présentation de Sacher Masoch. Paris: Minuit, 1967.

Fédida, Pierre. Le concept et la violence. Paris: Union Génèrale d'Editions, 1977.

Freud, Sigmund. Trois essais sur la Théorie de la sexualité. Paris: Gallimard N.R.F., trad. Nouvelles, 1985.

González-Pérez, Armando. "Magia, mito y literatura en La navaja de Olofé. Revista Interamericana de Bibliografía, 42:4 (1992): 635-41.

Gutiérrez, Mariela. El cosmos de Lydia Cabrera: Dioses, animales y hombres. Miami: Universal, 1991.

_____. "Rosario Ferré y el itinerario del deseo: un estudio lacaniano de 'Cuando las mujeres quieren a los hombres.'" Revista Canadiense de Estudios Hispánicos, 16:2 (invierno de 1992): 203-17.

Kayser, Wolfgang. Interpretación y análisis de la obra literaria. Madrid: Gredos, 1968.

Kristeva, Julia. Pouvoirs de l'Horreur. Paris: Le Seuil, 1980.

Lacan, Jacques. Ecrits. Paris: Editions du Seuil, 1966.

_____. Escritos 2. México, D. F.: Siglo Veintiuno, 1989.

Montes Huidobro, Matías. La navaja de Olofé. En: Obras en un acto. Honolulu: Persona, 1991, 207-18.

Schneider, Marius. El origen musical de los animales-símbolos en la mitología y la escultura antiguas. Barcelona: s. n., 1946.

Young, Doudly. Origins of the Sacred. New York: St. Martin's Press, 1991.

"La madre y la guillotina and Las paraguayas:
Subverting the Male Gaze"
Judith Bissett
(Miami University, Ohio)

Semiotics has provided feminist critics with effective strategies for deconstructing the traditional image of women in dramatic texts and performances. Two of its most significant contributions to feminist poetics are first, the concept of cultural encoding, and second, a new perspective on the notion of *woman as sign.* According to Sue Ellen Case, "Cultural encoding is the imprint of ideology upon the sign–the set of values, beliefs and ways of seeing the control the connotations of the sign in the culture at large" (116). This means that, traditionally, the dominant culture controls the production of meaning within the text of a play or its performance. Case continues, "By describing the cultural encoding in a sign, semiotics reveals the covert cultural beliefs embedded in communication" (117). Those items in a production (or virtual performance created by a reader/critic of a work) that seemed *value-free* before are now perceived as a mechanism through which a dominant culture can communicate its ideology. Even the placement of a chair or the selection of costumes for women characters reflect the intent of an author or director operating in a particular social or political construct.

The image of women characters on stage is constantly under scrutiny by feminist critics who at one time, in Case's opinion, "presumed to know what a woman is, but rejected certain images of women" (118). The notion of "woman as a sign is created by stage conventions in conjunction with generally-accepted cultural concepts of what constitutes *the feminine* in society. Theatrical reception is a central element in the study of the way in which cultural ideologies and the idea of *woman* are communicated. It is the interactions between reader/audience and text/performance of text that produces the sign for *woman* within the context of dominant cultural codes. For example, E. Ann Kaplan, in <u>Women and Film</u>, posits the idea that the "sign *woman* is constructed by and for the male gaze" (23). Those in control of production are primarily male–writers, directors, producers–and they create the sign *woman* from their perspective. The audience, a product of its male dominant society, then receives the sign from the same perspective: as object of male desire.

Matías Montes Huidobro has written two very interesting plays whose principal characters are women: <u>La madre y la guillotina</u> and <u>Las paraguayas</u>. <u>La madre y la guillotina</u> was written just prior to the author's departure from Cuba in 1961 and concerns the lives of four women actors who are affected personally and professionaly by the revolution. As the women interact, their theatrical and real-world roles merge thereby transforming their signs as *woman,* art and life. In <u>Las paraguayas</u>, women characters are the sole survivors of a war which has taken the lives of all but a few men. Here, the dominant culture has not merely changed social and political structure, but destroyed it completely.

It is interesting to note the way in which woman as sign in the above-mentioned plays functions within a dramatic world constructed by a male writer. A careful reading, and subsequent production, of Montes Huidobro's works will allow his women characters to be received by an audience as signs much more powerful than those normally created from the perspective of the *male gaze.*

As <u>La madre y la guillotina</u> opens, the audience is confronted with a huge mural that dominates the sparse set. The characters, La Madre and Ileana, discuss their recently acquired roles in a play they plan to rehearse that day. They begin what seems to be a dialogue run-through even though they confess that they have not read the work. The two women speak of circumnstances affecting Ileana's personal life and La Madre begins to refer to herself as the mother of the younger women characters–on stage and in the real world. La Madre expresses fear for Ileana because of her relationships with a government official. Ileana is, of course, also afraid of being denounced and believes that her colleague or "sister" will do so, thereby causing her death.

When Silvia, Ileana's "sister," and/or manicurist in the play, arrives, the conversation is structured in a similar manner. The play is discussed and the dialogue becomes a series of accusations and denials concerning relationships Silvia and Ileana may or may not have had with officials. They cannot ignore or escape the conditions of a real-world existence during a revolution that is beginning to permeate every aspect of their lives. The once possible worlds created only on stage are transformed into parallel worlds: art and life are victims of the same oppressor. According to Ileana, "...Ya usted lo sabe: esta Revolución está en todo, y los oportunistas y aprovechados también, cambiando de color, como el camaleón, para que nadie los reconozca entre la maleza" (173). Off-stage lives now control and write the script for on-stage performances.

Silvia, in fact, insists that her real-world activities define her character. Speaking in part to the audience, she says:

> Será necesario cambiar un poco el diálogo de la obra. Hay gente que no comprende nada, como esta infeliz, confundida y atormentada por su conciencia. Lo peor es que el público no entenderá si no se aclara este enredo, esta maraña... ¡La gente se deja engañar tan fácilmente! Es necesario poner los puntos sobre las íes, terminar con la confusión y decir claramente, de una vez por todas, quién soy... Yo soy en la vida real (¡en la vida real, sí!) una mujer que ama la revolución y repudia el crimen. (172-73)

Scenes that begin as rehearsal are continually altered by the struggle among the characters. Silvia, Ileana and Peluquera reiterate accusations and threaten denunciations. La Madre reveals the existence of a son betrayed by a woman whose voice seems to be Ileana's, or even Silvia's. Seeking justice for her dead son, La Madre is forced to recognize that the guillotine was not made of cardboard, was not just a stage prop after all. Peluquera, a witness to the deaths, explains, "...Nos han engañado. Todo era mentira. La sangre corre otra vez, como antes, mucho más que antes. No era una comedia." (190)

The women characters in La madre y la guillotina are signs for *woman* as traditionally recognized within the dominant male culture. Their roles in the play as well as their actions in the *real world* reinforce what the audience or reader in this society must perceive as the function of women. The younger women have come to play workers in a beauty salon. The older actress is to be their mother. Off stage, Ileana and Silvia have been the mistresses of men involved in the country's political struggles, and as sexual objects are suffering the consequences. The presence of La Madre does not alter entirely the audience's perception of the women as objects, as *others;* however, she does transform the manner in which the sign is ultimately received.

It is La Madre who draws attention to Ileana's affair, "La gente dice ... que usted era la querida del comandante Camacho" (169). It is she who accuses an unknown woman, possibly one of her "daughters," of denouncing her son. She causes the world outside the theater to become part of the action, and in doing so, ensures that the audience will perceive the characters not only as signs for *the feminine* in society, as objects of the male gaze, but also as victims. Women often suffer greatly in times of crisis or war, and images of their suffering are used to signify the suffering of humanity: the bereaved mother, the rape victim, the badly burned child, just entering adulthood, running down a war-ravaged street. Yet, in this play, the characters represent art as well as humanity. When they are destroyed by death or loss, art is also victimized. The play they attempted to rehearse will not be produced just yet, or even in its original form. The women characters, in this play, are creations of a male dominant society, but as signs for both woman as victim, and art in crisis, Ileana, Silvia, Peluquera and La Madre interrupt and shift the way in which they are perceived by the audience.

Las paraguayas takes place as a war is ending. The women characters seem to be the only living creatures left on earth, and are in the process of burying men killed in the fighting. The dialogue in the first act reveals their varying reactions to the death of a way of life and the slaughter of the men that had precipitated this disaster. The two older women, Palta and Porota, are relieved to be left alone but see no hope for the future, "...Este cielo rojo es de plomo y no tenemos salida, no podemos ir a ninguna parte" (8). Magdalena, also old, yearns for the men who might *protect* them and tries to shield a young, innocent Asunción from suffering any more harm. La Paraguaya, seemingly mad, makes love to a corpse and goes through the motions of pregnancy and birth.

The character that is quite content with the situation is Ipacaraí, who appears to have escaped the physical pain the others have experienced. The disappearance of men gives them, she affirms, great hope for the future. They can build a society that will meet their needs. The act ends with the magical appearance of La Diosa del Iguazú, who delivers a long monologue on her own creation and alludes to the possibility of an alternative future for the women, "...Detrás del Infierno está la Resurrección. Más allá del fango está el Hombre del Agua." (29)

In the second act, the women are suddenly attacked by three male survivors. They are raped and either tied up or forced to work for the men. Only La Paraguaya escapes to run free in the forest, howling and harassing her companions' tormentors. The two young men, Golfo and Torvo, would like to be free of the old man, Viejo, and his obsession with war and betrayal. Intent on restoring the old order, Viejo accuses Golfo and Torvo of cowardice and explains how the relationship between men and women should be structured. Describing his own father, he says, "...¡Ese sí que era un hombre y sabía gobernar una casa aunque se desatara la guerra. Nunca dejó que mi madre levantara la cabeza... Por eso no recuerdo cómo era su cara ni cómo eran sus ojos... Serían como los de todas las mujeres." (segundo acto, 6)

The only woman that might be capable of outwitting the men, Ipacaraí, is gagged and bound. She cannot escape. The old man believes that she hold the secret to his destruction and therefore he must destroy her. Viejo saw in her eyes the image of the Hombre del Agua, the image of the end of his society and the birth of another order. When Ipacaraí is releases, she reinforces his fears telling him, "No podrás conmigo ni con él porque ese Hombre está escondido en las entrañas del agua y no podrá salir hasta cuando estés muerto" (segundo acto, 28). She goes on to say, "[es] él mismo que nos sacará de este matadero donde hemos sido sacrificados siglos tras siglos, como si fuéramos un rito a los dioses de la guerra" (segundo acto, 28). Their verbal struggle seems destined to end in the death of the *physically weaker* woman. However, just as Viejo moves in to kill her, La Paraguaya screams off stage, interrupting the action. Viejo runs to find her, while Torvo and Golfo see this as an opportunity to shoot the old man. Sensing danger, Viejo turns back firing, killing his murderers as he dies.

La Paraguaya, no longer feigning madness, is able to return. The children who will be born as a result of violent rape will come into a world different from that their mothers have known. The play closes with Ipacaraí's symbolic release of the Hombre del Agua. Her actions along with those of La Paraguaya make it possible to begin the formation of a new and less oppressive society.

The characters in Las paraguayas begin as signs for woman as victim, and, with a few exceptions, they will be perceived by the audience as objects rather than subjects of the action. They are alone, bereft and preoccupied with their former dependency on men and their roles as sexual objects. Asunción can easily be portrayed as the young, pure and very desirable virgin often present in film and in the theater. La Paraguaya depicts the sex act with a corpse. During the second act, they are raped and mistreated by the men that find them. Ipacaraí is the only character that does not seem to accept the role of victim. Instead, she affirms from the moment of her arrival that she sees not horror and despair in the aftermath of this war, but opportunity. Ipacaraí, even though rendered immobile by the men, continues to struggle. In the end, with La Paraguaya's intervention, she is able to take control of the action by playing on Viejo's fears and his companions' cowardice. Like the characters in <u>La madre y la guillotina</u>, who signify both woman and art, Ipacaraí signifies woman and an alternative social construct. Through her, the audience can receive all of the women characters in the play as subjects, beings capable of changing the circumstances that could transform them into victims.

If carefully staged, Montes's work will allow all members of the audience to identify with the female or male characters in an effective manner. I would like to suggest that it is possible to describe the way in which this identification might function in the two plays by using Laura Mulvey's psychoanalytic approach to film as Gayle Austin does in her analysis to Sam Shepard's <u>The Tooth of the Crime</u> and Alice Childress's <u>Wine in the Wilderness</u>. Mulvey states that Freud's notion of scopophilia, a voyeuristic activity engaged in by children, and Lacan's mirror stage which results in narcissism "lead to objectification of the female and identification with the male protagonist on screen" (84). As the audience observes the characters from the point of view of a male dominant society, it takes pleasure in using the sight of another for sexual stimulation. Male members of the audience identify with the male protagonists while female members identify in a negative manner with their on-stage counterparts.

In both <u>La madre y la guillotina</u> and <u>Las paraguayas</u> it is quite possible to imagine the pattern of audience identification occurring in the way Mulvey asserts it must in traditional theatrical relationships between spectator and character. Yet, as the actions progress in Montes's plays, the fact that the characters' signs are transformed alters their reception and creates an environment in which all spectators, male or female, must identify with the characters as members of a society in crisis. If male spectators identify with Viejo, Torvo and Golfo, they do so against themselves. Women in the audience may identify in a negative way with the female characters they see on stage at first, but will, as these signs change, find that their identification leads either to a more universal understanding of a particular situation or to a more positive reception of their dramatic images as subjects.

WORKS CITED

Austin, Gayle. Feminist Theories for Dramatic Criticism. Ann Arbor: The University of Michigan Press, 1990.

Case, Sue Ellen. Feminism and Theatre. New York: Routledge, 1988.

Kaplan, E. Ann. Women and Film. New York: Methue, 1983.

Montes Huidobro, Matías. La madre y la guillotina. In: Obras en un acto. Honolulu: Editorial Persona, 1991, 1976-190.

_____. Las paraguayas. Unpublished manuscript.

"Un Exilio con ventana al universo:
coordenadas y proyecciones del texto monteshuidobriano"
Rolando D. H. Morelli
(Drexel University)

En el conjunto de la extensa producción literaria de Matías Montes Huidobro, su pieza dramática Exilio resulta ideal–según esperamos demostrar en el curso de este trabajo–para rastrear algunas de las características y tensiones comunes a toda la obra de este autor. Si las coordenadas del texto de Exilio corresponden a un sistema en el que se proyectan con seguridad, a la vez que su diagrama resulta una proyección del propio sistema sobre un plano particular, el trabajo de cala en esta área iluminará en consecuencia otras áreas del sistema, y lo que nos parece más fundamental, indicará la solidaridad operativa de sus componentes. Que la importancia de la obra de Montes Huidobro no guarda correspondencia con la asistematicidad de la crítica que se le ha dedicado, nos parece más que evidente. Sin embargo, el tono meramente impresionista que domina en ella–con raras excepciones–, nos parece su peor signo. A estas alturas de una labor creativa de extraordinario mérito artístico, la obra de Montes Huidobro demanda, cuando menos, una valoración semejante a la que han merecido, entre otros, Severo Sarduy y Cabrera Infante. Es decir, una crítica que en vez de glosar y desglosar, evalúe, empleando para ello los criterios puestos a prueba desde hace ya varios años por comentaristas avezados y teóricos literarios originales. Por consiguiente, y de conformidad con estas premisas, convenimos en tratar la pieza aquí examinada en la inteligencia de que constituye una suerte de tabla asiológico-semántica, de carácter y aplicación generales a la obra toda de Montes Huidobro. Y, sin ánimo de agotar en el espacio de un solo trabajo las posibilidades de análisis que <u>Exilio</u> nos ofrece, sí intentamos bosquejar sus parámetros, a la vez que señalar su posición en el universo creativo del autor.

A tono con la intención expresa de nuestro análisis, y en evitación de un esquema maniqueo, no podrían dejar de tomarse en consideración la importancia y el significado que dentro del mismo concedemos al componente *mítico,* sobre el cual–nos parece obvio–se halla construido, y desde el que se proyecta <u>Exilio</u>, visto como *metadiscurso.* Para comenzar, tomamos en cuenta la insistencia con que el autor emplea las combinaciones de **tres** elementos de variado tipo, así como las relaciones posibles entre series de tales combinaciones, y el plausible valor simbólico de estas circunstancias textuales. Atribuimos, en concordancia con tales observaciones, una intención más allá de lo convencional al hecho de que la obra se divida en tres actos. Bien visto, se trata de conformar un esquema mítico-dramático que sostenga dentro de sí mismo el texto teatral, por demás organizado con insistencia (tanto en el caso de <u>Exilio</u> como en otras obras) con arreglo a un sistema compuesto de múltiples triangulaciones. Las correlaciones de esta estructura tripartita inicial (los tres actos en que se divide la pieza) con otros elementos de la misma: los personajes (o más bien la manera en que estos se agrupan); la sintaxis; el espacio tiempo, entre otros, resultan extraordinariamente reveladoras de la complejidad del universo que constituye la obra en cuestión. Al centro de dicho universo ocupa un lugar favorecido el concepto de *exilio,* que da nombre al conjunto. Exilio entendido aquí como concepto y/o experiencia inmediata, que se trasciende para ser concebido en términos mítico-metafísicos, de proyección universal.

Sobre la base del **tres**, ya anticipada, los **tres** actos en que se divide la obra podrían corresponder respectivamente, si tomamos en cuenta la proyección de la acción en la misma, al futuro, el pasado y el presente de los personajes. Más que verdaderos *tiempos* en su sentido de progresión lineal y dinámica: **aspectos** o **momentos** de un presente perpetuo y metafísico, que es el eterno exilio. Para aludir al cual resultará adecuada la imagen del cometa Halley a que se hará referencia al final de la obra. Cometa este que "no se va para siempre, sino para regresar" (<u>Exilio</u>, 102), como si él, y todo, se hallarán inscritos en una órbita sin principio ni fin, exiliados incluso del tiempo.

Si se representaran gráficamente, a modo de resumen, los conceptos anteriormente expresados, propondría un tríangulo equilátero en cuyo centro se inscribiera la palabra exilio. En los puntos opuestos a los tres vértices del triángulo inscribiría las palabras futuro, pasado y presente (sin importar el orden), y alrededor del triángulo una serie de círculos concéntricos formados por la palabra **PRESENTE**, a manera de onda expansiva. Partiendo del centro del triángulo, donde se halla la palabra **exilio**, trazaría tres segmentos o líneas discontinuas que cortasen los ángulos del triángulo, y proyectaran dicho concepto hacia afuera, para constituir extensiones del término, en diferentes puntos del plano. Naturalmente que las combinaciones de esta índole serían muchas, y no se pretende aquí abarcarlas todas. Se notará, sin embargo, la especie de cápsula, frontero o aro (según se vea), formado por la palabra **PRESENTE**, que aun cuando resulte flexible, lo abarca y delimita todo. Asimismo, puede observarse la infinita serie de combinaciones triangulares que serían posibles, y dominan el plano con sus combinatorias:

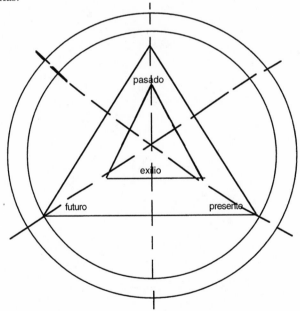

También en correspondencia con el **tres**, la interacción de los cinco personajes de la obra se inscribirá dentro de una estructura **triangular**, cuya base común estará constituida por uno de los personajes, Rubén, de manera que al superimponerse dichos triángulos podrían quedar representados por un hexágono o estrella de David:

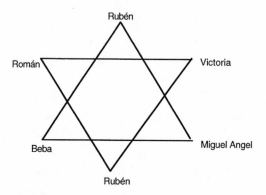

Si este mismo esquema triangular se aplicara a las relaciones del *triángulo* sentimental, más convencionales o superficiales, entre Victoria y Miguel Angel, y a aquéllas que por requerimientos de la trama se desarrollan en algún momento entre Beba, Directora del Teatro Nacional; Román, dramaturgo, y Rubén, director teatral, se comprobaría que esta organización doblemente triangular persiste:

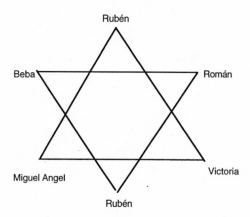

El hexágono representado por la llamada estrella de David, en cualquier caso, parece ser por varias razones mucho más idóneo y preciso para representar el juego de las triangulaciones escénicas y dramáticas, que el de dos simples triángulos opuestos por la base. En primera instancia, no habría que descartar la posible simbología de la estrella de David[1] en una obra que trata del exilio. Por otra parte, habría que ver tanto a Beba como a Rubén, en virtud de la caracterización de estos personajes en la obra, como centros descentrados respecto a los otros personajes. Exiliados por partida doble, pues lo son también dentro del exilio común a los otros,[2] Beba y Rubén configuran a la vez un correlato en el que podría vérseles como dobles[3] recíprocos, *alter ego, latu sensu,* o proyección del otro. Esto, según sea visto en un plano mítico-simbólico, en uno psicológico, o en uno meramente estructural. Y con ello se habrá vuelto, inevitablemente, al rondó de las triangulaciones. A causa de estas mismas razones aquí apuntadas, la triangulación que tiene como centro a Rubén, al nivel primero y más obvio, podría igualmente tener a Beba como su centro, a otro nivel dramático más profundo. Beba, la gorda, la proletaria que trabaja en una fábrica neoyorkina durante el exilio pre-castrista, y por último la mujer subestimada de Miguel Angel, es por sí misma la encarnación y/o

---

[1] El verdadero origen de la estrella de David, según apunta Bárbara G. Walker en su The Woman's Encyclopedia of Myths and Secrets (401-02) no es judío, pues "[i]t was not mentioned in Jewish literature until the 12th century A. D., and was not adopted as a Jewish emblem until the 17th century." Asimismo, señala la autora que "[t]he real history of the hexagram began with Tantric Hinduism, where it represented union of the sexes." A los efectos de nuestro trabajo, sin embargo, conviene anotar que la simbología más obvia atribuida contemporáneamente a la estrella de David, por hallarse asociada con el pueblo judío es la del exilio. ¿Era consciente el autor de la obra en el momento de escribirla de las otras implicaciones del hexágono.

[2] La figura de Rubén el homosexual y de "la gorda" Beba, proletaria entre artistas, usada pero no integrada al grupo, como tampoco lo está totalmente Rubén, hace de ambos personajes especies de centros (incluso desde un punto de vista estrictamente dramático) que tienden a desplazarse mutuamente para captar la atención, elemento que en parte es la causa o más bien recurso teatral para el conflicto.

[3] En español, la palabra "doble" no posee, aunque aquí se haya querido atribuírselo, el sentido comúnmente dado en inglés a la palabra *nemesis,* pero tampoco némesis posee en español el sentido de la palabra inglesa. Esta se refiere a un oponente que emula las características de un individuo o personaje, en sentido opuesto. Por ejemplo, sería Moriarty la *nemesis* de Sherlock Holmes. Conceptos relacionados y próximos, como *alter ego,* "rival" y "antagonista" tampoco servirían para expresar con exactitud el concepto del "doble" como *nemesis,* en el sentido del inglés. Así pues, porque resulta "doble" el más desprovisto, en español, de los conceptos barajados, lo empleamos con la acepción no sólo de "doble" sino de *nemesis,* a la inglesa. Se excusará este empleo si se toma en consideración que el tipo de "doble" al que nos referimos, expone en realidad las características de la *nemesis* a lo inglés, para el cual no parece haber equivalente en español, y que en la misma línea se emplea *alter ego* en su sentido propio.

representación de una voz colectiva, a la que luego se llamaría (con criterio oportunista y excluyente) el pueblo:

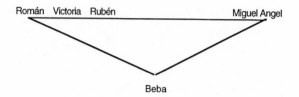

Por su parte, la pareja Román-Victoria, y Rubén, por un lado, y Miguel Angel, por el otro, encarnan dos tendencias divergentes del sector intelectual: el escepticismo los tres primeros, y el oportunismo el último. También en este caso, la formación triangular es evidente y se halla constituida de manera que todas estas combinaciones puedan desplazarse sobre un eje propio, según los requerimientos escénico-argumentales de la acción. Ello les concede a tales triangulaciones una movilidad y autonomía única, dentro de su interdependencia recíproca:

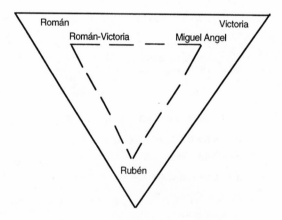

Por otra parte, las constantes alusiones al número tres, o las múltiples enumeraciones en series de tres, a lo largo del texto, parecerían constituir, en el plano sintáctico/significativo, el natural correlato de las agrupaciones tripartitas y triangulares que constituyen los personajes. A manera de ejemplos, aunque se trate tan sólo de unos pocos, habría que pensar en intercambios como los siguientes:

Miguel	¿Pero estamos ensayando la <u>Cantata</u>? Yo no recuerdo haber escrito eso. *(Le quita el libreto a Rubén, que busca otro.)* **"En un principio fue la <u>Cantata</u>."**
Victoria	*(Le quita el libreto a Miguel Angel.)* *"Violenta, irritada.* **No, no. En un principio fue la Revolución."**
Rubén	*(De rodillas, encontrando un libreto debajo del sofá.) Más bien bíblico.* **En un principio fue el Verbo."**
Miguel	*(Quitándole de nuevo el libreto a Victoria.) "Convincente y convencido. Feliz ante la evidencia de los hechos. Con signos de exclamación.* "¡El Verbo es la <u>Cantata</u>!" *(Triunfante.)* ¡Eso quiere decir que la <u>Cantata</u> es la Revolución! (28; el énfasis es mío)

De igual manera, e insistiendo en esta triangulación de elementos en serie, en el segundo acto Victoria asegurará: "Todo es una contradicción... **La Vida... La Revolución... Nosotros mismos...**" (44; el énfasis es mío). Por su parte, Miguel Angel dirá hacia los finales del segundo acto, cuando Victoria y Román han pensado en un nuevo exilio:

Mira, Román, déjate de joder con la guillotina. He tenido un mal día. Esa manifestación en la plaza cívica. Rubén muerto de miedo... Si te quedas, Victoria no se irá. Estaremos juntos para **querernos, odiarnos, mandarnos al carajo**. Entre los **tres**, entre los cuatro, con Rubén también, todo será más fácil. *(Desolado.)* Pero si se van, entonces yo me quedo solo con la Gorda. (54; el subrayado es mío.)

Como se observará, esta última cita revela también el tipo de centro descentrado dentro de las triangulaciones particulares que constituyen Rubén por un lador, y Beba, por el otro; centro desplazable, al que ya antes nos hemos referido. Para recomponer la triangulación rota por la partida de Román, Victoria y Rubén (requisito dramático ineludible dentro de las coordenadas monteshuidobrianas de <u>Exilio</u>), es que hacia el final de la obra, en el tercer acto, se produce el re-encuentro de todos los personajes. Este encuentro tendrá como centros, alternativa y paralelamente, a Rubén y a Beba, lados comunes a las formaciones triangulares de personajes anteriormente apuntadas. De manera calidoscópica, estas formaciones triangulares ofrecerán diversas combinaciones a lo largo de la obra: de manera hexagonal unas veces, otras incluso formando un pentágono o estrella de cinco puntas, que señale de algún modo hacia la estrella dentro del triángulo de la bandera cubana.

A un nivel mucho más profundo, sin embargo, tales figuras geométricas, observables como elementos de la estructura escénica y textual de la obra, apuntan hacia una constitución mítica aún más compleja. Si se repara en ciertos motivos/temas/recursos centrales a la obra, tales como la guillotina, la máquina de escribir, y la pistola que Rubén usurpará en el tercer acto, así como en las connotaciones simbólicas de los mismos, podremos darnos cuenta de que Montes Huidobro retoma en Exilio algunas de sus preocupaciones y obsesiones anteriores, situándolas en un contexto diferente. La decapitación (doble símbolo en el sentido de mutilación y castración) que halláramos en sus piezas teatrales La navaja de Olofé y La madre y la guillotina; la máquina de escribir como símbolo, abstracción y mecánica a la vez que potencialidad creadora de la palabra y como sentido de ser del escritor que halláramos en su novela Desterrados al fuego; y la pistola, símbolo fálico que asume y resume el poder arbitrario y destructor de la guillotina, a la vez que se opone al mismo. No resulta pues sorprendente que sea Rubén (hacia el final del tercer acto) quien intente asumir esa especie de venganza *fálica* en su victimario: Beba. La guillotina simbólica y amenazante del segundo acto ha funcionado fuera de escena (pero no sin implicaciones dentro de la trama) para mutilar a Rubén. Este, por su condición de homosexual, resulta en extremo vulnerable a los ojos del nuevo estado cubano representado por Beba, quien además de vengarse de humillaciones sufridas a manos de los otros, ensaya ahora a ejercitar su nuevo poder. En una de las escenas sin dudas más valientes del teatro latinoamericano de siempre, Montes Huidobro denuncia la represión *revolucionaria* contra los homosexuales en Cuba, con lo cual paga un indirecto tributo de recordación y respeto al gran dramaturgo cubano Virgilio Piñera. Dicho tributo se extiende, hasta concebir el personaje de la gorda Beba, que si bien nos recuerda a otro personaje monteshuidobriano: Ramona Pie de Plomo, de su novela Segar a los muertos, tiene mucho más del gordo de Piñera en su pieza El flaco y el gordo. A este respecto, la interacción que tiene como centro el personaje de Beba en Exilio nos recuerda la interacción canibalesca del gordo y el flaco en la obra de Piñera. Los flacos *devoran* lentamente a la gorda, que a su vez los *devorará* vicariamente a ellos en el segundo acto, en la persona de Rubén, el marica. A su vez, el tercer acto proveerá las condiciones para que Rubén, víctima inocente y propiciatoria que ha sido, asuma su acto *caníbal* y se libere así, por esta vía, de los fantasmas que sólo a él entre todos los personajes siguen acosándolo, a pesar del tiempo lineal transcurridos desde su salida de Cuba.

Así pues, la dinámica caníbal que caracteriza la obra de Piñera antes mencionada se convierte tangencialmente en uno de los recursos que se incorporan a Exilio. Otro de los recursos de esta índole, que podríamos relacionar con la técnica del teatro dentro del teatro, lo constituye la alusión a la guillotina, la cual nos refiere, como ya señaláramos, a la pieza La madre y la guillotina del propio Montes Huidobro,[4] y la máquina de escribir, uno de los motivos centrales de su novela Desterrados al fuego.

Por último, pero no menos importante, resulta señalar aquí la relación profunda que existe entre las formaciones triangulares que, componiéndose y recomponiéndose calidoscópicamente, constituyen la estructura de la obra, y el componente femenino presente tanto en Exilio como en la producción literaria toda de Montes Huidobro. A este respecto, sería imposible desconocer el lugar y la importancia que ocupan los personajes y el elemento femeninos en la obra de este autor, así como la preocupación constante del mismo por los roles asociados con lo femenino: la maternidad, el rol de la esposa y otros, y los conflictos derivados del enfrentamiento entre lo individual femenino y lo *arquetípico-social*. En

---

[4] Esta dinámica *caníbal* a la que nos hemos referido se halla también en una pieza muy interesante del teatro de Montes Huidobro: La navaja de Olofé, a la que también nos remite Exilio. En aquélla el elemento de castración y el de las transmutaciones sexuales y de identidad constituyen el centro generatriz del conflicto escénico-dramático y éste a la vez se simboliza, concretándose en una navaja. Por otra parte, las relaciones entre los rituales de la castración y el de la decapitación son evidentes como señala Walker en su The Woman's Encyclopedia (143-47), del que citamos:

> All mythologies suggest that, before men understood their reproductive role, they tried to *make women* of themselves in the hope of achieving womanlike fertility. Methods included couvade or imitation childbirth; mock death and rebirth through artificial male mothers; ceremonial use of red substancies to imitate **menstrual blood** [sic] and **transvestism** [sic]. Antother method was ceremonial castration. Its primitive object was to turn a male body into a female one, replacing dangling genitals with a bleeding hole...
> Several forms of the Heavenly Father became creators by a rite of castration. The god Bel cut his *head* [of the penis] and mixed his blood with clay to make men an animals, copying the magic of Mother Ninhursag. Shamin, the Phoenician's Father Heaven, was castrated by his son El and made the world's rivers from his blood, imitating the Goddess's menstrual magic. Arabs called this god Shams-on, the sun. The Bible called him Samson, whose blindness and hair-cutting were both mythic metaphors of castration. (142; el énfasis es mío)

152

consecuencia, no habría de parecernos extraño que un universo de tal índole se organice en torno a una concepción arquetípicamente femenina del universo. Y en tal sentido, las formaciones triangulares de diversa naturaleza que se hallan en Exilio[5] corresponden a tales arquetipos, y los revelan. Barbara G. Walker, en su The Woman's Encyclopedia of Myths and Secrets dice del triángulo y de otra figuras triangulares antes mencionadas, y de gran pertinencia en cuanto a la estructura y formaciones en la obra analizada y en la producción de Montes Huidobro en general:

> Tantric tradition said the triangle was the Primordial Image, or the female Triangle of Life. It was known as the Kali Yantra, representing Kali as Cunti, or else as the Yoni Yantra, or sign of the vulva. In Egypt the triangle was the hieroglyphic sign for *woman,* and it carried the same meaning among the gypsies, who brought it from their original home in Hindustan. In the Greek sacred alphabet, the delta or triangle stood for the Holy Door, vulva of the All Mother Demeter ("Mother Delta").
> The triangle itself was worshipped in much the same way that Modern Christians worship the cross...
> The triangle was everywhere connected with the female trinity, and a frequent component of monograms of Goddesses. To the Gnostics, the triangle signified *creative intelllect.* (1016-17)

De igual manera, sería imposible relacionar el mito y la práctica del sacrificio a los dioses, comúnmente conocido como del *chivo expiatorio*- que tan prominente lugar ocupa en Exilio y otras obras de Montes Huidobro–a este universo femenino o centrado en lo femenino. Walker dice, en relación al sacrificio:

> Human or animal, the sacrificial victims of ancient cultures were almost invariably male... Male blood only was poured out on the earliest altars in imitation of the female blood that gave *life*...
> When ritual murder of kings or human surrogates came to be considered crude or uncivilized, then animal victims took their place...
> The jew ... retain[ed] a custom of human sacrifice, for special occasions, longer than any other people in the sphere of influence of the Roman empire. Out of this tradition arose the figure of the dying Christos in Jerusalem. (877-78)

---

[5] Ya hemos apuntado con anterioridad que la presencia femenina es consustancial y ocupa el centro generativo de la obra dramática, y por extensión de la obra toda de Montes Huidobro, aspecto este que merece particular atención y que permanece desatendido por la crítica.

No parecería coincidencia que el personaje de Rubén, homosexual que sufre a manos de Beba (en cuanto ésta encarna el estado *revolucionario)* una castración sicológica y ritual (si bien sacrílega), constituya el lado común de dos triángulos que se oponen, a la vez que se cruzan fromando un hexágono, cuando sabemos que entre los múltiples símbolos que representa esta figura geométrica se halla destacadamente "the union of the sexes" (Walker, 401). Dicha "unión" bien podría verse tanto a través de las agrupaciones triangulares de las que participa Rubén como centro, como asimismo en la propia figura rubeniana, la que es, de manera simbólica, encarnación de la convergencia de dos sexos. Así pues, la base común a los dos triángulos representada por Rubén, comporta un equilibrio a este orden de cosas que Beba, una vez en posición de poder en Cuba, no puede y/o no quiere comprender ni reconocer.

La *castración* de Rubén le sirve a Beba para apoderarse de manera simbólica de su virilidad, completando así un proceso de *masculinización* del personaje, que lo marca para mal. Aún más, dicha *masculinización* del personaje, entendida aquí como una *masculinización* del universo de la acción de la obra, no propende tanto a despojar a Rubén como a *castigarlo* por su homosexualidad, percibida por la Beba rencorosa y dogmática como una inconsecuente ambigüedad, o suspensión entre lo masculino y lo femenino. Esta ambigüedad tendría que hacer naturalmente vulnerable a Rubén, equivalente *moral* del sin-partido político, en una sociedad altamente agresiva, es decir, convencionalmente **masculina**, y militante.

Al amenazar con darle muerte a Beba, valiéndose de una pistola hacia el final de la obra, Rubén no va por su honor, sino que su acto, siendo paródico del acto de despojo sufrido a manos de Beba, pone de relieve el carácter gratuito-*sacrílego* y altamente burlón del ritual de castración al que Beba le obliga como Directora del Teatro Nacional. El poder arbitrario y *masculino* que Beba llega a encarnar es pues un elemento perturbador del orden y universo **femeninos** de los personajes monteshuidobrianos, del cual Rubén, como antes señalara, es factor de equilibrio. La acción de dicho poder, precisamente, se dirige de preferencia contra él, por lo que encarna. Cuando el re-encuentro de todos los personajes se produce en el último acto, es Rubén (el único que parece recordar, el único permanentemente afectado por el pasado) quien monta una escena paródica de castración de Beba, asumiendo para ello el rol de aquélla y usurpando, creadoramente, el papel de Román, dramaturgo, a la vez que asume en broma el rol de Don Johnson, en la

154

serie televisiva "Miami Vice."[6] Rubén se convierte así en autor, actor y director de su propia creación paródica, que no es más que la parodia de otra parodia. De esta manera, Rubén no sólo reasume dramática y teatralmente el control sobre su vida y destino, sino que obliga a los demás personajes a participar y a colaborar con su invención. el resultado final del tal acto, como sería de esperar, trae por consecuencia la restauración del equilibrio del universo de la obra. Al final, dicho equilibrio estará representado por un triángulo único. A la vez que Miguel Angel y Beba abandonan la escena, en ella quedan Román, Victoria y Rubén. Este último será la encarnación del cometa que se va, porque siempre ha de regresar. ¿Podríamos ignorar a estas alturas de nuestro análisis la simbología asociada desde antiguo con los cometas como fuerzas que conjugan lo creador y lo destructor, lo femenino y lo *masculino?* Recuérdese que Rubén encarna un elemento de equilibrio en este orden, de la misma manera que Beba, por oponerse a él,

---

[6] Esta escena habría que verla no sólo como paródica de aquella a la que nos refiere de manera inmediata sino en cierto sentido de la obra toda, al menos en el sentido teatral que le adjudican los personajes (todos relacionados con el teatro) y de la vida misma, que se burla de ellos implacablemente y que sólo puede ser burlada mediante un final en que Rubén retoma el sentido inicial del juego (teatral) en oposición al giro que éste ha tomado con Beba como Directora del Teatro Nacional. Así pues, habría que notar también, aunque sea tan sólo de pasada, este carácter de *juego* y en particular de *juego teatral-dramático* que se encuentra en la obra. En este sentido habría que añadir que también el juego es factor de importancia en Exilio, y sin contradicción el elemento que da seriedad y sentido a la existencia de los personajes. Es el factor *seriedad,* o más propiamente el hallarse *fuera del juego,* el que produce una alteración del universo de los personajes y está a punto de frenar definitivamente el fluir, en tanto que da sentido, de sus vidas. En ello radica la importancia de la última escena en que Rubén re-asume y monta el juego en su sentido inicial. Téngase en cuenta que el haber mantenido a Beba *fuera del juego* durante el exilio neoyorkino produce la Beba resentida, dispuesta a su vez a poner fin al juego de los demás personajes desde una posición de poder en Cuba (segundo acto) o a darle al mismo juego un sentido perverso y destructor en la escena de la castración simbólica de Rubén, y que este personaje debe, a fin de rehacer el orden del juego inicial, hacer también hasta cierto punto el juego de Beba para poner fin a este ciclo (círculo) viciado (vicioso) en que todos habían caído. Cuando Miguel Angel y Beba se marchan de regreso a Cuba, no sólo lo hacen habiendo participado como víctima y victimario que alternan sus papeles, de un juego iniciado por Beba en el segundo acto, sino que además, al coincidir momentáneamente con el juego de Rubén repiten la formación hexagonal antes de separarse. Este contacto tiene necesariamente la función y capacidad de contaminar el juego de Beba. La intransigente ideóloga se someterá por miedo a las nuevas reglas del juego, esta vez controladas por Miguel Angel, pero a la vez, el juego inicial de Rubén, Victoria y Román se descontamina así definitivamente del influjo de aquel juego que hasta entonces había gravitado sobre ellos. "Frivolity and ecstasy are the twin poles between which play moves," escribe J. Huizinga en Homo Ludens y añade: "At any moment *ordinary life* may reassert its rights either by an impact form without, which interrupts the game, or by an offense against the rules, or else from within, by a collapse of the play spirit" (21). En sentido opuesto, sin embargo, para devolver la vida a su carácter de seriedad, y su sentido, tenemos que reintegrarla a la armonía del *juego.*

representa lo opuesto. En la obra, pues, no se enfrenta u opone de un modo maniqueo lo masculino a lo femenino, sino que se proponen un orden donde tales elementos consiguen su equilibrio a base de un tercero, y otro orden opuesto al primero, donde tal equilibrio es roto por un orden masculino dogmático que se presenta a sí mismo como superior, legítimo y excluyente de la diversidad, y por tanto, de toda posibilidad de equilibrio. Cuando hacia el final del último acto, Victoria y Román quedan solos, contemplando el cielo estrellado a través de los ventanales de su apartamento neoyorkino (Rubén acaba de marcharse), ambos personajes definen en unas pocas líneas lo que parecería ser el sentido que ha tomado el sinsentido de sus vidas: el exilio. Este pues, alcanza una redifinición en este momento que constituye una verdadera proposición, y ofrece una perspectiva sobre dicha experiencia, la cual se deja intencionalmente abierta. Una vez alcanzado nuevamente el equilibrio de este universo de la diversidad y la tolerancia, que tanto importa a los personajes, es posible ver el exilio, por una parte, como la consecuencia natural de la falta de aquellos elementos en el mundo precedente, y por la otra, como una especie de naturalización en el universo de la tolerancia y la diversidad, cuyos dominios, como el cosmos, son infinitos.

Aquí hallamos también, y por último, una característica que por extensión corresponde a la obra toda de Montes Huidobro. De la vivencia personal inserta en un acontecer cubano e inmediato, trascendida y hecha obra de arte, se deriva una experiencia o proyección de alcances universales, de manera que si <u>Exilio</u> en particular nos sitúa en un contexto y una problemática cubanos, esta focalización por otra parte no constituye una **territorialización** empobrecedora del acontecer dramático, pues si bien los personajes viven sus circunstancias **cubanas** de principio a fin, éstas son las del ser humano en cualquier parte, y en cualquier momento.

OBRAS CITADAS

Huizinga, Johan. Homo Ludens: A Study of the Play Element in Culture. Boston: The Beacon Press, 1950.

Montes Huidobro, Matías. Desterrados al fuego. México, D. F.: Fondo de Cultura Económica, 1975.

_____. La madre y la guillotina. En: Obras en un acto. Honolulu: Persona, 1991, 149-90.

_____. La navaja de Olofé. En: Obras en un acto, 203-18.

_____. Segar a los muertos. Miami: Universal, 1980.

Piñera, Virgilio. El flaco y el gordo. En: Teatro completo. La Habana: Ediciones R, 1960.

Walker, Barbara G. The Woman's Encyclopedia of Myths and Secrets. New York: Harper and Row, 1983.

**"Some Temporal Consideration
in the Theater of Matías Montes Huidobro"**
Francesca Colecchia
(Duquesne University)

When Matías Montes Huidobro left Cuba in 1961, he had already earned recognition as a promising dramatist and theater critic. Three of his works had won first prize in the Concurso Nacional de Teatro Cubano: Sobre las mismas rocas in 1951, followed by Los acosados in 1959 and the now lost, Las vacas in 1961. Moreover, many of them had appeared on Cuban television. An understanding of Montes Huidobro's early work in Cuba is essential to a balanced assessment of his complete dramatic opus.

In a letter written in 1971 to Rodríguez-Sardiñas and Suárez-Radillo, editors of an anthology on Latin American theater in which his La sal de los muertos appears, Montes Huidobro spoke of five themes as constants in his theater, no one of which involved a preoccupation with time (III, 120-21). Nonetheless, a chronological reading of his plays reveals the existence of temporal concerns beginning with some of those early works composed in Cuba such as Sobre las mismas rocas.

This one-act play written in 1951 has seven characters: Edgard Cotton, three boys known as A, B, and C, and three girls, D, E, F. All but the girls appear initially as children. In the second scene all of the characters are adolescents, and in the third, adults. The action, which occurs on a street in no specifically identified place or time, seems to repeat itself with minor modifications in each scene. The play opens, with the curtain down, to the shouts of children off stage urging on a baseball player, Willy Price, who has two brothers who also play baseball, Larry and Johnny. As the curtain rises, Edgard Cotton enters in a wheelchair, pauses and crosses the stage, followed shortly by the boys A, B, and C, who discuss the game and Willy Price. The boys suddenly notice Edgar, and a discussion follows among them as to Edgard's identity. Despite Edgard's protests, one insists he is really Richard Rice, another Olivier, and another, Randall. When two of the boys decide to bowl, the other one, A, tries to play with Edgar. Their conversation takes a strange turn in which both deny or fail to perceive the reality of the others' experiences. For example, boy A explains he has on a swim suit because he is at the beach, and Edgard declares they are not. When Edgard points at boys B and C bowling, boy A maintains he sees no one bowling. Yet, when Edgard loses B's ball, he runs to to the previously invisible friends, who take him back provided he never plays again with Rice/Olivier/Randall. This first scene closes with Edgard alone on state affirming, "I am Edgard Cotton and not those you say... But I am alone and I am Edgard Cotton, and nobody but Edgard Cotton."[1]

The second scene opens, as did the first, on a darkened stage. Once again shouts are heard urging on the baseball player Willy Price and his brothers. However, this time the Prices are professional players. As the stage is illuminated, the figure of Edgard the boy appears exactly where it as at the end of the first scene. A second Edgard, the adolescent, enters and crosses the stage. In addition to the three boys of the first scene we have their girl friends, identified simply as D, E, and F, who join in the discussion of the game and Willy Price. As in the first scene, the same confusion is repeated here about Edgar's identity. Is he Rice, Olivier, or Randall? Again one of the groups moves away to speak with Edgard. Once again, Edgard sees something the other does not. Once again the person who speaks with him returns to the other two. This scene closes on the two figures of Edgard Cotton–the boy and the adolescent.

As the curtain goes up on the third and final scene the two Edgard Cottons are at opposite sides of the stage, exactly where they were at the close of the preceding scene. Once again the chorus urges on the Price athletes with praises, this time for their sons as well. Edgard Cotton, now an adult, enters, starts to cross the stage

---

[1] Matías Montes Huidobro, Sobre las mismas rocas. In: Obras en un acto (Honolulu: Editorial Persona, 1991), 31. All translations of fragments of this and other plays are my own.

and stops about stage center. The boys and girls of the earlier scenes, now married to each other, come in. During their conversation we learn their children, as their fathers before them, had played with Willy Price, in this case the son of the initial athletic hero. They search for Edgard and, oblivious to the three Edgars, express confusion about his true identity. The adult Edgard muses to himself about what he would do should those on stage come by. They, in turn, unaware of his presence speak to him, but turned away from him as though speaking to some imaginary person. Finally Edgard enters into the conversation but cannot see those with whom he speaks. Despite their claims that they pass by that same place every day, Edgar confesses that he does not see them. As his voice and his presence become less distinct to them, the three couples conclude that he must have been a mirage and exit. The lights go out with the exception of three spotlights, one on each of the three figures seated in the wheelchairs. While the last of the Edgar Cotton speaks, the invalids in their chairs begin to turn aroun and around in circles. All at once, still followed by their respective spotlights, they draw closer and closer to each other until they reach stage center, where the three lights converge into one over the three spinning chairs as the curtain comes down.

The play poses many questions to the viewer. Where does the play take place? Are the characters alive or have they passed on, and exist in another temporal dimension? Is Edgar a person or a symbol? Has he intruded from another time into the present?

The author utilizes a number of strategies to incorporate a sense of continuity in his his play: the persistence throughout of the price athletes; the acknowledgement of the others of the existence of an invalid known either as Rice, Olivier, or Randall; the repetition in each scene of Edgard's seeing what one of the trio sees who, in turn, does not see what Edgard sees; the repeated confusion as to Edgard's identity. In this work, time occurs on two levels: the chronological and the simultaneous. The former is noted most simply in the aging of the characters from scene to scene. The latter is inferred in the denial on the part of the characters who see what does not exist an in the final scene in which the characters address Cotton in the opposite direction from which he sits. This seminal work reveals a concern for time which is intrinsic to Montes Huidobro's theater and that will reappear in later works by him.

160

La sal de los muertos is a pivotal piece in which much of what the author has written earlier appears more fully articulated with indications of the new concerns which will inform his later theater. In this tale of struggle and dissension in a Cuban family consisting of Tigre, his son Lobo, grandson Lobito, daughter-in-law Aura, and wife Cuca, all except the long-time family servant Caridad anxiously await the death of Tigre so as to inherit his fortune. Lobito, the reincarnation of his grandfather, cannot wait for the old man's death and makes off with the silver which constitutes the family inheritance. In a paradoxical encounter between the two, ostensibly a game of human checkers, they kill each other, leaving the others to wonder as to the whereabouts not only of their corpses, but also of the fortune. At this point time seems to turn upon itself as the characters are at once of and not of the present. Identities change. Aura assumes the identity of Marina and Blanca Emilia, Cuca's dead sisters. In turn Cuca interacts not with Aura, but with the sisters she sees in Aura. Caridad, who had spoken earlier of a recurring dream in which she kept opening doors to escape an undefined threat, only to find an abyss on the other side, now sees Tigre and Lobito at the head of the stairs. Cuca ignores Caridad's admonition that the two of them await her at the head of the stairs to kill her. Warning Aura and Lobo of the presence of Tigre and Lobito, Caridad ascends the stairs to meet her own death. Alone and haunted by the ghosts of Tigre and Lobito, Aura and Lobo frantically open imaginary doors in search of an escape. The curtain falls as they continue to open non-existent doors while reciting the Lord's prayer. In this play not only has the temporal dimension become more complex, but it also appears tangentially related to reality.

In the recently published Funeral en Teruel, the author's concern with time attains its fullest expression. Here time knows neither limits nor barriers. Set in the living room of a castle in Teruel in the latter half of this century, the play offers a variation of Hartzenbusch's tale of the legendary love of Isabel and Marsilla. Though the play would seem to take place in the present, Isabel dresses "in the style of 1217"[2] while the maid wears mini-skirts. In this piece Montes gives us a series of anachronisms and paradoxes as he juxtaposes current and past values and priorities.

---

[2] The stage direction in question appears in an early manuscript in the author's possession.

This play functions on two obvious time levels: the present represented by Eva and Johnny Cosanueva, the Yeah-Yeahs and the Go-Gos, two rock groups, and the servants; and the thirteenth century found in Isabel, the Conde de Luna, the bloodletters, and the presence of Marsilla. Alternating between the past and the present are don Pedro, doña Fefa, and Calígula. It is significant that this last group wears masks througout the play until the third act, when they are torn away, thus revealing the true nature of the characters. As in the romantic work that served as the point of departure for Montes, Isabel and Marsilla die. The play closes on a frenetic scene in which all of the characters, except the lovers whose caskets remain at stage centers, join hands at the front of the stage with the rock groups and the Caprices lined up on the stairs at either side of the stage and, amid a dazzling display of lights, sing a rock tune.

In Exilio, the most recent work considered in this study, the author follows five Cubans–two couples, Miguel and Beba and Victoria and Román, and their homosexual friend Rubén–from their exile in New York from the Batista regime to their return to Cuba just after Castro's victory, and the subsequent return of the latter three characters to New York. Twenty years later, after Victoria, Román and Rubén have successfully started their life anew, they meet Beba and Miguel once more. Now high functionaries in Castro's government, these two have come to New York, he to give lectures at New York University and she to carry out certain diplomatic matters.

This final encounter, one of tension and circumspect conversation, takes place in Victoria and Román's apartment. As charges and countercharges are made, Miguel reveals that Beba has fallen into political disfavor and that he and Rubén are to do away with her then and there. Ignoring her protests that she is a stand-in for the real Beba who is at an embassy reception, Miguel hands the gun to Rubén to shoot her. After much reflection Rubén realizes that he cannot kill her. Miguel and Beba leave, followed a brief time later by Rubén. In Exilio time realizes a poignant though nonetheless complex dimension. Here the temporal aspect has become more refined, more subtle, more closely related to the question of reality in Montes Huidobro's theater.

Certain aspects of time are common to all of this Cuban-born author's plays. As observed earlier, time is two-dimensional: chronological and simultaneous. Chronological time measured in days, months, and years figures in each of the plays. Even in Funeral in Teruel Marsilla's absence from Teruel is defined in years. The chronological passage of time occurs in each of these four plays, not only in the context of the individual piece, but also in the author's directions. In Sobre las mismas rocas, the author progressively ages the characters. In Exilio he gives us specific dates: "the beginning of November 1958" (11), "the end of 1961" (39), "a summer night some twenty years later" (81).

More importantly, the author also perceives time as a multidimensional entity in which other aspects of existence transpire concurrently with what man actually experiences. For Montes Huidobro time is not finite by infinite. Past historical epochs do not disappear into nothingness. They persist simultaneously with the present moment. He began to explore this theme in Sobre las mismas rocas when he allowed the repetition of the same actions and reactions to them in three scenes. Edgar, who with the exception of aging remains essentially unchanged through the three scenes, articulates the author's thoughts when he asks, "Siento sombras difusas en la angustia y en la distancia... ¿Hay alguien aquí? (Montes, Sobre, 42). Time, which seems objective at the start of La sal de los muertos, becomes more imprecise as the work unfolds. The author suggests this in the mysterious foosteps heard by the family just before the unexplained disappearance of the family silver as well as in Caridad's recurring dream. Finally, he blends past and present in an anachronistic distortion of reality in which Cuca returns to her youth and Aura assumes the identity of Cuca's dead sisters and carries on discussions which occurred years before of which she would have had no prior knowledge. Funeral en Teruel offers us the most manifest expression of the Cuban playwright's concern with the simultaneity of time. Here the thirteenth and the twentieth centuries confront one another. Isabel lives out in the present the legend of the medieval lovers while her sister, Eva, worries about buying the most scandalous bikini she can. Even the secondary cast repeats the temporal dichotomy of this work with the Go-Gos and Yeah-Yeahs on one hand and Goya's Caprices and the bloodletters on the other.

At first glance, Exilio seems to concern itself with chronological time rather than coetaneous time. A closer reading of the paly reveals that simultaneity does occur here, only less conspicuously. It reveals itself clearly in the play the actors rehearse imitating life–the play itself. Actions perfomed during the *play* repeat themselves in *reality* which in turn finds itself mirrored in the *play*. Temporal concurrence also transpires in the nightmares of the torture suffered at Castro's hands which haunt Rubén–the past which will not die.

In Montes's theater the issue of time appears intertwined with the question of reality. The author articulates this most frequently in one of two ways: uncertainty about one's whereabouts, and confusion about one's identity. The latter is often, as in the case of Edgar, the question of "Who am I?", "Who are you?" Other times, as in La sal de los muertos, it is seen in the assumption of another's identity. In Exilio the author does not clearly separate the characters in the play from the roles assigned to them in the play within a play. Additionally, we must deal with two Bebas, the real one and her alleged look-alike. While in Funeral en Teruel Isabel rejects the twentieth century to live the legend of the thirteenth century romantic heroine.

The relationship of time and reality in Montes Huidobro's theater reduces itself to the more profound and universal question, "What is reality?" In La sal de los muertos Aura plaintively observes, "Si uno pudiera ver la realidad y no las visiones de la realidad" (Rodríguez-Sardiñas y Suárez Radillo, 162). Román notes in Exilio that "todos ... formamos parte de un mismo sueño" (85). However it is the comment made by Miguel early in Exilio which suggests a clue to the Cuban dramatist's preoccupation with time. In a conversation with Victoria Miguel says, "La muerte es el más brutal de los destierros. Cuando se está muerto no se está... Lo que importa es no morirse" (25). Montes does not see or elects not to see death as final. For this reason he calls it an exile, albeit the cruelest of exiles. When one is exiled one finds himself removed from beloved places and people. Nonteheless, despite the distance which separates the exiled person from those he loves, both continue their lives at the same time, but in two different places. Montes Huidobro perceives time as a multilevel continuum in which man endures. Time, therefore, knows no finite limits. When we cease to exist in this time frame, we persist in other temporal levels of this single continuum of time, and may not necessarily be perceived by those living here and now. Montes Huidobro's perception of life as infinite and multi-dimensional rather than finite and single-dimensional includes as well a probing for the reason of human life. For Montes Huidobro we indeed do form "part of a dream."

WORKS CITED

Montes Huidobro, Matías. Exilio. Honolulu: Editorial Persona, 1988.

_____. Funeral en Teruel. Honolulu: Editorial Persona, 1990.

_____. La sal de los muertos. In: Rodríguez-Sardiñas, Orlando and C. Miguel Suárez-Radillo. Teatro selecto contemporáneo, III. Madrid: Escelicer, 1971, 123-220.

_____. Sobre las mismas rocas. In: Obras en un acto. Honolulu: Editorial Persona, 11-49.

Rodríguez-Sardiñas, Orlando and C. Miguel Suárez-Radillo. Preface to La sal de los muertos. In: Teatro selecto contemporáneo, III. Madrid: Escelicer, 1971, 117-21.

"La cuentística de Matías Montes Huidobro: búsqueda angustiosa de ideales"[*]

Elio Alba-Buffill

(City University of New York)

Montes Huidobro tiene publicado un libro de cuentos, "La anunciación" y otros cuentos cubanos (1967)[1], donde recoge algunas narraciones que vieron la luz en Cuba como "La constante distancia," "Las auras" y "Leandro,"[2] "Ratas en la isla"[3] que se imprimió en los Estados Unidos después de su exilio que se inició en 1961, y otras hasta entonces inéditas que había escrito tanto en Cuba como en los Estados Unidos.[4] Su primer cuento publicado lo fue "El hijo noveno" que apareció en la revista habanera bohemia en 1950, es decir cuando el autor tenía diecinueve años de edad y en ese mismo año también vieron la luz "Abono para la tierra" en Nueva Generación y "Los ojos en los espejos" en la Revista del Ministerio de

---

[*] Trabajo publicado en: Alba-Buffill, Elio. Conciencia y quimera. Nueva York: Senda Nueva de Ediciones, 1985, 59-68.

[1] Todas las citas de los cuentos se referirán a esta edición, que se identificará como LA a partir de ahora. Las páginas correspondientes se señalarán después de las siglas.

[2] "La constante distancia" fue publicada en 1956 en la revista Carteles; "Las auras" en el periódico Revolución en 1959 y "Leandro" en Revista de la Universidad de las Villas en 1961.

[3] "Ratas en la isla," Diario Las Américas, Miami, octubre 10 de 1967, previamente publicada en inglés con el título de "Rats in the island," the Husk, Cornell College, Iowa, diciembre de 1966.

[4] Escritos en Cuba: "El ofrecimiento," "La vida bajo las alas" y "Muerte nueva en Verona." En los Estados Unidos: "La anunciación," "Ratas en la isla," y "Las islas. Según afirmación del escritor en correspondencia con el autor de este estudio.

Educación. Por último en 1975 y en la antología de Julio Hernández Miyares, Narradores cubanos de hoy, se incluyen dos cuentos de Montes Huidobro, "El regreso de los perros" y "Sin nada que hacer."

En la cuentística de Montes Huidobro se hace patente una poderosa fantasía, que al mismo tiempo se acopla con un genuino dramatismos, que viene de la angustia del hombre que es el autor y que palpita en sus narraciones y penetra profundamente en sus personajes. Sus cuentos tienen una temática muy universal y se muestra en ellos una preocupación por las cuestiones esenciales de la existencia humana. Late en muchos de sus relatos esa agonía que, en algunos, refleja las deplorables condiciones sociopolíticas que caracterizan a su patria en el presente momento histórico, aunque aparecen sublimadas literariamente. En ocasiones Montes Huidobro parte de una realidad histórica que le sirve de marco pero esta realidad le permite plantear temas universales. Es decir, se ve en su cuentística lo que un crítico tan acucioso como Max Henríquez Ureña atisbó en su creación dramática, cuando afirmó que "las concepciones de éste tienden más a lo universal que a lo particular." (404)

Los personajes de Montes Huidobro son seres frustrados, asfixiados por la vida, pero que buscan en su sufrimiento un ideal, un significado. A pesar de que proclamen que "La vida es un caldo espeso y pestilente que no tiene palabra" (LA, 98), paradójicamente, hay en ellos una búsqueda angustiosa de ideales. Corre a veces en sus narraciones un sentimiento de indignación ante las debilidades del hombre. Para Montes Huidobro, el ser humano está sumido en un mundo caótico pero, lejos de sucumbir ante el mismo, trata de redimirse. Algunos de sus personajes lamentan el "papel del hombre que lucha y lucha y nunca es derrotado, que siempre alza nuevamente la cabeza" (LA, 95) y en instantes de vacilación, parecen sucumbir proclamando "que es más dulce el sabor de la derrota" (LA, 95), pero siguen luchando, aunque a veces sólo lo hagan sintiendo que llevan "en su interior un profundo aletear de vida bajo las alas." (LA, 88)

Encontramos en estos personajes, siempre insinuada, cierta densidad psicológica que dota a sus relatos de amenidad e interés, pero que también parece apuntar hacia la incapacidad del hombre de entenderse a sí mismo. Ya en 1956, Guillermo Cabrera Infante, comentando su cuento "La constante distancia," creía encontrar la originalidad de Montes Huidobro "en una decidida intención de tomar de la realidad segmentos casi absurdos para luego organizarlos en un orden veraz."

Claro que el crítico no podía pasar por alto el acercamiento que esta técnica representaba indudablemente con la obra de Franz Kafka y en defensa de la originalidad del autor, afirmaba, aunque sin duda un poco arriesgadamente: "pero es un acercamiento *a posteriori,* pues ya Montes trabajaba en cuentos, poemas y piezas de teatro de esa manera, mucho antes de que Kafka estuviera de moda." Pero lo importante, a mi modo de ver, es que en el fondo este acercamiento demuestra que Montes Huidobro está reaccionando ante ciertas realidades históricas que determinaron una corriente literaria de indudable importancia en el presente siglo. Su cuentística refleja esa inestabilidad de raíz existencial que caracteriza al hombre contemporáneo, que fue captada por Kafka y que explica la gran influencia de éste en la narrativa de nuestro tiempo, pero en estos relatos, volvemos a subrayar, algunos de los personajes reaccionan en una búsqueda angustiosa de ideales. Lo relevante no es que no los encuentren sino que los sigan incesantemente buscando. Esta es la manera del autor de expresar, pese a su amargura, su fe en la espiritualidad humana.

Todo lo afirmado previamente tiene una definida influencia en la estructura de sus relatos. En ellos, el juego entre la relación y la reflexión subraya esa ambivalencia, ese caos, en que el autor ve sumido al hombre. El uso del lenguaje destaca, por contraste, al propio tiempo que la náusea, una sublimación estética que hace que éste, en ocasiones, esté matizado de tintes poéticos. Montes Huidobro es un escritor responsable que trabaja con esmero sus creaciones literarias. Está al tanto de las nuevas técnicas narrativas, como lector interesado de la literatura contemporánea. Sus relatos poseen una gran riqueza simbólica.

Debe señalarse que su técnica narrativa no se puede asimilar a una determinada escuela literaria. Su dominio de Freud, que ha puesto de manifiesto en sus obras de crítica, se hace patente en estas narraciones, en las que las frustaciones espirituales de sus personajes tienen a veces, como causas, raíces sexuales, y eso lo acerca al surrealismo que, como señala Seymour Menton, partiendo de cierta base freudiana proclamó el carácter dualístico de la realidad y trató de captar tanto lo exterior como el interior (8), pero la casi paralización del tiempo que presentan algunos de sus cuentos le da cierto matices cubistas. Hay también en ocasiones una atmósfera onírica, alucinante, en que realidad y fantasía parecen superponerse e integrarse y en esto acaso se atisban tenues elementos del realismo mágico. Por otra parte, ya se ha hablado del fondo existencial que permea toda su narrativa. En resumen, la cuentística de Montes Huidobro, creemos, escapa a una rigurosa clasificación de escuela.

Hay una constante temática en ella y en especial en los relatos que agrupa en "La anunciación," y ésta es la frustración, la agonía que padece actualmente el ser humano. En los primero cuentos del libro, "Las auras," "La constante distancia," "Leandro," "El ofrecimiento" y "La vida bajo las alas," la frustración se concentra en el personaje femenino, que, como ya se apunta en el breve pero incisivo prólogo, pudiera pensarse que se trata de "una prolongación de una misma mujer que quiere encerrarla a todas" (LA, 12), claro que de *a priori,* esto pudiera considerarse como elemento negativo, pero indudablemente el prologuista tiene razón cuando, previendo la calificación de demasiado monocorde que pudiera atribuírsele al enfoque temático, señala que "la variedad de situaciones y los matices temáticos crean fundamentales diferencias" (12). En efecto, el tema es demasiado fecundo y es usado muy inteligentemente.

En "Las auras" se trata con brevedad pero con penetración la angustia de una prostituta, víctima no sólo del egoísmo, la violencia y la lujuria de su amante, sino de las condiciones y costumbres sociales en que está sumida. Con prosa sencilla, pero cortante y cargada de alusiones, Montes Huidobro logra pintar muy nítidamente la erupción de un acto de venganza, en medio de vacilaciones entre la resignación y la protesta. El título subraya el papel simbólico de las auras, papel que el autor explica: "Auras sin cielo que daban vueltas y vueltas sobre su cabeza para picotearle el vientre. Las auras que él había creado y ahora volvían hacia él." (25)

En "La constante distancia," con uso de una técnica en que se intercalan narraciones y retrospecciones, se plantea la frustración de una hija, que crece en constante alejamiento de su padre pero para la cual la apetencia de tenerlo cerca se convierte en obsesiva. El autor presenta tres generaciones de figuras femeninas en que la locura de la madre parece tener callados antecedentes en la abuela y todo un hondo palpitar en las entrañas de la hija. Cabrera Infante creyó ver en este cuento una traslación cubana del viejo complejo de Electra.

En "Leandro" nos presenta con sofrenado patetismo las últimas resistencias en la agonía de una mujer que no puede comprender la infidelidad de su marido y que al soltar las riendas de la disciplina de su hijo, expresa simbólicamente su renuncia a luchar por su dignidad. Viendo en el hijo la representación del egoísmo del padre, del egoísmo del hombre, la señora de García decide resignarse: "no había nada que buscar en nadie" (LA, 58). Montes Huidobro, sin teorizar, hace evidente la triste condición de la mujer en ciertas sociedades, en las que el rigor social las somete a injusticias y sufrimientos sin camino de redención.

Con igual patetismo que la madre de Leandro, la María Luisa del siguiente cuento, "El ofrecimiento," buscaba desesperada pero infructuosamente encontrar en la unión física con su marido "que aquel hombre le brindase aquel minuto de amor que la vida y él le debían" (LA, 76). A esto se añade una nueva dimensión, la miseria, que ahora a todos los personajes, que los encierra, que los somete a sus iniquidades y les quita toda esperanza.

En "La vida bajo las alas," la nota pesimista con que acaba el cuento anterior, en el que María Luisa, condenada de antemano por su indefensión a una vida de sufrimiento y agonía, dejaba caer la cabeza, como decapitada, se transforma en todo un canto de esperanza. La mujer, de nuevo frustrada en su espiritualidad amorosa por el desdén del marido, se refugia poéticamente en la contemplación de la naturaleza. La observación de las plantas y de los pájaros en el patio de su casa, que adquiere en la narración un elevado matiz poético, la nutre de una fecunda vida interior: "Ahora amaba la naturaleza más profundamente, alejada por completo del hombre que durante un tiempo la contempló a su lado" (LA, 87). El autor termina este cuento, como el anterior, enfocando la atención en el personaje femenino, pero por contraste, si en "El ofrecimiento" la observación se detenía en el exterior de la mujer, que era todo un símbolo de su realidad interior, pues con su dejar caer la cabeza estaba expresando la decapitación de sus ilusiones, en el segundo, en concordancia con el mensaje que insinuaba el título, el escritor penetraba en el interior del personaje para atisbar que llevaba allá adentro un profundo manantial de espiritualidad.

En "Muerte nueva en Verona," en una innovadora recreación del famoso drama shakespiriano, el amor de los jóvenes esposos lucha contra las obligaciones que les impone a éstos la necesidad de sobrevivir en un ambiente de estrecheces y miserias. Montes Huidobro enfrenta el amor a su peor enemigo, la cotidianidad: "No quiero manchar esta historia con cosas sucias. Es una historia de amor. Pero las cosas sucias están en todo, hasta dentro de las cosas bellas, de las cosas hermosas" (LA, 98) y más adelante, "pero la vida es también un caldo espeso y pestilente que no tiene palabras, que sólo tiene rejas y murallas, tiburones, fieras y horarios que separan como las familias enemigas de Verona separaban a los hijos que se amaban" (LA, 98-99). Sin embargo, la ternura de los amantes sigue luchando contra los rigores y las penurias de su vida: "No puedo hablar, pero no grites: no es culpa nuestra el tener que vivir en esta extraña ciudad amurallada." (LA, 100)

Las restantes cuatro narraciones que cierran el libro, aunque mantienen la temática central de la asfixia y frustración humanas, tienen un mayor sustrato histórico, pues reflejan, en ocasiones muy nítidamente, la gran tragedia que vive la patria cubana, que es tan consustancial a la dignidad del hombre. Es verdad que esta crítica a ciertas realidades histórico-políticas no se torna en apasionamiento que resienta la calidad literaria de las mismas, sino que se sublimiza por ese afán del autor de integrar los temas en un nivel literario y por su tratamiento de las situaciones en su dimensión esencialmente humana. Queda, no obstante, allá en el fondo, como elemento de unidad de estos cuatro cuentos el doble símbolo que los agrupa: Cuba-Mujer.

En "La anunciación," Montes Huidobro vuelve a presentar en Doña Camila la mujer frustrada y sufriente ante los desvíos del marido, en una sociedad que los acepta como privilegio del varón, pero le añade una dimensión simbólica cargada de repercusiones históricas y matizada de elementos religiosos. Partiendo de la simbología nominal contenida en el título, el autor sigue cierta tradición literaria de irreverencia, que existe por contraste en pueblos tan católicos como los hispanos, al mantener una constante alusión al dogma de la inmaculada concepción para crear una situación de antítesis, pues se trata del nacimiento de un engendro humano, Fidel Zaldívar y Valdés, que es el nombre que se le da en el cuento al dictador comunista de Cuba. Con extremo cuidado, Montes Huidobro relega a dos largas acotaciones toda la honda amargura del escritor exiliado, acotaciones que reviste de esa ironía sutil que tanto le caracteriza y que es sólo su defensa para no dejarse arrastrar por su dolor. En el cuento se insinúan una multiplicidad de planteamientos y hay, como en "Las auras," yuxtaposición de elementos religiosos, católico y de santería. En fin, dotado de profundo simbolismo, el relato posee distintos niveles pero se concentra en el tema central del sufrimiento de dos mujeres, doña Camila y Panchita Valdés, de distintas clases sociales pero sumida cada una en la agonía que en su específico estado social el egoísmo del hombre les ha asignado, sin que ninguno de los mecanismos sociales, según puede interpretarse, propicien su adecuada redención.

"Los indignados" es una pintura de la cobardía moral del ser humano. Está patente la presente realidad de la patria del autor: censura, falta de garantías jurídicas, desprecio a la dignidad del hombre, pero se subraya el cinismo del personaje: convivencia con el régimen político anterior, adaptación a las nuevas circunstancias por motivos pragmáticos. La realidad histórica queda en una sombra de trasfondo, la luz se concentra en la debilidad innata del hombre. El personaje se presenta renegando del ideal y transigiendo por la necesidad de sobrevivir. Encontramos en este relato una magnífica presentación de la claudicación que al espíritu humano trata de imponer todo régimen absolutista, negador de la libertad del hombre.

"Ratas en el isla" revela la agonía de una mujer que intuye el abismo ético que un sistema político nefasto somete a sus conciudadanos: "Lo que ocurría carecía para ella de una explicación lógica, como si el absurdo se hubiera apoderado de las cosas" (LA, 148). Con simbolismo, plantea el autor, la protagonista no podía creer que había ratas en la isla aunque las veía: "No, ella no podía entenderlo. La ciudad siempre había sido limpia y clara y brillante bajo el sol. Por eso, ella no podía entender que hubiera ratas en la isla" (LA149). Montes Huidobro capta eficazmente en estos cuentos el clima de propaganda obsesionante a que todo gobierno marxista somete al espíritu humano, pero lo refleja a través de la angustia de sus personajes, de su laberinto interior, creando una atmósfera alucinante, onírica, que demuestra hasta qué punto el adoctrinamiento de la mentira puede engendrar la agonía de la lucidez.

En el último cuento, quizás con recrudecimiento de la carga ideológica, se denuncia lo que de negación al espíritu humano tienen no sólo las sociedades marxistas sino las capitalistas, que en su exceso de egoísmo y materialismo no prestan oído al llanto de los que sufren y desesperan. Muy felizmente y a través de la buscada objetividad de una observación de clase en un jardín de la infancia en una isla esclavizada, se muestra la atroz decapitación de la dignidad humana que constituye la pedagogia comunista. Montes Huidobro termina su cuento con una exaltación desgarrada en que palpita la nostalgia de su tierra pero también la angustia y la agonía de la conciencia humana:

Las islas, nunca olvidaré las islas, las islas vivirán eternamente dentro de mí, las islas, canto a las islas, las islas eternas del Atlántico, las islas eternas del Pacífico, llave del golfo, estrella del futuro, Sangrilá perdido y recuperado, vellocino de oro, fuente de la juventud.

Islas enterradas y sepultadas en medio del mar y envueltas en una desolación sin nombre. (LA, 190)

En resumen, la lectura de este agónico y a veces torturante libro de cuentos de Montes Huidobro deja una sensación de amargura en el lector, pero hay en estas páginas, a pesar de la asfixia constante que es el vivir de sus personajes, un profundo manantial de esperanza en ese afán de éstos de encontrar entre tanto sufrimiento un ideal que los aliente y los conforte. Muchos de ellos expresan con su lucha una magnífica reafirmación de la dignidad humana. No obstante, en ocasiones, Montes Huidobro matiza sus cuentos con una sutil ironía que es, en cierta medida, reiteramos, su manera de reaccionar ante lo caótico de la realidad. Eso, que está ligado a un uso de determinados tonos paródicos que se observan a veces también en su novelística, permite acercarlo a una corriente de perfiles satíricos que se ha hecho muy patente en la narrativa hispanoamericana contemporánea y en especial en la cubana.

OBRAS CITADAS

Cabrera Infante, Guillermo. Comentario a "La constante distancia." Carteles, 1956.

Henríquez Ureña, Max. Panorama histórico de la literatura cubana, II. San Juan: Ediciones Mirador, 1963.

Hernández Miyares, Julio, Ed. Narradores cubanos de hoy. Miami: Universal, 1975, 123-35.

Menton, Seymour. El cuento hispanoamericano, II. México, D. F.: Fondo de Cultura Económica, 1974.

Montes Huidobro, Matías. "La anunciación" y otros cuentos cubanos. Madrid: Gráfico Clemares, 1967.

APUNTES SOBRE Segar a los muertos
Y OTROS TEXTOS NARRATIVOS
DE MATÍAS MONTES HUIDOBRO.

Julio E. Hernández-Miyares
(The City University of New York)

La carrera literaria de Matías Montes Huidobro se inició en 1949, hace ya más de cuatro décadas, cuando apareció en La Habana su primera obra teatral titulada **"Las cuatro brujas"**. Comenzaba así un intenso y productivo quehacer intelectual, abarcador de todos los géneros literarios, pues Montes Huidobro, además de sus actividades como dramaturgo, es profesor, investigador y crítico. También ha producido poemas, ensayos, novelas y cuentos. Todas estas creaciones constituyen valiosas muestras de la labor de un escritor vocado y seriamente dedicado al cultivo de las letras.

El mismo Montes Huidobro ha indicado que sus primeros textos narrativos aparecieron un poco más tarde, en 1950, cuando la revista **Bohemia** publicó su relato **"El hijo noveno"**, y luego, ese mismo año, cuando Carlos Franqui y Guillermo Cabrera Infante incluyeron en la revista **Nueva Generación** el cuento **"Abono en la tierra"**.[1] Sin embargo, durante esa década de los cincuenta, Montes

---

[1] Véase el prólogo de Montes Huidobro titulado "Al pie de la letra", que encabeza su noveleta Segar a los muertos, **publicada en 1980 por Ediciones Universal, Miami, Florida. Todas las citas contenidas en este trabajo sobre dicha obra están basadas en esta edición y se indicarán con la palabra Segar, seguida del número de la página.**

Huidobro se dedicó más bien a la creación y crítica teatrales que a la narrativa. No obstante, en 1956, Guillermo Cabrera Infante presentó en la revista **Carteles** un relato suyo titulado **"La constante distancia"**, e incluyó una evaluación crítica tan acertada de su prosa de ficción, que aun hoy día puede servir para caracterizar muchos de los textos narrativos de Montes Huidobro, hasta los publicados años después en el exterior.

En aquella oportunidad, Cabrera Infante expresaba que la originalidad creativa de Montes Huidobro se debía a "una decidida intención de tomar de la realidad segmentos casi absurdos, para luego organizarlos en un orden voraz". Y continuaba describiendo la técnica narrativa del cuentista como "morosa, demorada, en que cada parte de la verdad se conoce como en un rompecabezas cuyas piezas nos facilitarán poco a poco", para terminar señalando que en la prosa de ficción de nuestro autor, "la narración ofrece las dificultades de lo verdaderamente durable: las murallas son herméticas para protegerlas del tiempo, no de los invasores".[2]

No es hasta 1959 que Montes Huidobro vuelve a publicar otro texto narrativo, cuando aparece en **Lunes de Revolución** su cuento **"Las auras"** y, más tarde, a fines de 1961, poco antes de marchar al exilio en los Estados Unidos, aparecerá el relato **"Leandro"**, en la Revista de la Universidad de Las Villas.

Luego tendrá el lector que esperar hasta 1967 para poder apreciar su primer volumen de relatos publicado en Madrid bajo el título de La Anunciación y otros cuentos cubanos.[3] Este pequeño libro es una muestra precisa del alto nivel artístico alcanzado por la prosa de ficción de Montes Huidobro, para quien la técnica del cuento no guarda secretos. Ahora bien, ese largo período sin que aparecieran otros textos narrativos suyos, no podemos considerarlo indicativo de que su inventiva literaria estuviese agotada. Todo lo contrario, pues continuaba creando, aunque conservaba inédita una obra novelística de envergadura, a la vez que producía y comenzaban a aparecer en muchas de las mejores revista en Estados Unidos y otros países, materiales dramáticos, poéticos y críticos debido a su pluma.

Enfrentado Montes Huidobro con la habitual problemática de todo escritor en el exilio, que no es otra que la enorme dificultad editorial para la publicación y

---

[2] Véase: Guillermo Cabrera Infante. "Introducción a "La constante distancia", Carteles, La Habana, Noviembre 4, 1956, p.32.

[3] Matías Montes Huidobro. La Anunciación y otros cuentos cubanos, Clemares, Madrid, 1967, 224 pp.

divulgación de sus creaciones, tuvo que recurrir al único procedimiento a su alcance: el envío de sus manuscritos a competir en diferentes concursos literarios, con la finalidad de divulgar de alguna manera su obra creativa y tratar de procurarse el único medio posible en aquel momento, para la impresión y distribución de sus textos. También recurrió a la publicación de fragmentos de algunas de sus novelas en diarios, revistas especializadas o publicaciones académicas, logrando así, por lo menos, que dichas producciones llegasen a los lectores, y que no fuesen incluidas en la triste gaveta de **lo inédito.**

De más está decir que estas actividades le resultaron relativamente exitosas, pues su novela **Lamentación en tres estancias** obtuvo el tercer lugar en el concurso Planeta de 1970. Más tarde, su noveleta **Segar a los muertos,** de la que nos ocuparemos con más detalle en este trabajo, quedó también en tercer lugar en el concurso **Cáceres,** de Novela, en 1975. Pero su mayor éxito la logró con su obra **Desterrados al fuego,** al quedar en segundo lugar en el concurso **Primera Novela,** auspiciado por el Fondo de Cultura Económica de México, en 1975, con un jurado distinguidísimo integrado por Juan Rulfo, José Miguel Oviedo, Juan Goytisolo, Carlos Fuentes y Ramón Xirau, quienes recomendaron su publicación. Como resultado de este premio es que aparece en los estantes de librerías la primera novela de Montes Huidobro, bien recibida por la crítica como un bello ejemplo de genuina crónica de trasplantados, y del proceso de aclimatamiento de todo exiliado a un país extraño.[4]

En 1980 se publica en Miami la noveleta **Segar a los muertos,** de la que Montes Huidobro ya había impreso con anterioridad dos fragmentos: uno de ellos en **Repertorio Latinoamericano** de Buenos Aires-Caracas, en 1975, y el otro, en **El Diario,** de La Paz, Bolivia, en 1977.

En bien fácil notar a primera vista el contraste entre este breve texto narrativo de escasamente 69 cuartillas, con la novela **Desterrados al fuego,** que tiene 224 páginas. Pero este contraste no es sólo en extensión sino también en dimensión y

---

[4] La novela Desterrados al fuego la publicó el Fondo de Cultura Económica de México, en 1975. y tiene 224 páginas. Ha sido la más comentada por la crítica de las obras de Montes Huidobro. Véanse: Alberto Baeza Flores. Recesión de **"Desterrados al fuego",** The Miami Herald, Miami, Mayo 23, 1977, p.4. Raymond D. Souza. Recesión de Desterrados al fuego, Explicación de Textos Literarios, Vol.VI, No.2, 1978, p.241. Gemma Roberts. Recesión de Desterrados al fuego.Revista Iberoamericana, vol.XLII, No.96-97, pp.642-644.

contenido, pues **Desterrados al fuego** es una obra de más amplia envergadura, en la que el autor ha podido crear y plasmar un universo de situaciones, vivencias y sentimientos, así como desarrollar plenamente el carácter de sus personajes en torno a los problemas a que se enfrenta todo exiliado o el ser humano en general, para adaptarse a los modos de vida en un nuevo país, así como tomar conciencia de su propia identidad y poder sobrevivir al caos. Lo anterior no ocurre en **Segar a los muertos,** obra en la que solamente intenta dar una impresión, no por rápida e intensa menos acertada, de lo caótico e incomprensible del fenómeno revolucionario cubano en sus primeros momentos históricos. En otras palabras, brindar una crónica personal, bien subjetiva de la revolución cubana, vista a través de los esquizofrénicos ojos de la protagonista Esperancita Portuondo, una simple mujer de pueblo, a medida que van transcurriendo sus experiencias reales o imaginadas durante las breves horas de una tarde y una noche de carnaval habanero.

No obstante, existen puntos en común entre los dos textos, siendo el más evidente, el caudal común de recursos dramáticos utilizados en ambos, producto de la experiencia de Montes Huidobro como activo autor y crítico teatral, especializado particularmente en el teatro del absurdo.[5]

La noveleta **Segar a los muertos** está estructurada en ocho fragmentos de muy diversa extensión, que aunque pueden parecer breves capítulos, no lo son. Más bien parecen **escenas** que aunque perfectamente interrelacionadas para integrar la novela, podrían tener existencia autónoma, individual.

Los fragmentos están redactados en tercera persona, es decir, que la presencia del autor omnisciente está siempre reflejada en el texto, ya sea directa o indirectamente, pues es quien va tendiendo la trampa al lector hasta conducirlo de la mano, por medio de la magia de la palabra, desde un aparente realismo hasta los límites del absurdo, pasando por situaciones de innegable sabor esquizofrénico.

A medida que penetramos en la obra, comenzamos a experimentar un leve desasosiego al percibir que la lectura no es transparente y fácil como parecía de primer momento. Desde el fragmento de apertura en el que se presentan los diversos personajes de la obra, notamos cierta confusión que se va ampliando por la presencia de una dualidad de personajes y de situaciones, intensificada progresiva y rápidamente. Por supuesto, el autor, como ya dijimos, es parte esencial de la

---

5 Véase: Fernando Villaverde. Recesión de <u>Segar a los muertos</u>. <u>The Miami Herald</u>, Miami, Mayo 10, 1981, p.24.

trampa, y se convierte desde el principio en cómplice de dicha confusión, la que sirve para crear la atmósfera de irrealidad y absurdidad que permea toda la noveleta, y con la que se trata de explicar lo inexplicable, que no es otra cosa que el caótico fenómeno de la revolución castrista.

El primer fragmento sirve de presentación de los personajes claves de la obra. La figura de Esperancita Portuondo, la infeliz mujer que vive en la cuartería de la calle Malecón 13, y también en el cuarto número 13, ¡ qué casualidad simbólica!, y que se dedica a lavar ropa para afuera, aparece confundiendo los nombres de los vecinos que viven a su alrededor. Así, le dice a Juanelo, un mulato claro bien parecido que viene todos los días a tomar una tácita de café con ella, que su mujer se llama Cacha y no Chucha, como éste le dice.

A medida que la obra avanza, vemos que esa primera confusión se complica, pues Chucha, según piensa Esperancita, murió tísica en un hospital de Jacomino, tiempo atrás. Pero a su vez, ésta Cacha, al final de la obra, parece confundirse también con la propia Esperancita o con una hermana de ella. En otras palabras, que estos personajes sufren una transferencia o desintegración total, de marcado carácter esquizofrénico, lo que va produciendo una angustia contagiosa, por el estado de inseguridad y ambivalencia que crean en el lector y también entre los mismos personajes de la trama. Todos ellos van perdiendo conciencia de su verdadera identidad y convirtiéndose más bien en máscaras, solamente identificables por los gestos y los distintos disfraces que asumen en ese **tablado viviente** del carnaval habanero que el autor recrea de manera fantasmagórica.

Así van apareciendo por el cuarto de Esperancita las milicianas revolucionarias Juana Piedeplomo de Ferragut y Ramona Quindelán, las que se envidian pero se temen, pues ambas se creen dueñas de la revolución. Vienen a invitar a Esperancita para dar un paseo por el carnaval, pasar por el Centro Vasco y quizá llegar hasta la calle Galiano para firmar como voluntarias para el corte de caña. También llega, anegada en llanto y dándose golpes contra el piso, Pura la Coja, la madre de Duplicado y de Simplicio, dos jóvenes gemelos idénticos, uno de los cuales, Simplicio, fue muerto por ser revolucionario, debido a la delación de su propio hermano, Duplicado, quien era contrario a la revolución. Ahora éste, después de haberse hecho pasar por ambos para evitar el castigo y que su madre se enterase, ha sido descubierto y apresado por la revolución, y se le pide PAREDÓN en el juicio que aquella misma tarde se está celebrando en el Palacio de los Deportes de La Habana.

Todos estos personajes sufren constantes distorsiones y transformaciones, y la madre de los gemelos, Pura la Coja, a veces parece transformarse en la Virgen María, y se le confunde y asemeja repetidamente, debido a sus sufrimientos, a la imagen de la Dolorosa, de la escultura de Miguel Angel. Idénticas transformaciones ocurren con el personaje Juana Piedeplomo, cuya personalidad se presenta ambigua y distorsionada tanto en su origen como en su etnicidad, quizá para poder articularse con mayor facilidad a la desdoblada personalidad de su "marido" Gaudencio Ferragut, que para Juana Piedeplomo (su esposa legítima de acuerdo con lo que ella misma dice) era la mano derecha de Fidel Castro y en realidad es un esbirro latifundista, amancebado con Juana y no su legítimo esposo. En fin, que con la lectura de este texto nos parece estar como participando en una pesadilla paródica que a veces linda con ese mundo fantástico-patológico donde la realidad es alucinación y la alucinación es realidad.[6]

Es así como va a comenzar, en el segundo fragmento narrativo, el recorrido callejero de Esperancita y sus amigas. Pero antes, como antesala de este paseo, mezcla de lo real y lo fantástico, lo absurdo y lo grotesco, lo cómico y lo patético, lo paródico y lo sobrio, Esperancita tendrá su primera **aventura interior**, simbolizada por el encuentro onírico con el fantasma de Chucha, en forma de esqueleto, quien la llama desde el cuarto No.12, donde viven "realmente" Juanelo y Cacha.

Este segmento es clave para comprender el movimiento constante de la narración entre lo **real verosímil** y un **mundo alucinante**, deformado y grotesco, logrado gracias al contrapunteo entre la ironía y el cinismo. Aquí, Esperancita cuestiona esa dualidad aparente entre la Chucha que ella conoció y la aparición que ahora le habla y que se confunde con la Cacha, de Juanelo. Debido a ello:

"Esperancita se alarmaba ante tanta carnalidad de ultratumba.¿Era esta la infeliz Chucha que ella había conocido o el más allá le jugaba una de sus malas pasadas y le mandaba gato por liebre? Porque ésta más se parecía a la insolente Cacha, despellejada y regresando. ¿Acaso Cacha se habría muerto? Cuando oía hablar así a Chucha, pensaba que entre ella y Cacha no debía

6 Véase: Carmelo Gariano. Recesión de Segar a los muertos. Hispania, vol.66, No.1, Marzo 1983, pp.142-143.

haber mucha diferencia y que a la larga no era otra cosa que una cuestión de carne cubriendo el hueso."[7]

Entre los pasajes más interesantes de la noveleta se encuentra el que narra la escena de la "intervención" de la Cofradía de los Millonarios, que lleva a cabo la miliciana Juana Piedeplomo, esposa del gordo Farragut, (según Juana, la mano derecha de Fidel Castro). La gran sorpresa no es otra que el descubrimiento de que hay un contrarrevolucionario escondido en un armario del local, y que éste resulta ser nada más y nada menos que el mismo gordo Ferragut, quien cogido con las manos en la masa confiesa ante el miliciano, Juana y sus amigas que tiene esposa legítima que no es Juana, y que él no está casado sino amancebado con Juana Piedeplomo. Ella, por cierto, no puede aceptar dicha realidad, o mejor dicho, la aparente dualidad en la personalidad de Ferragut, a quien ejecutan sumariamente en el propio local casi ante los ojos de la misma Juana, quien se niega a reconocerlo, y para ello usa el subterfugio de que su esposo Ferragut tiene una mancha en cierto lugar donde la espalda pierde su nombre, que, sin embargo, el detenido aquél no lo tiene. La escena grotesca, cómico-patética y absurda en que Ferragut es sacado desnudo del armario, se describe así:

"El espectáculo era francamente indecoroso, y Ferragut trataba de ocultar lo que podía, una mano alante y la otra atrás, pero justo es decir que sus poderes eran limitados. El miliciano, sin dejarlo de apuntar con la metralleta, le alcanzó una toalla..."[8]

Si la palabra, en esta noveleta, es el instrumento para adentrarnos en la pesadilla revolucionaria, la escena principal del cuarto fragmento narrativo servirá para reafirmar la importancia de la vía oral, la boca, para explicar la revolución como acto antropofágico, que todo lo devora, incluidos sus propios hijos.

Asistimos así al ansiado banquete de Esperancita y Ramona Quindelán, del bacalao a la vizcaína del Centro Vasco, que siempre olían y nunca podían comer. Ahora, con la llegada de la revolución, sí es posible, y gracias al alarde revolucionario de Ramona que invita a la pobre Esperancita, después de una espera en fila por más de dos horas, se sientan a comer el plato de bacalao, rojizo y

---

[7] Segar, p.32
[8] Segar, p.40.

deshilachado, acompañado de una buena ración de boniato sancochado, que casi las atora. Una de las escenas de mayor humor y comicidad es contemplarlas devorando el plato especial bajo la mirada alerta y escrutinadora del "compañero camarero". Se siente el choteo literario que encubre la tragedia, y se comprueba una vez más el dominio del lenguaje que posee Montes Huidobro, especialmente, la valiosa carga de dicharachos, expresiones populares cubanas y referencias coloquiales que quedan registradas como parte de la obra de arte.

Ya con esta escena, Esperancita y Ramona están listas para adentrarse en el verdadero ritmo del carnaval habanero, y penetrar así dentro de una verdadera ola marina formada por la multitud populachera que va moviéndose al compás de los ritmos y canciones tradicionales que el autor incluye como parte del texto: las congas famosas de Cuba, **Una, dos y tres; Quítate de la acera; La ola marina; el Manisero,** etc. Esperancita queda ahora sola, pues a Ramona la arrastró la ola humana. Pues sola es como Esperancita tendrá que enfrentarse a su destino, su regreso a Jacomino, aquel lugar simbólico-mítico que tanto temía y que a la vez es clave de todo su confuso marco mental.

Ahora es cuando el autor se sumerge plenamente en el absurdo y utiliza todas las posibilidades expresivas del lenguaje para describir el estado esquizofrénico de Esperancita desde que se encontró nuevamente con Pura la Coja, y juntas se dirigen hasta el Palacio de Deportes, donde se están celebrando los juicios a los contrarrevolucionarios. Allí es donde Esperancita experimentó una sensación de desintegración total, no sólo de ella sino de todos los cuerpos a su alrededor que se acusaban y culpaban sin descanso; y comenzó a comprenderlo todo y no temer a nada. Sí, por eso era inevitable que tomara el ómnibus de la ruta 10 que iba para Jacomino. Y así lo hizo.

Allí, en aquel barrio, era donde podría hallar la verdad sobre quiénes eran realmente Chucha y Cacha, Francisco y Pancho, Duplicado y Simplicio, Pura la Coja y María la Dolorosa, Juanelo y Cheo. Sí, allí descubriría, si es que había alguna verdad precisa, lo que significaban esas duplicidades, esas confusiones y transformaciones cada vez más espantosas que la mantenían dentro de este laberinto siniestro en que la vida y la muerte, el miedo y la libertad andaban de la mano y la conducían a un viaje al pasado. Sí, a aquel barrio de las afueras, donde vivía cuando decidió apartarse de la familia, (por cierto, ya no sabía ni quién, si Cacha o Pancho), para irse, aunque tuviera que meterse a prostituta y parar en el famoso barrio de Colón o lavar para afuera o morir tísica en el hospital de Jacomino, el que ahora nadie sabía dónde estaba. No, para ella, cualquiera que fuese su identidad, no había otra salida posible, sino un **eterno retorno** a ese mundo repetitivo y agónico encerrado en el absurdo de la palabra. Mientras así pensaba, escuchó una voz, que al verla llegar, le gritaba:

"¡Cacha, Chucha, Esperancita! ¿ No te dije que nos íbamos a ver mucho antes de lo que tú te imaginabas?[................] Y sin embargo, volverás otra vez adonde habías estado. ¡Es espantoso, es mucho más espantoso de lo que te imaginas!"[9]

Y Esperancita se vio de pronto nuevamente unida a todos aquellos personajes y multiplicada en todos ellos. Seguramente que la historia se repetiría; quizá con otros nombres, otras transformaciones y otras duplicidades, pero volvería a empezar, como ahora ocurría, pues, al final del relato vemos que "Esperancita seguía colando".

Ciertamente cuando Guillermo Cabrera Infante escribió en 1956 sobre la prosa de ficción de Matías Montes Huidobro y dijo que "la narración ofrece las dificultades de lo verdaderamente durable: [que] las murallas son herméticas para protegerlas del tiempo, no de los invasores", sabía muy bien lo que decía. Basta con leer esta noveleta del escritor cubano para comprobarlo.

---

[9] <u>Segar</u>, **p.82**

"La transmigración del rito parricida

en Oscuro total"

Jorge Febles

(Western Michigan University)

Oscuro total, obra dramática inédita y aún sin estrenar de Matías Montes Huidobro, estriba en un suceso policial verídico: el consabido caso de los hermanos Menéndez, quienes, en 1989, ultimaron a sus padres cerca de la ciudad de Los Angeles, California. En su empeño retextualizador, el teatrista hiperboliza la naturaleza ya en sí grotesca del acontecimiento para complementar de manera novedosa ese retrato crítico de la familia cubana que ha dado pie a buena parte de su producción. Montes Huidobro confiere a su pieza una tonalidad criolla que contradice el trasfondo local anglosajón, elucidando de tal suerte el signo fatídico que define a un microcosmo emblemático reconstituido con frecuencia en su teatro. La autodestrucción ritualista es el lastre que transporta el núcleo familiar en su peregrinaje a una nación ajena, que no reforma o mejora sino que acentúa con sus idiosincracias morales los defectos autóctonos.

Antes de abundar en el meollo simbólico-estructural de la obra, conviene repasar someramente los vericuetos del famoso homicidio. El veinte de agosto de 1989, en su mansión del elegante suburbio de Beverly Hills, California, aparecieron los cadáveres de José y Mary Louise ("Kitty") Menéndez. Nacida en Chicago en 1941, ella era una hermosa, extravertida y elegante señora que había sido reina de belleza en su juventud. Su procedencia étnica era netamente angloamericana. José Menéndez, por el contrario, había emigrado de Cuba con su familia poco después de la victoria revolucionaria, cuando contaba tan sólo dieciséis años. Individuo fogoso y lleno de ambiciones, se distinguió como nadador en su juventud. Esta aptitud deportiva le consiguió una beca en Southern Illinois University, donde conoció a su futura esposa. Tras graduarse en 1963, José Menéndez se casó con Kitty y se entregó a los negocios, progresando rápidamente en ese mundo. Su carrera llevó a la familia primero a Nueva York, y luego a Chicago, New Jersey y Los Angeles. Al morir, José Menéndez era director ejecutivo de Live Entertainment, una firma distribuidora de videocintas. Ganaba más de un millón de dólares al año y se codeaba con los grandes del mundo de la farándula. Hombre poderoso y simpático, era muy respetado dentro de Hollywood. Por eso, la muerte violenta de la pareja causó gran escándalo en la comunidad. Quienes dieron a la policía parte del crimen fueron los dos hijos del matrimonio: Lyle, de veintidós años, y Erik, de diecinueve. Según informaron a las autoridades, al entrar tarde por la noche a la casona de sus padres, los habían encontrado muertos. Los cadáveres ostentaban quince disparos de escopeta calibre doce. En marzo de 1990, tras una larga pesquisa policial, los hermanos Menéndez resultaron aprehendidos y acusados del crimen de sus padres, hecho sorprendente que conmovió y enfureció al menos en un principio a la opinión pública estadounidense. Pasaron tres años y medio detenidos en la cárcel del condado de Los Angeles, asegurando en todo momento su inocencia pese al hecho inquietante de que, según hizo constar la fiscalía al procesar a los Menéndez, dieciocho meses antes del crimen Erik había coescrito un libreto para el cine en el que un hijo mata a sus padres ricos para heredar su dinero. ("Blood Brothers," 34)

La segunda etapa significativa del caso lo constituyó el juicio televisivo, que hizo famosos a los abogados de los hermanos, sobre todo a Leslie Abrahamson, quien se encargó de la defensa de Erik. Una semana antes de que comenzara el proceso, los hermanos Menéndez admitieron su culpabilidad, declarando que habían matado a sus padres en defensa propia. Durante el escandaloso juicio, los letrados fundamentaron su alegato en lo que en inglés se conoce como "'battered wife' defense" ("Blood Brothers," 34), o sea, en el hecho de que los hermanos llegaron al crimen temerosos por sus propias vidas, después de haber sufrido muchos años de abuso físico y emocional a manos de sus padres. Al testificar en su propia defensa, ambos Lyle y Erik insistieron en el despotismo de su padre, en la manera en que los humillaba, en su obsesión enfermiza de convertirlos en tenistas notables que lo llevó a contratar unos cincuenta y cinco entrenadores a lo largo de los años. Pero, por supuesto, la revelación más atroz la hizo Lyle, cuando divulgó que su padre había comenzado a abusar sexualmente de él cuando tenía unos seis o siete años. Según el joven, José Menéndez lo violó repetidamente por más de un año. Asimismo, Lyle sostuvo que su madre también había intentado explotarlo eróticamente. Contó como "when he was 11, she wanted him to fondle her, or how she would 'call me into the room when she was changing and ask me if she was pretty'" ("Blood Brothers," 36). El juicio concluyó con una victoria pasajera para la defensa, pues el jurado se declaró incapaz de condenar unánimente a los hermanos Menéndez.[1]

Según ha confesado en más de una oportunidad, este caso le llamó la atención a Montes Huidobro desde un principio. En efecto, parece haberlo seguido con cierta asiduidad por la televisión.[2] Debido a la tesis que iré desarrollando en torno a Oscuro total, conviene especular de pasada sobre los componentes del proceso que parecen haber entusiasmado más al dramaturgo. Cabe suponer que Montes Huidobro reparó precisamente en aquellos detalles que le confirieron naturaleza sensacionalista y grotesca. El parricidio le habrá interesado por la manera cuasi ritual y monstruosa en que se justificó así como por la duda que las teorías de la defensa, fundamentadas en las acusaciones hechas por los hermanos contra sus padres ya inermes, fueron capaces de suscitar en el jurado y, hasta cierto punto, en la opinión pública norteamericana. El que se aceptara con tanta facilidad que un padre y una madre pertenecientes a los altos escaños socioeconómicos de la nación fueran capaces de imponer una tiranía brutal sobre sus hijos y someterlos a

---

[1] En mayo de 1996, los hermanos Menéndez–sometidos a un segundo juicio en el cual la abogada Leslie Abrahamson no participó como defensora–fueron condenados a cadena perpetua.
Este último tranco del proceso no tiene trascendencia alguna dentro de la pieza de Montes Huidobro, documentada en base al juicio inicial y a la descripción de los acontecimientos que popularizaron las cámaras televisiva durante éste.

[2] Doy fe de ello debido a conversaciones espontáneas sostenidas con el escritor en Phoenix, en Varsovia, en Washington, D.C., en las que–sin que surgiera el tema de Oscuro total–habló largo y tendido sobre este proceso y las impresiones que le merecía él mismo. Urge señalar asimismo que, en un congreso de teatro hispanoamericano celebrado en la Catholic University of America del 30 de mayo al 2 de junio de 1996, escuché a Montes Huidobro preguntarle a la traductora que está haciendo la versión inglesa de Oscuro total si se advertía con suficiente claridad que el referente inmediato de la pieza era el caso Menéndez. Señalo esto de pasada para substanciar la importancia pre-textual del caso.

inhumanos abusos físicos, psicológicos y morales, sacudiría la intuición del dramaturgo, llevándolo a vislumbrar paralelos con su propia creación. La existencia de un libreto previo, de una suerte de plan criminal redactado por uno de los asesinos, acaso le sugeriría inquietantes matices metateatrales. Por último, la ascendencia cubana del padre y la participación en el proceso de la familia de éste, tiene también que haberle recordado hipótesis ya expuestas en otros dramas. De hecho, llama particularmente la atención de quien examine el caso como quizá lo investigó Montes Huidobro que, si bien las amistades y familia de Kitty Menéndez asumieron la responsabilidad criminal de los hermanos, "most of José's relatives … rallied around Lyle and Erik" ("Blood Brothers," 37). La abuela paterna, por ejemplo, se negó a aceptar que sus nietos pudieran haber asesinado a José y a Kitty. Otro pariente de esta rama admitió el comportamiento abusivo de los padres, sosteniendo que "there are certain things in life people do not make up" ("Blood Brothers," 37). Por último, José Llanio, primo hermano de José Menéndez, puntualizó al carácter cuasi sobrenatural del ejecutivo californiano. Señaló: "I'm 5'10", but my cousin was 35 feet tall. That man was greater than any living thing, and there was no getting away from him" ("Blood Brothers," 37). Acto seguido, justificó el acto de manera curiosamente teratológica, pues afirmó que si José y Kitty aún vivieran, apoyarían a sus hijos porque "they would want what's best for their children. The love of your children transcends all, even parricide" ("Blood Brothers," 37). Es de imaginar que factores como los expuestos propulsaron la creación de una obra que entronca a las claras con toda una textología particular y nacional.

Desde sus albores dramatúrgicos, Montes Huidobro ha hecho hincapié en la familia cubana como microcosmo de una problemática criolla. Del mismo modo en que abordan el asunto coetáneos suyos como José Triana, Abelardo Estorino, Antón Arrufat y Virgilio Piñera, para señalar tan sólo cuatro nombres cimeros, se ha esforzado por desmenuzar el ámbito familiar isleño en forma a veces verista pero mayormente metafórica para poner al desnudo morbosas circunstancias sociales, políticas o económicas. El autor mismo ha subrayado la trascendencia del motivo dentro del teatro nacional: "La familia parece ser el punto de vista preferencial de la dramática cubana. Todos los dramaturgos insisten en ella" (Persona, 25). Anota también con énfasis que ilumina su propio enfoque:

La familia cubana aparece en las tablas arrastrada por un devorador e hiriente canibalismo. Afán devorador y canibalístico que ha ido creciendo con el tiempo. Hay bastante distancia entre la lucha planteada por Ramos en Tembladera a la planteada por Triana en La noche de los asesinos. Nos imaginamos dos cosas. De un lado, oscuras razones más allá de los límites temporales; de otro, elementos crecientemente devoradores dentro de la historia local... Hablar de Cuba y de la familia cubana es todo y lo mismo: forman unidad. El teatro cubano lo demuestra. Pero debajo del asunto se esconden turbias facetas. (Persona, 26)

Este apego a representar escénicamente el espacio y las relaciones familiares se advierte en piezas de los sesenta como Gas en los poros (1960), La madre y la guillotina (1961) y sobre todo La sal de los muertos (1960; publicada en 1971),[3] espeluznante drama aún por estrenar que constituye, gracias a los ecos edipianos de su asunto y a la naturaleza simbólico-grotesca de sus personajes, quizá el antecedente inmediato de Oscuro total. Montes Huidobro ha seguido explorando el motivo de la familia cubana en textos como La navaja de Olofé (1981), Fetos (1988) y, según hace constar José Escarpanter ("Una confrontación," 626), incluso Su cara mitad (1992). Hasta cierto punto, Ojos para no ver (1979)--que pone en evidencia nítidos paralelos con La sal de los muertos-- y Exilio (1988)--que expande de cierta manera la concepción monteshuidobriana del núcleo familiar--reflejan también el motivo en cuestión.

Ahora bien, exceptuando las leves tangentes que se representan en Exilio y Su cara mitad, hasta Oscuro total la familia cubana había permanecido en su espacio vital, es decir, se la había examinado, invertido y desmitificado dentro de un mundo a todas luces autóctono. En ese ámbito externo sugerido, la unidad dramatizada constituía un microcosmo, un retrato en menor escala de un enorme referente historiográfico de esencial atemporalidad, pues se manifestaba en cierto estado de crisis insoluble cuyo inicio y cuyo final pertenecían más al mito que a la *realidad*. El caso Menéndez, por otro lado, presenta al dramaturgo un pre-texto verídico que remeda constantes ritualistas patentes en su propio teatro. La cubanía del padre, la

---

[3] Se señala lo siguiente en una nota al pie que acompaña la versión de La sal de los muertos que se incluye en la antología de Rodríguez-Sardiñas y Suárez-Radillo: "La sal de los muertos se escribió en 1960 en Cuba. El autor intentó la publicación de la misma a mediados del año 1961. Terminada de imprimir con posterioridad a la salida del autor del territorio cubano, la obra fue confiscada por el Estado" (220).

violencia machista que se le atribuyó a lo largo del proceso jurídico, asemejaban al personaje a héroes monteshuidobrianos como Tigre y Lobo de La sal de los muertos, el dictador Solavaya de Ojos para no ver, los malévolos Viejo, Torvo y Golfo de Las paraguayas. La sangre criolla que corría por las venas de los hermanos americanizados los entroncaba precisamente con esa armazón cíclica y canibalista que caracteriza las familias metafóricas ideadas por el escritor. De esa suerte, en buena medida el caso se revela casi como parodia desestabilizadora de un drama de Montes Huidobro. La respuesta del teatrista ante esta afrenta de la realidad es metaparodiarla mediante una vuelta de tuerca adicional. En un vigoroso arranque postmoderno, el dramaturgo cruza lo que Linda Hutcheon denomina las fronteras entre la ficción y la no-ficción, entre el arte y la vida (10), para urdir una versión grotesca del referente agresor de la propia inventiva. Al reconstruirlo o retextualizarlo, lo transforma de manera que se incorpore coherentemente a la panorámica desmitificadora de la familia isleña. Lo único que, en esta oportunidad, el hogar cubano ha transmigrado, o sea, ha sido cambiado de lugar. Se matizan así la desintegración y el canibalismo congénitos con ese desarraigo cuando menos implícito que conlleva todo estado de tránsito cultural.

En un prólogo a Su cara mitad, José Escarpanter observa que esta pieza pone en evidencia una estructura de "'suspense' de índole intelectual, no policíaco" ("Una confrontación," 627). A continuación, añade que la pieza "no es sólo un ejercicio de virtuosismo dramático" sino que también, por medio de ella, "el escritor confronta el mundo norteamericano en que vive desde hace cuarenta años con el de sus raíces hispanas, más allá de los manidos estereotipos" ("Una confrontación," 627). Ambas apreciaciones me parecen imprescindibles para presentar un esquema de Oscuro total. Pese a la índole policial del pre-texto, este drama pone de manifiesto una armazón de *suspense* intelectual fundamentado en la multiplicidad de juego metateatrales. Se codea a las claras con el proceder que Escarpanter identifica en Su cara mitad. Asimismo, la naturaleza del caso Menéndez lleva a Montes Huidobro a enfrentarse pasajeramente con la violencia endémica en la sociedad estadounidense actual. Sin embargo, en lugar de censurar de modo sociológico esta realidad, el dramaturgo se lanza por otra vertiente: la de *cubanizar* el acontecer escénico dentro de un marco superficialmente anglosajón que se vitupera sólo de pasada.

Oscuro total consiste en tres actos cuidadosamente armonizados que comunican un asunto laberíntico representado por cuatro personajes: los hermanos Tony y Oscar, de dieciocho y veinte años respectivamente, y sus padres Paco y Tita Martínez, de cincuenta y cinco y cuarenta y cinco años. La simple forma de denominar a los entes dramáticos apunta desde un principio divergencias significativas con el modelo parodiado. Paco, Tita y Oscar son nombres decididamente hispanos, que casi no admiten confusión. En particular, la transformación de Kitty en Tita supone una desubicación marcada, un empeño tozudo por alterar el referente para que sólo le quepa una identidad hispana. Piénsese en lo fácil que habría sido, de quererse conservar las huellas de la víctima original, el designar a la esposa ficticia "María" o hasta "Luisa." Montes Huidobro, en cambio, opta por el apodo inconfundiblemente latino, cuya relación con el modelo es solamente fonética: "Kitty" suena algo como "Tita." Asimismo, deviene significativo, a mi modo de ver, el que se cambien las edades de la pareja. José Menéndez, nacido en 1944, era tres años más joven que su esposa. En Oscuro total, por el contrario, se establece una diferencia de diez años entre marido y mujer, siendo aquél el mayor. De tal manera, se configura una discrepancia de edades arquetípica dentro de la sociedad hispana, lo cual facilita la elaboración escénica de ese machismo siempre merecedor de repulsa en la producción dramática de Montes Huidobro.

Oscuro total admite un estudio en base a la médula anecdótico-estructural de los tres actos en que se divide. Todos se ambientan en la lujosa sala de la residencia de la familia Martínez. Más por establecer un paralelismo concreto con el pre-texto que por cualquier razón argumental o metafórica, en la primera acotación (2) el dramaturgo ubica dicha casa en San Francisco, California. Al iniciarse la función, el escenario se halla totalmente a oscuras, estrategia lumínica con la cual se retozará a lo largo de la pieza para matizar la polivalencia emblemática del título. Tanto Elsa Martínez-Gilmore ("Vista del anochecer en el trópico") como José Escarpanter ("Prólogo," 5) han reparado en la importancia de la luz dentro del teatro de Montes Huidobro no sólo como recurso formador y deformador de espacios sino también como elemento forjador de significados. El uso del oscuro al principio y al final de cada acto subraya en todo momento la teatralidad intrínseca de Oscuro total al mismo tiempo que puntualiza la índole monstruosa e incomprensible de los hechos representados y, por extensión, del crimen en que se fundamenta.

Tras varios disparos que marcan el principio del espectáculo, Tony rompe la oscuridad, surgiendo de ella pistola en mano. Le sigue poco después su hermano Oscar, también armado. La instrucción escénica que los presenta insiste en sendos aspectos caracterizadores que los perseguirán por todo el acto: Tony "muestra inseguridad y produce el efecto de ser una criatura indefensa." Además, adopta "en algunas ocasiones una actitud afeminada intencional, que es fingida en contraste con su manera general de comportarse" (3). Por contraste, Oscar "es mejor parecido que Tony, más seguro de sí mismo y más fuerte. Sus gestos son, a veces, marcadamente masculinos" (3). Se insinúa de esta suerte que los personajes *actúan* en todo momento, que gesticulan más que encarnan o representan en forma ilusionista.[4] Por otra parte, la descripción de los hermanos significa una nueva ruptura con el referente, puesto que al plantearse la dicotomía mayor equivale a fuerte y viril mientras que menor corresponde a débil y afeminado, se desmiente en parte el comportamiento modélico pormenorizado con anterioridad.

Una vez presentados los hermanos Martínez, el acto se desenvuelve en torno a discusión de lo acontecido y de su por qué. Oscar y Tony acaban de asesinar a sus padres o, al menos, creen haberlo hecho, pues el que hayan o no aniquilado en forma absoluta a sus tiranos deviene elemento continuo de un diálogo asentado en la violencia. Al explicar y explicarse sus acciones, al concebir planes para evadir la justicia que temen, los hermanos se agreden verbalmente como pareja enemistada, como hombre y mujer que se detestan. Su discutir acelerado, chocante, contradictorio, pone en evidencia el ritualismo clásico de la pieza, puesto que remeda ese diálogo trágico o *stichomythia* que Girard sintetiza como "the exchange of insults and accusations that corresponds to the exchange of blows between warriors locked in single combat" (150). Según se desarrolla el acto, Oscar y Tony procuran exponer su naturaleza de víctimas, de hijos oprimidos por padres monstruosos, mientras el lector-espectador (ese intérprete que capta a saltos abruptos la evidente referencialidad del espectáculo o del texto sin dejarse dominar

---

[4] Pienso, por supuesto, en el consabido método de actuación prescrito por Brecht, y que Bentley ha resumido de este modo: "Brechtian acting is anti-illusory. The actor must not pretend to *be* the character. He must play the role from the outside, not--as the expressionists demanded--in a stylized and individual manner, but with as much finesse as Stanilavsky himself could have wished." (217)

por ella),[5] los percibe como criaturas deleznables que fustigan a seres ya indefensos. Dos motivos dominan su discurrir: 1) el plan concebido por Tita y Paco para darles muerte, con el cual se relacionan unos personajes fantasmagóricos llamados Gina y Giorno; 2) la bestialidad sexual de que proceden, es decir, el acto que los ha creado y el cual entronca con la violencia erótica padecida a manos de los monstruos engendradores. La conclusión del cuadro se manifiesta casi como descarga de conciencia, como acto suicida para erradicar todo recuerdo del crimen. Oscar apunta con una pistola a la sien de su hermano, generando un diálogo grotesco por su violencia primordial que enlaza el acto reproductor con el nacimiento de seres indeseados:

Tony   Sí, mátala, Oscar. La memoria está ahí.
Oscar   Papá decía, "¡Ahógalo, ahógalo, déjalo morir!"
Tony   Mamá gritaba: "¡Salen, viven, están vivos!"
Oscar   "Son unas ratas."
Tony   "Despedázalos."
Oscar   Nacíamos, Tony.
Tony   Despedazados...
Oscar   No había oráculo que pudiera evitarlo.
Tony   Tengo un cuchillo metido dentro de la cabeza.
Oscar   ¡Sácatelo!
Tony   Es el pene de Papá, Oscar. Sácamelo.
Oscar   Lo despacharé de un momento a otro. Tendré que darte el tiro de gracia... Consejo de guerra... Juicio sumario...
Tony   La memoria no nos deja vivir. (38)

Esta instancia dramática, que antecede tanto el timbrar de un teléfono significativo de las amenazas externas (la policía, Gina y Giorno, hasta la posible resurrección de los padres) como el "oscuro total" que acentúa la confusión cada vez mayor de los espectadores, puntualiza la esencia ritualista, cuasi religiosa de un drama fundamentado en el parricidio necesario para impedir que el salvajismo se perpetúe dentro del microcosmo escenificado. Visto de ese modo, el supuesto crimen

---

5 Digo esto pensando en que la obvia referencialidad de esta pieza no impide en modo alguno su contemplación o su lectura como obra creativa, como ilusión dramática. Explica Hornby: "The audience certainly does not sit there testing what it sees moment by moment against its real-life memories. Occasionally, something will occur in the work that triggers such an association ... but if anything, such moments are intrusive on the basic experience of seeing the play, rather than being characteristic of that experience" (18).

parece constituir un sacrificio más que una venganza, uno de esos actos religiosos que, según Girard, efectúa determinada colectividad para impedir que se perpetúe ese suicida ciclo vengativo que él designa violencia recíproca.

Pero el principio del segundo acto restaura en el lector-espectador la sensación de incomodidad obviada de algún modo por el razonamiento susodicho. Tony y Oscar yacen en las tablas como lo hacían al finalizar la escena anterior. De repente, ambos se incorporan con lentitud y Oscar toma un libreto que se encuentra en la mesa de centro. Comienza a leerlo mientras contesta el teléfono. Acto seguido, Tita sale de la habitación de los altos. También repasa un libreto. De acuerdo con la acotación, es una mujer atractiva y elegante. Por demás, "se ve agotada y nerviosa, a pesar de lo cual, bajo su aparente debilidad, proyecta un carácter fuerte, dominante" (39). Aparte de poner en tela de juicio la veracidad de su muerte, la presencia en escena de Tita introduce un nuevo matiz contestario a la vez que complica la índole metadramática del juego escénico. Su voz sólo se hace sentir después de una sugestiva conversación telefónica entre Oscar y Gina, en la cual éste insiste en la necesidad de que tanto ella como Giorno se presenten en la casa. Cuando cuelga, ocurre el siguiente diálogo entre la madre y los hijos:

Tita	Es un desastre.
Oscar	¿Qué cosa?
Tita	Lo de Gina y Giorno. ¡Estoy tan cansada! No sé si podré.
Tony	Entonces, podemos suprimirlo. Sacarlo del *script*.
Tita	Tu padre no querrá.
Oscar	*(Burlón.)* Papá ya no tiene vela en este entierro.
Tita	Gina y Giorno, Gina y Giorno. Es un barrenillo. Se le ha metido entre ceja y ceja. Cuando expiró no hacía más que repetirlo, como si Romeo y Julieta.
Oscar	Pero él no tuvo que ver con esto.
Tita	Pero después le cogió el gusto, Oscar. Tu padre era así.
Tony	En todo caso, fue idea de nosotros, mamá.
Tita	Idea mía, querrás decir.
Oscar	Naturalmente, mamá...
Tita	Todo lo trastocan. No sé qué se van a hacer cuando yo desaparezca... Por completo, quiero decir... A Gina y Giorno los metí yo en el *script*.

La sorprendente resurrección de Tita, lo mismo que la discusión sobre el libreto sostenida por los personajes, añaden inusitadas dimensiones a la circunstancia escénica. El primer acto se había planteado como remedo singular pero razonable de un pre-texto. Pese al inquietante diálogo entre Oscar y Tony, el lector-espectador presume la vigencia de un espacio, un asunto y hasta un tiempo *verídicos* (la sala de la mansión; el acto criminal que provoca pánico, arrepentimiento, dudas; el momento posterior a la ejecución de un parricidio ejecutado como acto liberador). Estas *verdades* se perciben moduladas a trancos por segmentos metateatrales en los que Tony *actúa* para confundir a su hermano o en breves escenas como esa en que, desconcertados por la culpa, tanto él como Oscar imitan las voces de sus padres de manera artificiosa. La aparición de Tita, sus comentarios sobre un *script* del cual se pueden extraer personajes, la alusión al padre muerto de quien se habla en el pasado, su referencia a la posibilidad de desaparecer en algún momento por completo, significa una complicación que se irá incrementando a lo largo del segundo acto. El lector-espectador se desorienta de súbito: la *realidad* precisada se le esfuma, siendo sustituida por la pura metateatralidad dentro de la cual urge buscar esas "claves metafóricas" que Judd Hubert persigue en los textos de Shakespeare. Los parámetros intuidos durante el primer acto quedan desplazados por la consciencia de que lo leído o presenciado tiene más que ver con Pirandello que con Benavente, más con la ficcionalidad emblemática que con la psicología, el crimen o la sociedad. A partir de la introducción de Tita, Oscuro total deviene un cuadro desconcertante y polisémico frente al cual se imponen las múltiples interpretaciones que sugiere su rica concepción figurativa.

La resurrección de Paco completa el ciclo desquiciador que proponen los dos primeros actos. Al aparecer en escena, exhibe la plenitud poderosa asociada con el modelo en que se funda. Se señala en la acotación que lo presenta: "Es un hombre alto y fuerte, muy bien parecido a pesar de sus años. De esas personas que producen un fuerte impacto cuando entran en un lugar, por su tamaño, su figura y sus maneras, aunque es una impresión superficial que tiende a desvanecerse después... Tiene un libreto en la mano" (44). Su prepotencia se manifiesta agresivamente a lo largo de un acto controlado por él, en que injuria sin medida y es objeto constante de la injuria. La *stichomythia*, el diálogo trágico, alcanza proporciones teratológicas. Además, la presencia paterna no sólo brutaliza el habla escénica, sino que también la cubaniza para desmentir ciertos motivos ambientadores, pertinentes a la sociedad anglosajona, que se encuentran sobre todo en este acto y el tercero. Por ejemplo, se habla de "Edipo en San Francisco" (59) como posible título para el *script*. Se hace referencia a una silla eléctrica netamente norteamericana (59). Se alude de pasada al programa televisivo "Good Morning America" (99) Se discute a una antigua novia de Oscar llamada Mary Beth Hamilton (53-57). Se mencionan crímenes infames cometidos en este país (97-101), entre ellos, por supuesto, el de "los Menéndez" (70). Pero tales factores se yuxtaponen a un habla compartida por todos cuya oriundez resulta clarividente. Baste un ejemplo corroborador que se funda en las voces de Paco y su hijo Oscar:

Oscar	Coño, papá, estás muerto. Eres un degenerado sexual. Un maricón. Un pederasta. Un padre hijo de puta que tuvo el valor de abusar de sus hijos, y que si no lo seguiste haciendo conmigo fue porque le cogiste miedo a lo que llevaba entre las piernas.
Paco	*(Se levanta. Se dirige a Oscar como si fuera a pegarle, pero cambia y se dispone a subir las escaleras.)* Me voy, porque no quiero entrarte a patadas.
Oscar	Los muertos no entran a patadas.
Paco	Eso habría que verlo.
Oscar	No vas a tirarte conmigo como lo hiciste con Tony. (59-60)

Por su dependencia de frases coloquiales, este altercado--que sintetiza todo un proceder discursivo--apunta a un regionalismo conceptual transmigrado. La ubicación del drama en California, los detalles ambientadores transitorios, no contradicen el que, en su esencia, <u>Oscuro total</u> refleje esa hecatombe ritual que Montes Huidobro ha entrevisto en la familia cubana. Dicha crisis exige sacrificios reiterados, según señala la propia Tita al anticipar la entrada en escena de su esposo: "Tu padre es uno de esos monstruos que hay que matar una y otra vez y siempre resucitan. Tendrán que pasarse toda una vida matándolo ... una eternidad, quiero decir ... dándole el tiro de gracia ... y siempre acabarán teniéndolo delante" (44). O sea, como cabeza de familia dentro de una micro-sociedad exorbitantemente machista, Paco es monarca, dictador, ente al que hay que ajusticiar mediante un sistema favorecido en la Isla: el fusilamiento seguido del invariable "tiro de gracia."[6] Por su comportamiento lujurioso, por practicar también el incesto con

---

[6] La expresión "tiro de gracia" se convierte en latiguillo terrible, en *leitmotiv* con que los personajes se amenazan mutuamente, puntualizando de tal manera la naturaleza oficial y, por ende, sacrificadora de los homicidios supuestamente acaecidos fuera de escena. Pero dichos disparos no resultan en la erradicación definitiva de quienes los reciben. Las víctimas renacen para acosar a los victimarios, para tornarlos a ellos mismos en víctimas según el proceso circular esbozado.

uno de sus hijos, deviene monstruo cuya exterminación se impone. En ese sentido, se torna en *pharmakos,* en lo que Girard denomina víctima apta para el sacrificio, puesto que se ha probado merecedor de él (106). Su esposa, la cotirana indulgente y pragmática, cuya lascivia la hace también capaz del deseo incestuoso, es, como Eva, blanco de toda acusación y, a la par, reina caída, simulacro tanto de Medea como de Yocasta,[7] quien tiene la función de acompañar a su cónyuge en el ara del sacrificio. Por eso, el segundo acto de Oscuro total cierra otro ciclo ceremonial. En un nuevo alarde metametadramático, Tita y Paco se transforman escénicamente en los grotescos pandilleros Gina y Giorno, especies de *Hell's Angels* californianos. Luego, suben las escaleras al segundo piso. Poco después, los siguen Oscar y Tony, armados de sendas pistolas. Se disponen a cometer el crimen perfecto según un *script* alterado consciente o inconscientemente por sus padres. Matarán a estos intrusos que han usurpado la identidad de sus progenitores.

El rito parricida insinuado en ambos actos sufre una tergiversación radical en el tercero. Ya asumido el patrón de crimen y castigo descrito arriba, ya creyendo pisar la tierra ligeramente firme del rompecabezas metateatral semi-organizado, el lector-espectador afronta nuevos hechos desconcertantes. Quienes reaparecen en escena tras la iteración cuasi religiosa de los disparos con que principió el drama no son Tony y Oscar, sino Tita y Paco. Ella viste un *negligé* negro que le da aire de mujer fatal; él está en pantalones y sin camisa. Conserva las cadenas, collares y manillas que lucía Giorgio y "tiene un aspecto brutal y lujurioso, pero no grotesco" (73). Se inicia así una fase conclusiva en que los padres imitan las acciones y palabras de sus hijos, matizando el acontecer escénico con un erotismo bestial. Se acota que "el ritmo de la escena es de atracción-rechazo en un ir y venir de la sexualidad a la violencia" (75). De hecho, todo lo que sucede está en función de

---

[7] A lo largo de Oscuro total, Montes Huidobro traza evidentes paralelos con la tragedia clásica. Proliferan las referencias a personajes como Medea, Edipo, Yocasta y, por supuesto, a esa Grecia que Paco denomina "cuna de la civilización" donde vivía "esa ralea del Mediterráneo... Esa chusma que sólo pensaba pasarla bien y andar en cueros" (83). En el segundo acto, Tita justifica ante Oscar su acto incestuoso, aludiendo en concreto a antecedentes dramático-mitológicos: "¿Qué derecho tenías de darme ese tiro de gracia?... ¿Porque una vez tuve el valor de acostarme contigo cuando tu padre se estaba acostando con tu hermano?... Los griegos lo hacían y mira lo bien vistos que están. ¡Aquella cultura mediterránea, ¿no?! Incestuosos y maricones. Criminales y parricidas" (55-56). Este trasfondo clásico de la obra está en función de acentuar su carácter ritualista, religioso, pues elucida la inmanencia mítico-histórica de la situación representada.

socavar cuanto el lector-espectador puede haber deducido con respecto a la acción dramática. Los padres, antes víctimas propiciatorias, se convierten en sacrificadores de sus vástagos, procurando de esa suerte espiar culpas y conseguir una liberación semejante a la que aspiran Tony y Oscar. Son Saturnos que devoran a sus hijos porque éstos se han convertido en sus dobles grotescos dentro de un mundo vuelto al revés, incoherente, en el cual los entes escénicos cuestionan hasta su propia existencia. Por ello, a pesar de la índole trágico-simbólica del asunto poetizado, Tita puede sugerir a su marido: "Esto parece una farsa, Paco" (80). La *stichomythia*, antes compartida con Tony y Oscar, o propiedad exclusiva de éstos, caracteriza ahora el habla de Tita y Paco, quienes llevan a cabo un duelo verbal tan terrible como el que pudieran realizar con las armas blancas más cortantes. Cuanto dicen tiene la función de dañar, de destruir, de desecrar. Por consiguiente, no choca la degeneración físico-intelectual de los personajes tras un último paroxismo erótico en que Paco le arranca las vestiduras a Tita para celebrar la emancipación propia con un coito emblemático de su oprobioso control. Cuando se encuentran totalmente desnudos, el teléfono, *leit-motiv* interruptor, introduce otro segmento metametateatral en que los personajes envejecen desmesuradamente ante el lector-espectador. Se visten con atuendos ajados, deshaciéndose al mismo tiempo de ciertos recursos enmascaradores. Llegan a convertirse en ancianos temblorosos e indefensos que discuten múltiples crímenes perpetrados por padres contra hijos y viceversa. El clímax de la escena radica en el reconocerse protagonistas de uno de esos homicidios. La parte pertinente del diálogo procede de esta manera:

Tita	Los padres eran millonarios, pero ellos dicen que ellos les hacían cochinadas.
Paco	¿Por dónde?
Tita	Yo no hablo de esas porquerías.
Paco	¿Por delante o por detrás?
Tita	Olvídate. No te hagas ilusiones. Son porquerías...
Paco	Puterías...
Tita	Depravaciones...
Paco	Mariconerías...
Tita	A tu edad esas cosas te pueden hacer daño.
Paco	¡Ji, ji!
Tita	No te rías, porque tenían tanto dinero como nosotros.
Paco	¿De veras?
Tita	Exactamente el mismo. Hasta creo que el mismo nombre y apellido y vivían en esta misma dirección.

Paco	¿Y el número de teléfono?
Tita	Será por eso que están llamando.
Paco	Entonces somos ellos.
Tita	Te advierto que es un peligro.
Paco	¿Y qué vamos a hacer?
Tita	Nada.
Paco	Por lo menos deberíamos mudarnos.
tita	¿Mudarnos? ¿A estos años? Conmigo no cuentes? Yo no me voy de aquí.
Paco	Entonces, tendremos que quedarnos. (103)

A continuación, se efectúa una suerte de danza grotesca con las pistolas, que habían dejado abandonadas en el escenario. Tratan de matarse el uno al otro, pero la artritis y los temblores se lo impiden. Reaparecen entonces Oscar y Tony, quienes entran por la puerta de la calle elegantemente trajeados. Solícitos, equilibrados, afectuosos, se apoderan de las pistolas y entablan una charla cordial hasta que sus padres suben las escaleras para retirarse. Luego, exactamente como al final del segundo acto, los hermanos los siguen revólveres en mano mientras se efectúa el último oscuro total. Se vaticina otro sacrificio ineluctable, que puede ser el de los padres o el de los hermanos, pues se ha establecido un patrón inconsistente en que las víctimas propiciatorias varían conforme a circunstancias indefinidas. Lo único que se garantiza es la perpetuidad del ritual canibalista.

En una entrevista realizada por Arístides Falcón, Matías Montes Huidobro afirmó lo siguiente con respecto a su creación escénica: "Para [1961] ya estaban trazadas algunas preferencias básicas de mi teatro, como es el concepto de la ampliación del espacio escénico con el teatro dentro del teatro y mi preocupación con un desarrollo libre del tiempo, a lo que hay que unir el impacto que recibí con el teatro del absurdo y el teatro de la crueldad" (135). Estas influencias y constantes, aunadas a la preocupación por la familia como microcosmo, se observan en Oscuro total. Se trata de una pieza cuya metateatralidad forja un espacio más escenográfico o ampliamente poético que naturalista. Asimismo, el asunto modelado en un pretexto que se parodia reúne en forma arbitraria el asesinato con la resurrección, lo verídico con lo fantasmagórico, hasta el punto de que se cuestiona si los personajes están vivos o muertos, o si tienen otra sustancia que la simbólica. El tiempo escénico se relaciona más con la dilatación arbitraria y sagrada del mito que con cualquier mundana cronología. Es decir, todo apunta a la ritualidad asociada con el sacrificio necesario para evitar la violencia recíproca, conforme al sistema propuesto por esa tragedia griega mencionada reiteradas veces en la obra como especie de modelo exonerador. Sin embargo, hay que observar que--en este drama fundamentado en la familia cubana transmigrada que es, empero, la familia cubana en general--Montes Huidobro dialoga con Freud, con las hipótesis edipianas de éste, para enfrentarse con un referente criminal específico que no entiende, pero que matiza para tornarlo en manifestación de un instinto homicida incontrolable, no obstante la inmolación ritualista. Arguye Girard: "Whatever an initial act of violence seems to settle is invariably subverted by a second act, which reorders everything anew. As long as violence remains present among men, and as long as men pursue it as an absolute, as a kind of divinity, it will continue its devastating oscillations" (151). Es ésta hipótesis laberíntica la que se sustenta en Oscuro total. Por eso, la obra resulta ambigua, abierta, polisémica. El lector-espectador se queda ante ella literalmente boquiabierto, vacío, como atrapado en un círculo cuya lucidez metafórica intuye. Esta metáfora apunta a la apocalíptica posibilidad de la violencia permanente como signo doloroso del núcleo familiar cubano, hállese éste donde se halle, y, por extensión, del propio devenir histórico nacional.

OBRAS CITADAS

Bentley, Eric. The Playwright as Thinker. New York: Meridian Books, 1955.

Escarpanter, José A. "Una confrontación con trama de suspense." En: Espinosa Domínguez, Carlos, Ed. Teatro cubano contemporáneo. Antología. Madrid: Centro de Documentación Teatral, 1992, 623-29.

_____. "Prólogo." a: Montes Huidobro, Matías. Exilio. Honolulu: Persona, 1988, 5-8.

Falcón, Arístides. "Matías Montes Huidobro: el dramaturgo en el exilio." Gestos, 20 (1995): 35-39.

Girard, René. Violence and the Sacred. Tr.: Patrick Gregory. Baltimore: Johns Hopkins Press, 1977.

Gleick, Elizabeth, et al. "Blood Brothers." People Weekly, 27 de septiembre de 1993, 32-37.

Hornby, Richard. Drama, Metadrama, and Perception. Lewisburg: Bucknell University Press, 1986.

Hutcheon, Linda. A Poetics of Postmodernism: History, Theory, Fiction. New York: Routledge, 1995.

Martínez Gilmore, Elsa. "Vista del anochecer en el trópico: el discurso de la iluminación escénica en Ojos para no ver." En: Febles, Jorge y Armando González-Pérez, eds. Matias Montes Huidobro: acercamientos a su obra literaria, 1997, 50-59.

Montes Huidobro, Matías. Exilio. Honolulu: Persona, 1988.

_____. Ojos para no ver. Miami: Universal, 1991.

_____. Oscuro total. Inédita y sin estrenar. Manejo el manuscrito que me facilitó el autor.

_____. Las paraguayas. Inédita y sin estrenar. Manejo el manuscrito que me facilitó el autor.

_____. Persona, vida y máscara en el teatro cubano. Miami: Universal, 1973.

_____. Piezas en un acto. Honolulu: Persona, 1991.

_____. La sal de los muertos. En: Rodríguez-Sardiñas, Orlando y Carlos Miguel Suárez Radillo. Teatro selecto contemporáneo hispanoamericano, tomo III. Madrid: ESCELICER, 1971, 123-220.

_____. Su cara mitad.En: Espinosa Domínguez, Carlos, Ed. Teatro cubano contemporáneo. Antología. Madrid: Centro de Documentación Teatral, 1992, 631-703.

"Entre nosotros: viñeta testimonial"
Yara González-Montes
(University of Hawaii)

Durante la tendida cuenta de los días
sumando de meses y de años
has estado arropando
el tapiz de mi vida
tejido con el tuyo.
Hilanderos de amor
hemos tejido
cotidiano paisaje de la vida.
No hay uno sin el otro
y sin el otro uno
no hay división posible
en esta huida,
encuentro que nunca se termina.
¡Oh gran total
de horas compartidas,
unidad de pincel,
autorretrato,
imagen de los dos
que configura
el espejo real
de nuestras vidas!

Matías Montes Huidobro
(diciembre, 1989)

Después de más de cuarenta años de matrimonio, es natural que nuestro común conocimiento me haya permitido un acercamiento hacia Matías que me ofrece la posibilidad de verlo desde una perspectiva diferente, mucho más completa e integral, que la que puede tener cualquier otra persona más alejada de él, porque mi representación reúne los múltiples aspectos que forman ese ser humano que ha compartido mi vida todos estos años, que en parte se ha formado a mi lado, día a día, viviendo y conviviendo juntos, en una compenetración que ha tenido una hondura como pocas.

No pretendo desglosar aquí todos los detalles de ese conocimiento, pero espero poder enfocar algunos aspectos menos conocidos de su personalidad y de su biografía. Dispongo, además, para ello, de una abundante información inédita de valor inapreciable para aquellos interesados en su obra.

La base de este trabajo se encuentra principalmente en dos fuentes: cartas personales y la tesis doctoral de Matías escrita en la misma época de la correspondencia a que voy a hacer referencia. Tanto las unas como la otra constituyen un testimonio vivo de su período formativo que cronológicamente corresponde a los años cincuenta.

A pesar del tiempo transcurrido, al comenzar a escribir estas líneas me doy cuenta de que las evocaciones que me veo obligada a hacer con motivo de la tarea que me he impuesto, han permanecido, en su mayor parte, nítidamente en mi recuerdo. Este período constituye una época muy importante en nuestras vidas, y en particular, en la de Matías, porque es el momento en que se desarrollan rasgos esenciales definitorios de su identidad, que van a reflejarse en su creación literaria como un fluir permanente y vital que constituye la savia misma de su obra creadora.

En su tesis de grado, aún inédita, "El adolescente en la literatura" (Universidad de La Habana, 1952), Matías señala: "Lo que fluye en las páginas de una novela es la vida de un personaje expresada por un artista. Lo que fluye en los años de una existencia es la vida de un personaje expresada por la naturaleza. Las páginas equivalen a los años. Poca es la diferencia" (11). Lo que pretendo en este trabajo es, precisamente, revivir el artista creador, Matías, en un período específico, decisivo, de su formación, el paso de la adolescencia a la plenitud vital expresado por la naturaleza.

Razón de ser

Conocí a Matías siendo ambos estudiantes en la Universidad de La Habana, en una puesta en escena de <u>Casina</u>, de Plauto, hecha por el Seminario de Artes Dramáticas de la Universidad, el 9 de julio de 1949. Desde que llegué al anfiteatro de Educación, que era donde se hacía la representación, me llamó la atención aquel muchacho tan delgado, y al parecer tan tímido, que estaba sentado en la butaca detrás de la mía. A pesar de que de que no me equivoqué en mi primera impresión en cuanto a su timidez, que era una característica que realmente poseía, tan pronto como me senté, se presentó él mismo con mucha desenvoltura, y comenzó a conversar animadamente conmigo, conversación que se prolongó con los intervalos necesarios por el desarrollo de la obra, durante toda la noche. Desde el momento en que nos conocimos en adelante nuestras vidas han estado íntimamente unidas la una a la otra.

En este recorrido, sin embargo, tengo necesariamente que contar con un factor del que ninguno de nosotros podemos sustraernos, el fondo histórico ambiental al que todos estamos sometidos, y que nos obliga a tomar, a veces, sin que nosotros mismos nos demos cuenta, sendas inimaginadas. Mientras el joven escritor trabaja laboriosamente en la soledad de su estudio, si nos distanciamos en tiempo y espacio. podremos visualizarlo rodeado de un entramado histórico colectivo que tarde o temprano va a irrumpir, de una manera u otra, en su texto. La década de los 50 no es una época fácil en Cuba. El presidente de la República, Carlos Prío Socarrás, a pesar de tener un gobierno democrático permitía grandes libertades a las pandillas de pistoleros. Los tiroteos eran frecuentes en la Universidad, y en numerosas ocasiones tuvimos que tirarnos en la acera para evadir los tiros. La malversación era escandalosa. Resultaba sumamente difícil a los jóvenes intelectuales orientarse. Nos desenvolvíamos en un medio hostil. Aquellos que querían salir adelante debían realizar un esfuerzo sobrehumano, ir contra viento y marea. Sin embargo, a pesar de todas estas dificultades, el destino de Matías estaba ya determinado por esa voluntad de ser, de lograrse a plenitud, unida a un ansia infinita de transcendencia. Analizando lo que se propone tratar, centrado en su propia subjetividad, volviéndose constantemente a su interior, siempre mirando hacia sí mismo, oyendo antes que nada su propia voz, va creando una obra extensa, profunda, estrechamente unida a la realidad histórico-social en que vive. Al hablar de su creación literaria, debe tenerse en cuenta que Matías es un escritor totalmente comprometido con su circunstancia histórica, que ha ido reflejando y señalando en cada una de sus creaciones aspectos esenciales del panorama político nacional y del ser cubano en particular. Sus inquietudes, sin embargo, no se limitan a lo que acabo de señalar, sino que se extienden hacia el bienestar del ser latino dentro de la sociedad norteamericana de nuestros días y hacia el destino de la América hispana. En esto estriba su unicidad, la fuerza y la unidad de tema de su obra.

Por la época en que nos conocimos, acostumbrábamos frecuentar, como casi todos los jóvenes de nuestra generación interesados en los estudios literarios, la biblioteca del Lyceum Lawn Tennis Club. Luego de pasar un buen rato en ella, sacar algunos libros, asistir a alguna exposición, o a algún concierto de música de cámara, nos encaminábamos a pie hacia el mar. Allí nos sentábamos en las rocas a contemplar la belleza que nos rodeaba. Una tarde le pedí que escribiera algo. A los pocos momentos él escribió en una pequeña hoja de papel, que aún conservo. "Escribe algo–me dijo. El viento estaba sobre las rocas. Si el hombre encontrara las palabras oprimiendo, cosquilleando adentro. Pero sólo surgieron oraciones inconexas." Este fue el germen de la búsqueda verbal de Sobre las mismas rocas. Al año siguiente, el 14 de marzo de 1951, recibe el Primer Premio del Concurso de Teatro Prometeo por esta pieza, que fue estrenada el 21 y 22 de abril del mismo año, y a cuya puesta en escena asistimos juntos. En el año 1950, fue publicado su primer cuento, "El hijo noveno," en la revista Bohemia, una de las más prestigiosas de la Cuba de aquel momento, y otro de sus cuentos, "Abono para la tierra," y su primer poema, "El campo del dueño," se dan a conocer, también en ese año, en la revista Nueva Generación, recién creada, que contaba entre sus fundadores a Carlos Franqui y a Guillermo Cabrera Infante. Se publica, además, en la Revista del Ministerio de Educación, otro cuento, "Los ojos en los espejos." Después de este último, pasará un intervalo de seis años (1956) para que vuelva a aparecer en Carteles una nueva narración, "La constante distancia," y luego, pasarán tres años más hasta que aparezca un nuevo cuento, "Las auras" (1959) en el periódico Revolución. Estos son años de iniciación en dos aspectos esenciales de su vida: en su obra y en las relaciones que se van a desarrollar entre nosotros.

La crítica de estos años señala, a grandes rasgos, que la novedad de su estilo y el dominio de la técnica son aspectos que predominan en su producción. Su lenguaje a medida que sigue escribiendo se hace más complejo, en ocasiones se vuelve esperpéntico, duro, y hasta soez, utilizando, a menudo, una ironía cortante y mordaz. Sin embargo, existe una faceta de su escritura totalmente desconocida. Es un área en que desarrolla una expresión más íntima, en la que su estilo se vuelve confesional, a ratos romántico, permeado por un profundo lirismo. En el transcurso de nuestro noviazgo y en los primeros años de casados sostuvimos, por diferentes razones, una abundante correspondencia. En esas cartas quedaron nuestros sueños, ilusiones, sentimientos y aspiraciones de aquellos días. A medida que ha ido pasando el tiempo, ellas han cobrado un valor inapreciable, no sólo por lo que acabo de señalar, sino porque allí se refleja la evolución del artista adolescente. En la época a que me estoy refiriendo, Matías se entrega de lleno a la escritura de su disertación, "El adolescente en la literatura," donde va a quedar reflejada su propia existencia, porque él vive su adolescencia, y une íntimamente a ella su oficio literario a media que la escribe. No sólo se va a proyectar este período en su obra, sino también, y más íntimamente aún, en sus cartas. Ellas nos devuelven la imagen del joven escritor, mostrándonos la evolución que él mismo vive. Al volver la vista atrás y emprender ese viaje hacia el pasado, que en última instancia nos situará en su futuro, no sólo revivimos nuestra juventud, sino que comprobamos que nos hemos mantenido fieles a nosotros mismos.

Matías, desde muy joven, tiene clara conciencia de su vocación de escritor. En una de las primeras cartas que me escribe me dice:

> Aunque quizás resulte un poco fuera de circunstancia, quisiera decirte que necesito escribir, y quiero hacerlo bien, pues ello me permitirá estar unido a otras personas con las cuales me encuentro separado en espacio y en tiempo... En Del tiempo y del río, Thomas Wolfe escribe cosas bellísimas e inolvidables, que yo tenía pensado escribir, y en donde narra mi historia y la suya y la de los hombres perdidos en medio de la noche y la tierra y el cielo infinito; donde libra el espacio y el tiempo que separa a los hombres, donde narra el anhelo extraños de los jóvenes y el frenesí que los envuelve con el propósito de vivir más y amar más. Es maravilloso que Wolfe dijera y me dijera cosas que yo conozco tan bien por el hecho de haberlas sentido como él, y que hoy, en medio de una tarde de provincia llena de sonidos reales y conocidos, nos sentemos los dos frente a frente, mientras él descubre todos los secretos de mi alma. ¡Quisiera poder escribir y saber escribir y expresar la emoción de un himno largo e inmortal, lo que siento frente a estos libros maravilloso que he leído, desgarradores y *desgajantes!* ¡Quisiera cantarle a Horacio Quiroga en medio de la selva, crudo y tajante, o a Lawrence, o a Thomas Wolfe perdido en Norteamérica, o a Thomas Mann, o a Kafka con

su angustia infinita, o a esa Katherine Mansfield, delgada y nostálgica, muerta
en medio de algún triste crepúsculo oscuro... ¿No se lo merecen? ¿Podré
hacerlo yo alguna vez?... En muchos detalles ellos me recuerdan nuestro
amor... Hay otros que pueden compartir en su corazón muchos amores y
pasiones y voluptuosidades y sensualidades insulsas y vulgares, poco
sentidas. Yo no podría. La grandeza del amor desaparece, se pierde.
(Diciembre de 1950)

En este fragmento donde se confirma el romanticismo, no explícito en otros textos,
se ofrece un aspecto íntimo de la personalidad del escritor en ciernes, que dedica su
vida al logro de ese anhelo. Y es precisamente, de su propia vida, de donde
proviene su arte, porque a pesar de que admira y tiene como modelos a otros
escritores, conoce muy bien sus propias voces interiores que se ofrecen bien
diferentes y originales a las del ambiente que le rodea.

En esta época lee intensamente con motivo de las investigaciones que realiza
para su disertación. Sus lecturas dejaron una huella indeleble en su obra. A
primera vista, las mismas pueden parecer un poco arbitrarias, pero la índole del
trabajo le permitía agruparlas sólo por el tema que iba a desarrollar. Seleccionando
una serie de problemas sicológicos del alma adolescente iba agrupando dentro de
ellos expresiones literarias del mismo. De esas lecturas me parece importante citar
algunas, que por el impacto que dejaron en él, resultan sumamente significativas.
Entre ellas figuran: Los niños terribles de Jean Cocteau; Los verdes años de A. J.
Cronin; Safo de Alfonso Daudet; La sinfonía pastoral de André Gide; Fausto de
Johann Wolfgang Goethe; Adriana Mesurat de Julian Green; Goldmundo y
Narciso de Hermann Hesse; La olla de oro de Ernesto Hoffmann; Retrato del
artista adolescente de James Joyce; Un día de octubre de Georg Kaiser; la montaña
de los siete círculos de Thomas Merton; Agostino de Alberto Moravia; Manon
Lescaut y El caballero Des Grieux del Abate Prévost; Juan Cristóbal y El alma
encantada, ambas de Romain Rolland; El diablo en el cuerpo de Raymond
Radiguet; Sin novedad en el frente de Erich María Remarque; Romeo y Julieta,
Sueño de una noche de verano, Los dos hidalgos de Verona, La tempestad y
Hamlet de William Shakespeare; La infancia de un jefe de Jean Paul Sartre; El
pescador de sombras de Jean Sarment; Filoctetes de Sófocles; Primer amor de Iván
Turgueniev; Ponzoña mortal de Mary Webb; Despertar de primavera de Frank
Wedekind; Orlando de Virginia Woolf; Sangre negra de Richard Wright; El
ruiseñor y la rosa y El retrato de Dorian Gray de Oscar Wilde. Si se observa con

detenimiento se verá que sólo las áreas de la narrativa y el teatro han sido incluidas en su estudio. Los límites cronológicos del mismo se extendían entre los 12 y los 24 años de edad, período conocido como la edad juvenil. Se concentraba en la juventud como una época de ajuste personal y social, con sus correspondientes períodos de evasión y retorno, y los aportes de la literatura al conocimiento sicológico de dicha trayectoria.

Nuestras relaciones personales por esta época se van haciendo mucho más íntimas. Esto se refleja en nuestra correspondencia. El tono intimista, confesional, el subjetivismo, el profundo lirismo de estas cartas, cuyos textos por su carácter personal omito, contribuyen a la fuerte carga romántica de las mismas. Representativo de ello, y hasta curioso, es su repetida referencia al <u>Werther</u> de Goethe, con el cual se muestra entusiasmado. La obsesión por la anulación de la distancia, las ansias de unidad y armonía en una unión que requiere carne y espíritu se ponen de manifiesto en esta correspondencia. Al mismo tiempo, le preocupaba la indiferencia e incomprensión de la gente ante el valor intrínseco de cosas que para nosotros resultaban invaluables:

> Es necesario [me dice] abrir los ojos para ver con más fuerza el brillo de los colores. Estando juntos lo podremos hacer... Debemos ayudarnos a buscar sentido en las cosas de la tierra, para poder vivir... Me gustaría vivir en otro tiempo, y vivir con más calma. Tener más tiempo contigo para que las horas se deslizaran suavemente. Pasar horas leyendo. Pero aquí se vive rápido y los procesos se desnaturalizan... Te quiero copiar unos párrafos de un libro de André Gide. Dicen: "Temo, sobre todo, que sea sólo un sutil razonamiento (¡oh, cuán torpe sería!), lo que no es más que la expresión del violentísimo sentimiento de mi alma... No, no es la recompensa futura hacia lo que se esfuerza nuestra virtud; no es la recompensa lo que busca nuestro amor. La idea de una remuneración de su pena es hiriente para el alma bien nacida. ¡Cuán feliz debe ser el alma para quien la virtud se confunde con el amor!" (Abril 3 de 1951)

Estas preocupaciones me llevan a establecer un diálogo epistolar en el cual le digo: "Cuando estemos juntos, juntos para siempre, podremos vivir esa vida que ambos anhelamos, donde cada momento sea vivido intensamente, donde nadie pueda realizar esa labor de ultraje..." (abril 5 de 1951). Y juntos hemos sido afortunados, porque ciertamente hemos vivido como nos habíamos propuesto. Tal vez el secreto ha estado en esa labor constante a que se ha entregado devotamente Matías.

En ese oficio que ha compartido conmigo y que ha dado un profundo sentido a nuestra vida.

> **Cruce de fronteras**
> Yo no quisiera
> conquistar de otros la sangre,
> sino siempre la mía,
> y volver siempre a la verdadera patria
> que están en el hombre
> allá en el fondo de venas castellanas
> de corrientes cálidas
> que desde tan lejos
> están
> al amor
> perennemente esclavas.
>
> Matías Montes Huidobro
> (1970)

Por estos años crecía el complicado tejido que la madeja de la escena nacional iba desarrollando. Los sucesos predecían aires de tormenta. El pandillerismo iba en aumento. Los atentados y crímenes se multiplicaban en proporciones desmesuradas. En la madrugada del 10 de marzo del 1952, Fulgencio Batista da un golpe de estado, suspende la Constitución de 1940, cancela las elecciones, promulga una ley constitucional y se proclama presidente provisional, comenzando su dictadura. El mismo día del golpe de estado, Matías me escribe desde Sagua la Grande: "Los sucesos políticos me preocupan. Mas, por esa causa quisiera estar en La Habana, a lo mejor a ti te sorprendió en la calle, pues tenías clases. Aquí todo está en calma. Supongo *lo* verían en la televisión..." (marzo 10 de 1952). A pesar de la seriedad de los hechos, el pueblo parecía aceptarlos con aparente tranquilidad, pero el germen de la tormenta que se nos avecinaba seguía, soterradamente, desarrollándose.

Poco después de estos sucesos, Carlos Prío Socarrás convoca en Montreal a los partidos de oposición, con excepción del partido comunista, para hacer un frente unido en contra de Batista. Castro pone como condición para asistir a esta reunión que se incluya a los comunistas, petición que es rechazada. Ante esta situación obliga a su hermano Raúl a regresar de Praga, y se embarca hacia México donde recibe órdenes directas de los rusos de trabajar en contra de la paz que pretenden lograr los partidos de oposición. Se le encomienda, además, organizar la guerra. El 26 de julio de 1953, Fidel Castro con un grupo de jóvenes ataca el Cuartel Moncada. No íbamos, y me refiero aquí a todos los cubanos, a poder sustraernos de las consecuencias históricas de estos sucesos, y mucho menos los escritores conscientes de nuestra generación, cuya producción quedaría marcada para siempre.

A medida que el ambiente nacional se iba agravando, empeoran aún más las posibilidades de subsistir para la juventud cubana. Nos habíamos casado en diciembre de 1953, y en octubre de 1955 pensamos que lo mejor sería partir a Estados Unidos para que Matías estudiara por un tiempo, y ver si la situación mejoraba en nuestro país. Salimos a fines de agosto para pasar juntos unos pocos días en Miami, y yo regresaría a Cuba ese mismo mes, porque me encontraba en espera de nuestra hija y queríamos que ella naciera en territorio cubano, sin imaginar siquiera que cuando la niña tuviera cuatro años tendría que dejar su tierra junto a nosotros, esa tierra en la que sus padres habían querido que ella naciera, para no volver a verla hasta el presente. Son esas ironías terribles que a veces nos juega el destino histórico.

Comienza para nosotros, con este viaje, él rumbo norte, yo de regreso a Cuba, en una misión que nos parecía esencial, otra etapa de comunicación por correspondencia. En el avión, ya empieza a echar de menos lo que ha dejado atrás:

Quizás no sea bello lo que se ve, pero a mí me lo parece. Cuba sigue, como siempre, ganando a todo esto en colorido… A medida que voy hacia el norte hay menos bosques y menos pantanos. Ya no veo el mar. Los campos están más cultivados; hacia el sur en forma recta, más al norte en curvas. Todo lo hecho por el hombre es lo que luce más bello desde aquí, a distancia. Ahora está oscureciendo. El paisaje cambia nuevamente. La tierra es de un gris oscuro, pero a veces, es extrañamente roja y verde. Todo está neblinoso, pero el cielo es aún azul. La hora es rara. Procuro distraerme para no estar a solas. (Octubre 27 de 1955)

Una de las lecturas que mayor impacto dejó en él durante la preparación de su disertación fue la novela de Thomas Wolfe Del tiempo y del río, hasta tal punto que, años más tarde, escoge el nombre de su protagonista para nombrar a nuestro hijo. El fragmento de la carta que acabo de citar aparece curiosamente ligado a un comentario que el propio Matías escribe en su tesis. Al hablar sobre el personaje principal de esta novela comenta:

Por eso la presencia constante de los pueblos solitarios provoca en Eugenio Gant el sentimiento de la soledad. Esos pueblos se alzan y se suceden con un silencio helado y cataléptico en un mundo sin vida, a lo largo del viaje que realiza Eugenio por los inmensos Estados Unidos. Se siente rodeado de la bóveda del cielo, perdido allí. Pero al mismo tiempo, esa inmensidad produce en él un sentimiento de grandeza, de música... El también está sobre la tierra. También es un átomo en el paisaje infinito, en el tiempo infinito. (Montes Huidobro, El adolescente en la literatura, 73)

Al comienzo de su viaje, Matías también parece experimentar esa sensación de soledad, de ser perdido ante la tierra misteriosa e inmensa, que contempla desde la distancia en medio del espacio infinito. Frente a él se alza, además, el tiempo tan inconmensurable o más que la tierra, pero él penetra en ellos no para perderse sino para afianzarse más aún en sus propósitos.

Desde el momento que comienza esta trayectoria surge una etapa sumamente productiva porque gran parte de sus vivencias neoyorquinas de este período serán almacenadas en su subconsciente para reaparecer en forma literaria, años más tarde, en varias de sus obras, de las cuales voy a citar las que considero más importantes: en primer lugar, en su novela Desterrados al fuego (1975), traducida al inglés, en 1992, bajo el título de Qwert and the Wedding Gown; en su pieza Exilio (1988), donde reaparecen también estas experiencias, sobre todo en el primer y tercer actos de la misma; y en su obra de teatro Su cara mitad (1992), que se desarrolla íntegramente en un ambiente totalmente neoyorquino. Esta fue sin lugar a dudas una época de absorción cultural, sociológica y humana, de influencias norteamericanas. A partir de él, su obra adquiere, sin perder su cubanía, características más amplias, demostrando que lo cubano traspasa sus propias fronteras, haciéndose también en un sentido más general, de América. De esta forma se integra, además, a la creación literaria de un grupo de escritores que como él se verán forzados años más tarde, por razones políticas, a dejar su patria. Ellos reúnen influencias disímiles que dejarán constancia en sus respectivas obras, formando un grupo de autores que pasará a reflejar una nueva realidad, la del exiliado, la del cubano que aunque físicamente ha abandonado el territorio insular, no podemos afirmar que ha dejado Cuba, porque la lleva con él, en lo más profundo de su alma.

Al llegar a Nueva York, me cuenta sus primeras impresiones de la ciudad:

No sé qué decirte de la ciudad. Es igual a otra cualquiera y diferente. Yo no tengo idea de lo que es New York. Todas las cosas que me dijeron sobre ella pesan sobre mí y pierden su validez. Pensaba que era una ciudad sin cielo, pero hay cielo como en todas partes. Un cielo muy suave. Y sin sol, pero lo hay. El maravilloso sol de "Milagro en Milán." Cuando llegué sólo tuve impresiones tumultuosas. Calles muy solitarias y tranquilas. Masa humana en Broadway... Esta ciudad es extraña, maravillosa, oscura, clara... El *subway* creo, es, hasta ahora, lo que más me subyuga. Es sucio, pero no tan sucio y lóbrego. (Octubre 28 de 1955)

Estas impresiones y la que le causa su llegada al aeropuerto de Newark dejarán su huella en la elaboración posterior de Desterrados al fuego.

Nueva York le impresiona como una ciudad contradictoria, donde conviven extremos al parecer irreconciliables. Esto se refleja en el lenguaje literario, que adquiere una naturaleza fragmentada en detrimento de su claridad, absorbiendo las características paradójicas de la Babel de Hierro. "Ciudad igual y diferente," "sin cielo, pero hay cielo," "sin sol, pero lo hay," "calles solitarias ... masa humana," "sucio, pero no tan sucio," "oscura, clara."

A pesar de todo lo que me dice aquí, en una carta anterior me había incluido un recorte del periódico The Villager, cuya fecha es la misma de la carta, donde se reproduce un pequeño párrafo de Max Weber, sociólogo y economista alemán que vivió en Nueva York, que reproduzco a continuación, y que aparece bajo el título de "Artist Recalls":

To this very day, I feel more at home in Greenwich Village, than in any other part of this great city. I treasure the memory of all those young and arduous but happy years. I hope that the younger and future generations of artists, poets, musicians and scholars will maintain the tradition and spirit of Greenwich Village, and rejuvenate its unique social and cultural identity. (Octubre 10 de 1955)

Su añoranza por la patria no desaparece nunca, pero comienza a percibir los valores positivos del ambiente en que vive. La influencia de la vida norteamericana se hace sentir en su correspondencia. Ha transcurrido más o menos un mes desde su llegada a la gran ciudad. He escogido algunos fragmentos de cartas de este período que reproduzco a continuación. Estas citas me parecen significativas en relación con nuestro exilio, que ocurriría años después y que en ese momento ni remotamente podíamos ni siquiera imaginar. Tienen también significado para comprender mejor el choque cultural que experimentará el exiliado cubano al enfrentarse a una cultura completamente diferente de la suya.

Una celebración que lo conmueve profundamente es la de *Thanksgiving Day:*

> Hoy pasé un día muy emotivo. *Thanksgiving Day* es un día bellísimo aquí y me emocionó mucho... Hoy hizo un día precioso, de poco frío, y con ese azul tan suave y tan propio del cielo de New York... Se celebraba la parada de los grandes globos, que pasan junto a los pisos altos de las casas. La ciudad estaba repleta de millares de niños que lucían bellísimos... En la calle hay un ambiente único, con tantos niños en las aceras, y los globos, y el colorido de las bandas, un colorido de real gusto; y los padres cargando a sus hijos en los hombros. Un día, en fin, muy bello y una parada hermosa y de niños. Lloré en la calle por cosas inexplicables y tontas... Este día está lleno de significado humano en relación con los *Pilgrims* que en el "Mayflower" vinieron, muchos años atrás, en busca de un hogar donde vivir, y pasaron miles de privaciones hasta sobrevivir y dar gracias. Unas humanas gracias a Dios. Quizás el año próximo podamos tener juntos nuestro *Thanksgiving Day* y dar gracias a Dios. (Noviembre 26 de 1955)

Es ésta, hasta este momento, la única celebración de nivel subjetivo, espiritual, que admira del país extranjero. Se anticipa en esta descripción la presencia del hijo que esperamos. El carácter de unión familiar que impera en el espíritu de este día es lo que lo satura y llena de regocijo, lo que le hace aplacar la inquietud, la angustia e incertidumbre del momento que vive.

De un carácter un tanto diferente es la reacción que siente ante uno de los lugares más típicos de la ciudad:

> *Times Square* es uno de los lugares más insoportables de Nueva York, más abarrotado de gente, terriblemente abarrotado de gente, desconcertante, interesante, heterogéneo, newyorkino. No me gusta, como no me gustó la primera noche de mi llegada y las siguientes. Pero es un lugar estupendamente atractivo, que tiene algo que lo lleva a uno a malgastar el tiempo... Y no es una calle más bonita que otras del mundo y otras ciudades, supongo, Pero tiene algo más que otras calles de otras ciudades y aún más que otras calles de New York. Es una calle para perderse en la estupidez. No me gusta *Times Square,* pero me gusta que quede allí. Mucho más absurdo resulta pasar por allí sin estar contigo. (Diciembre 18 de 1955)

El estilo de esta descripción es similar al que utiliza al describir la ciudad. Es ese lenguaje formado por elementos opuestos lo que le da un carácter diferente a estas dos cartas que resultan, a ratos, absurdistas, reflejando a perfección el lugar que describe. La confusión de planos que ofrece la realidad corresponde a la confusión de planos mentales que se reflejan en las oposiciones que encierra el lenguaje escrito. Tanto la descripción de la ciudad, como ésta de *Times Square,* aunque no totalmente logradas desde el puntos de vista estilístico, he decidido incluirlas como ejemplos de la estrecha relación existente, en su estilo, entre la realidad exterior, el plano mental, el subjetivo y el lenguaje literario.

De otro carácter resulta este comentario sobre la celebración de la Semana Santa en Nueva York, en donde se lamenta del modo en que la misma es sentida en los Estados Unidos:

> Aquí la Semana Santa es realmente molesta pues estos americanos o no tienen sentido de ella o yo no tengo el sentido de ellos. El jueves y el viernes han carecido del menor fervor religioso, y New York igual que siempre. Toda su conmemoración, supongo, será el domingo de resurrección que es lo que ellos llaman *Easter,* pero no me explico cómo van a conmemorar la resurrección de Cristo si no se acordaron de su muerte. Supongo que será que la cristiandad española tiene el sentido trágico y la americana el del *happy ending...* El único día que ellos saben celebrar y sentir es el *Thanksgiving Day.* (Marzo 30 de 1956)

En este párrafo tres componentes entran en juego: el yo, la colectividad y la trascendencia de un hecho religioso, la celebración de la Semana Santa. Situado ante él mismo, parece visualizar la realidad vivida en el pasado en choque con la que vive en el presente. El cuestionamiento es inmediato en lo referente a los valores espirituales de ambas culturas. La cultura norteamericana tiene las de perder frente al sentimiento profundo y trágico de la española. En relación con valores espirituales y morales, quedará siempre en desventaja cuando se compare con la nuestra.

En estas descripciones observamos que, por una parte, existe una confusa reacción ante un mundo que en parte rechaza, pero en el que se reconoce factores sumamente positivos, atractivos y valiosos que merecen ser tomados en consideración. Experimenta un fuerte rechazo en relación al aspecto cristiano que este universo presenta, pero un nuevo semblante del mismo se abre ante sus ojos con la celebración del Día de Acción de Gracias, que le deja realmente deslumbrado y a la que desea unirse, no como un ente individual sino familiar, porque es precisamente la unión familiar lo que predomina en esta celebración y lo que despierta en él la admiración por la misma.

Durante todo el período que permanece en Nueva York, Matías escribe incansablemente. Su escritura era su consuelo en esa separación que se prolongó hasta mediados de abril de ese año. Ya casi al final de esta etapa trabaja en una novela, que representa un caso aparte en esta trayectoria porque con ella comienza la corriente existencialista en su obra. Me refiero a "El muro de Dios," aún inédita:

> Ahora estoy escribiendo una novela que absorbe mi tiempo. He escrito mucho y voy por el quinto capítulo. Aunque no sea muy lógico que escriba ahora tengo necesidad de hacerlo. Lo único que sé es que quiero que tenga XIV capítulos. Hasta ahora es la historia de un hombre que mata a su partera porque quiere que lo condenen a muerte. En el primer capítulo, afirma eso. En el segundo, es atormentado por la duda. La mujer del juez quiere que siga afirmando su muerte porque ve en ello la liberación de su marido, que es el hombre a que ha sido condenada. En el tercer capítulo, afirma la vida y se escapa de la cárcel. La mujer del juez come mariscos un viernes santo junto al fiscal, que es judío. En el cuarto capítulo, huye hacia el valle donde está su madre. El valle es algo así como la paz, pero el hombre no pretende estar ahí porque no es su paraje. La madre comprende que es inútil que huya del dolor a que la conduce su hijo, porque una herida suya comienza a sangrar. El hijo se va. En el quinto capítulo, inconcluso aún, el hijo va camino de la ciudad nuevamente y se ve precisado a detenerse en una aldea situada en la montaña. Hay una prostituta, dondequiera existe una, que ha querido llegar al valle, pero no ha podido. Lo que pasa después no lo sé, y no sé qué se trae el protagonista entre manos. A veces pienso cosas más complicadas que mi cerebro y los problemas de esa gente me atormentan. Además, creo que la novela me está saliendo bastante bien y ya eso vale la pena. (Abril 1ro. de 1956)

Esta novela de carácter existencialista se puede considerar como un antecedente distante de <u>Desterrados al fuego</u>, aunque más desubicada que ésta de todo contexto geográfico cubano, ya que carece de toda perspectiva paisajista. El hecho de que se comenzara a escribir en Nueva York, en el invierno, es coincidente con la acción de que <u>Desterrados al fuego</u> se comenzó a escribir en Pittsburgh, también en invierno. Ese cariz existencialista, ya señalado, es prueba de que su nexo con dicha corriente literaria surge desde su período de formación.

Existe, además, otro elemento que juega un papel importante en su obra y cuyo carácter se profundiza, ejerciendo una mayor influencia en su producción. Me refiero al cine: "Vuelvo a sentir el mágico poder del cine"–me dice–"que adoro, porque es absorbente y lo acompaña a uno y lo hace soñar. Sé que estás conmigo, y te escribo. En otros tiempos no tenía a quien escribir. Ahora sí, y a quien tiene un niño mío. Pero el cine me acompaña en mi soledad, y por eso voy, y por eso te añoro más..." (diciembre de 1955). Sus comentarios sobre las películas que va a ver son abundantísimos en sus cartas: "Hoy fui a ver I am a Camera de Julie Harris y Lawrence Harvey. Me gustó mucho y es una buena adaptación teatral, permaneciendo en parte teatral y ligeramente fílmica. Ella está muy bien y es una excelente actriz" (enero 1ro. de 1956). En casi todos sus comentarios sobre las películas que va a ver hay elementos superpuestos de vida, literatura y arte. A veces, parecen verdaderas disolvencias fílmicas que se superponen, y uno de estos elementos predomina sobre el que va desapareciendo. Su novela inédita, "Espirales de celuloide," finalista en el Concurso Premio de Novela Ateneo de Santander, España, 1983, es la que muestra más de cerca la influencia que ejerce el cine en su obra literaria. En ella las cintas de celuloide contienen la espiral del universo. La vida misma aparece atrapada en los cilindros de celuloide, cilindros donde la ficción es la vida.

Erotismo y sexualidad: suprema unidad de la vida

Yara, adentro de ti me hallo
y dentro de ti
se oculta
crece
y se avalancha
lo que de mía afuera
surge, por tu cuerpo:
un corazón
en que palpita erecto
el escondido tuyo
que en mis adentros llevo.
No busques fuera
lo que se lleva dentro.
No acalles el latir
con que mi piel construye
la cincelada forma
que en ti cincela el cuerpo:
opuesto complemento
que complementa opuesto:
ese fluir de ola
en que me interno.

Matías Montes Huidobro (octubre 9 de 1994)

Una de las características más acusadas de la etapa adolescente es el mantener separados estos dos elementos. Todo el proceso del final de la adolescencia consistirá en fusionarlos:

> La madurez significa la posibilidad de armonizar ambos factores con plena unidad vivencial y en acto de generación... El eros y el sexo tienden a unirse en el punto culminante de la vida en flor... Culmina así el proceso. Se cierra el bello ciclo. El joven retorna unido a la mujer y sobre la tierra florece el fruto de la salida de sí mismo: el hijo. Entonces solidario con la sociedad se abraza a ella. Es la evolución. Retorna a la tierra. (Matías Montes Huidobro, "El adolescente en la literatura," 231)

En la sustancia más profunda del alma es donde tiene lugar la unión de elementos contrarios: exterior-interior, cuerpo-alma, hombre-mujer, *animus-anima*. El paso de la multiplicidad a la unidad, la conjunción en el propio ser, la plenitud que precede a la creación es tarea propia del eros. Pero hay que tener en cuenta que "una unión sexual sin espiritualidad da lugar al autoenvilecimiento y al extravío" (Matías Montes Huidobro, "El adolescente en la literatura," 223).

Poco antes del nacimiento de nuestra hija, Matías sigue aún inmerso en la escritura de El muro de Dios, novela de la que vuelve a enviarme otro fragmento:

> "–Te he esperado cada noche de cada día–, respondió él con vehemencia. –Sabía que alguna tarde habías de llegar, sin poder rehuir mi contacto. Por eso mi puerta siempre ha estado abierta. Te he esperado a ti y nada más que a ti y no he salido ni una sola noche pues temía que ésa fuera la noche por ti elegida, y no quería perderte. He estado aquí cada hora, ahogando en mí mismo mis deseos, con la certidumbre de recibirte a ti y entregarme a ti tan sólo. Nadie me ha tocado ni he tocado a nadie, porque habías de ser sólo tú. (Noviembre 23 de 1955)

Y agrega: "No es muy bueno lo anterior, he escrito cosas mejores, pero creo te agrade porque es nuestro... A mí me agrada mucho la idea de que el niño nazca allá y que me lo traigas como regalo. Me parece realmente romántico y de un efecto maravilloso para **nuestra** novela" (noviembre 23 de 1955).

Nuestra hija nace el 9 de enero del año 1956. Su telegrama me llega al día siguiente: "Ahora estás en mí dos veces"–me dice–y anticipándose al futuro profesional de nuestra hija, que es médico, dice en la carta que me envía de inmediato: "¿Qué será cuando sea grande? Debe ser científica" (enero 10 de

1956). Literatura y vida se entretejen en el indivisible tapiz de nuestra existencia para formar una unidad inseparable.

A través del espacio y del tiempo otro escritor, que fue su mentor, alma con la cual ha mantenido una afinidad vital, describe, a su modo, la llegada a la plenitud con estas hermosas palabras:

> En el instante de su encuentro ella se incorporó a su vida merced a alguna magia misteriosa; y antes que él lo advirtiese, la llevaba palpitante en las corrientes de su sangre ... aquella mujer había de convertirse en el centro de su corazón y en el objetivo de su vida; en la imagen de una unidad inmortal que una vez más lo integraba totalmente y lanzaba toda la pasión contenida en su ser, todo el poder y la fuerza de su vida, hacia la resplandeciente certidumbre y el imperio y unida inmortal del amor. (Thomas Wolfe, Del tiempo y del río. Cita con la que Matías cierra su disertación: Montes Huidobro, "El adolescente en la literatura, 235)

En octubre de 1956, regresamos a Cuba, sin saber que el 27 de noviembre de 1961, después de vivir en el vórtice de la tormenta histórico-política que asoló nuestra isla durante esos tres primeros años del gobierno revolucionario, saldríamos de nuevo, esta vez exiliados, a recorrer una trayectoria que se ha prolongado hasta nuestros días. Matías explica así la partida:

> Tras recibir en 1960 el Premio José Antonio Ramos por mi versión absurdista de Las vacas, escribo en 1961 La madre y la guillotina, y al hacer en ella una representación de la historia que no me es posible dar a conocer, entiendo a plenitud que no había nacido, como escritor, para oficialidades históricas, que dejaba para otros *personajes*. El destino era partir, representar la historia desde adentro y desde afuera, seguir la continuidad, establecer el nexo alienatorio de irse, mantener el cordón umbilical con aquellos que habían partido por los caminos de la alienación: Milanés, Casal, Luisa Pérez de Zambrana. En el reino de la indivinidad, como diría Virgilio Piñera, partir es la voz de Orestes, y la historia podía representarse también, con no menor autenticidad, en los remotos horizontes de lava, arena y mar, y en los atardeceres de la distancia. (En "La representación de la historia," conferencia inédita leída en la sesión plenaria del congreso del Instituto Internacional de Literatura Iberoamericana celebrado en The City College of New York, de junio 8 al 12 de 1987)

El encuentro de los código testimonial, biográfico, histórico y literario, ha formado la red vital de esta viñeta que termina en el momento de una toma de conciencia y un compromiso social, abriéndose, al mismo tiempo, una nueva etapa en nuestra existencia. Esta trayectoria nos ha conducido desde la estética de sus primeras creaciones, hasta la ética de este compromiso en el que el escritor decide *cambiar el escenario de su representación.* De esta forma, con su propio acto, declara la responsabilidad que debe asumir el creador ante la sociedad, ante la historia y ante su propia creación. El destinatario que se entregue a la lectura de sus textos a partir de este momento, encontrará en ellos uno de los testimonios más valiosos del proceso desintegrador y destructivo que ha vivido, durante los últimos treinta y seis años, el pueblo cubano.

"Entrevista con Matías Montes Huidobro"
Jorge Febles y Armando González-Pérez

Esta entrevista con Matías Montes Huidobro, que tuvo lugar en Phoenix, Arizona, la llevaron a cabo Jorge Febles y Armando González Pérez durante el 75 Congreso de la American Association of Teachers of Spanish and Portuguese (AATSP). Con el objeto de simplificar el proceso de transcripción y conceder un lógico primer plano a las respuestas del escritor, todas las preguntas realizadas se presentan de manera colectiva, o sea, nunca se especifica cuál de los dos entrevistadores la articuló.

Preg.: Matías, aunque a lo largo de tu carrera literaria has incursionado prácticamente en todo género, desde la narrativa tanto larga como breve hasta la poesía y la crítica, es innegable que tus éxitos más sonados se relacionan con la escena, que desde siempre se te ha distinguido mucho por tu dramaturgia. Por eso, quizá el punto de partida lógico de nuestra conversación debiera ser éste: ¿cuándo comenzaste a interesarte por el teatro?

MMH: Digamos que desde tiempo inmemorial me he interesado por el teatro. Mi primer contacto directo con el movimiento teatral tiene lugar en Cuba, en los cincuenta, con el "Grupo Prometeo," de Francisco Morín que influyó mucho en nuestra generación y empezaba a hacer representaciones teatrales que se ponían en una caseta de teatro, una especie de barraca, en el Parque Central. Diría que allí surgió mi entusiasmo por el teatro. Entonces, Morín convocó a un premio que se llamó Premio Prometeo y la obra que mandé a la convocatoria fue Las cuatro brujas, que recibió mención honorífica pero que no me he atrevido a publicar nunca. Al año siguiente, Morín hizo otra convocatoria y mandé Sobre las mismas rocas, que se llevó el primer premio ese año, 1951, y fue llevada a escena inmediatamente, quedando muy bien gracias a la eficiente dirección de Morín. Una anécdota importante en relación con este premio es la siguiente. A pesar de haberlo obtenido, años después *me lo quitó* el Diccionario de Literatura Cubana y se lo *adjudicaron* a Paco Alfonso, que había recibido mención honorífica. Así que me han regateado un premio que para mí resultó muy significativo y que tuvo en su momento considerable importancia.

Preg.: Pero si te remontas aun más lejos, Matías, allá a la pre-historia, por expresarlo de algún modo. ¿Tú siempre sentiste vocación literaria y afinidad por el teatro desde niño, como se dice que ocurrió con Lorca, con Tennessee Williams, con tantos otros dramaturgos?

MMH: Yo siempre he sabido lo que quería hacer. Siempre tuve vocación literaria, pero no específicamente teatral. Sabía que quería escribir desde antes de dejar Sagua la Grande, que fue donde hice el primer año de secundaria, e irme para La Habana cuando tenía unos trece años. Así que mi vocación es remota, prehistórica como dicen ustedes, pero no específicamente teatral. Las tres direcciones (teatro, narrativa y poesía) surgen aproximadamente al mismo tiempo. Lo primero que se publicó fue un poema, "La vaca de los ojos largos," que le di a Carlos Franqui, que en esa época era corrector de pruebas del periódico Pueblo, si recuerdo correctamente, e hizo que lo publicaran. Casi al mismo tiempo se publicó un cuento, "El hijo noveno," a través de Cabrera Infante que estaba en contacto con la revista <u>Bohemia</u>. En realidad, desde un principio, los tres géneros funcionaron al unísono.

Preg.: Ahora que mencionas a Franqui y a Cabrera Infante, nombres ambos muy vinculados a <u>Revolución</u>, ¿cuál fue tu participación en <u>Lunes</u>, o sea, en el polémico suplemento cultural de ese periódico?

MMH: El período anterior a la Revolución fue de mucho trabajo para Yara, mi esposa, y para mí. Poco después de casarnos tuvimos una niña. Teníamos que trabajar mucho para mantener la familia. Yo enseñaba, de día, en una escuela privada y de noche en una escuela pública. Entre paréntesis, yo fui uno de los pocos cubanos que *no tuvo,* porque como ustedes saben un gran porcentaje de cubanos clama y declama que *tuvieron* esto y aquello. A ese periódo anterior se remonta mi relación con Cabrera Infante y Franqui. Cuando vino la Revolución, Franqui fue nombrado director de <u>Revolución</u> y Cabrera Infante empezó con <u>Lunes de Revolución</u>. De ahí, en los 60, pasé primero a escribir artículos de temática pedagógica, en lo que se llamaba la "página dos," de cierto carácter editorial, y más adelante pasé a hacer la crítica de teatro en este periódico hasta fines del año 61, cuando nos fuimos de Cuba. Pero mi participación era relativamente distanciada. No andaba metido todo el día en el periódico, porque no me gustaba mucho. Había algo impreciso, intelectualmente arrogante tal vez, que me chocaba. Escribía mis artículos, se publicaban y me iba. Sin embargo, en un grupo que se formó en el año 61, donde teníamos un programa de crítica televisada Luis Agüero (en televisión), Fausto Canel (en cine) y yo (en teatro) me sentía muy bien y la pasaba estupendamente.

Preg.: Cambiemos un poco de tema. La tuya es ya una larga y variada trayectoria creativa. Con el correr de los años, ¿has detectado una evolución concreta en tu producción literaria, particularmente en tu dramaturgia? Es decir, los primeros críticos serios de tu obra dramática, Natividad González Freyre, Rine Leal y demás, siempre hablan de un teatro esencialmente oscuro, de tendencias expresionistas. Mencionan a Elmer Rice, a Eugene O'Neill, a Georg Kaiser. Podría incluso argüirse que, hoy en día, tu producción literaria sigue caracterizándose–salvo tal vez en el caso de <u>Exilio</u>– por cierta oscuridad ambiental, por cierta nota desesperada, por un humor esencialmente negro. Ahora bien, percibes estos factores tónicos e ideológicos como constantes o prolongaciones dentro de tu dramaturgia.

MMH: Como crítico, uno de mis autores predilectos es Benito Pérez Galdós, conjuntamente con los narradores españoles de ese período; sin embargo, por otro lado, quizás como creador del siglo XX, detesto el realismo como medio expresivo y nunca me he sentido bien en la línea realista, que no sigo, manteniendo una continuidad no realista en mi obra creadora. Aun en <u>Exilio</u>, donde específicamente cambié a una línea más realista, los personajes, por desarrollarse la acción dentro de un contexto teatral, me permiten alejarme de un realismo en sentido estricto.

Preg.: Esta actitud tuya, este prurito antirrealista, ¿constituye un fenómeno generacional o es producto de influencias precisas?

MMH: Ambas cosas, diría yo. Mis primeras lecturas de teatro fueron siempre autodidactas. Leía todo lo que me cayera en la mano. Frecuentaba la biblioteca circulante de Lyceum Lawn Tennis Club, que era excelente y que, aunque pueda sonar cosa muy burguesa (y sin duda lo era) tuvo una gran función formativa en los jóvenes de nuestra generación, en particular aquellos que como yo no teníamos una peseta para comprar un libro. La verdad que era un santuario de la inteligencia, y allí íbamos a parar **todos,** incluyendo los más diabólicos–Retamar, etc... Para mí era un lugar maravilloso, pues era el único lugar donde podíamos caminar por las estanterías y llevarnos para la casa el libro que nos diera la gana–quiero decir, después de llenar el correspondiente formulario. Lo que hubiera de expresionismo allí se gestó, posiblemente con algo de Kaiser, Wedekind, Strindberg, sin duda <u>La máquina de sumar</u> de Elmer Rice, que fue una de las obras que más me impactó, todo O'Neill que estuviera a mano, y, por supuesto, Pirandello. Por lo general, no se leían mucho los autores españoles (salvo Lorca, naturalmente, y algún inevitable Bécquer) ni latinoamericanos (salvo excepciones, como Rubén Darío, Gabriela Mistral, y alguno que nos sorprendía, como Quiroga). Galdós no era mi lectura en esa época. Posteriormente mi tesis para el doctorado en Pedagogía, <u>El adolescente en la literatura,</u> sistematiza un poco todo este caos, donde abundan escritores franceses y norteamericanos. No se leían escritores españoles ni latinoamericanos. Galdós no era mi lectura en esa época. Esa fue una lectura profesional, ulterior.

Preg.: Matías, hablemos sobre tu método creativo. Una de las cosas que espanta al crítico de tu obra es su volumen. Eres un escritor muy prolífico y, sobre todo, muy diverso: la crítica literaria, la poesía, la novela, el cuento, el teatro. Nosotros nos hemos preguntado en más de una ocasión, ¿cómo puede Matías hacer todo eso y cómo determina cuándo hacer qué? ¿Es qué un día sencillamente decides: "Hoy me dedico a la crítica y mañana retomo la ficción"? ¿O el género se te viene arriba por inspiración romántica, como quien dice?

MMH: Realmente no sé. Quizás sea prolífico, pero a veces pienso que no produzco lo suficiente. En cuanto al teatro, pienso que hay una relación entre la posibilidad de una puesta en escena y la escritura de una obra. Por eso, cuando llegamos de Cuba el 27 de noviembre de 1961, en ese período, diría que cambié más decididamente a la narrativa. En Cuba, en el 60 y en el 61, tenía posibilidad de que se estrenaran las obras que escribía. Una obra impulsaba la otra y se aprendía algo de la puesta en escena. Esos años fueron de actividad teatral intensa. Llego a los Estados Unidos y el primer año, realmente, no tenía tiempo para escribir nada. Es decir, en el año 1962. Paradójicamente fue un momento idílico en Meadville, Pennsylvania, con Yara, que no trabajaba, mi hija de unos cinco años, y mi hijo que acababa de nacer, en el cinturón de nieve, en el núcleo más positivo de la vida americana, lejos de la pesadilla cubana: sin dudas, el año más feliz de mi vida: agosto 1962-agosto 1963: una cronología exacta...

Después empiezo a escribir novelas. Ya antes de salir de Cuba tenía El muro de Dios. Lamentación en tres estancias, fue finalista en el Alfaguara de 1968 y en el Planeta de 1970. Hubo alguna correlación entre mi circunstancia y la posibilidad de participar en estos concursos. Pero yo diría que Desterrados al fuego tiene una gestación más profunda, como si fuera una quintaesencia de la alienación y resumiera la médula de lo que había vivido. Sin embargo, el proceso creador de esta novela fue muy fácil, realmente. Me salió prácticamente de un tirón y con gran unidad hasta que el protagonista se descongela. No en balde la escribí todo congelado, en el invierno de 1972, en un pequeño pueblecito de Pennsylvania, Zelinople, al norte de Pittsburgh, mientras Yara se preparaba para los *comprehensives* y yo no podía hacer otra cosa sino sentarme a la máquina de escribir y meterme en el abrigo. La peripecia argumental es muy sencilla, a pesar de ser una novela bastante compleja. La termino en Hawaii, la mando al concurso del Fondo de Cultura Económica de México, queda en segundo lugar (que en un caso como el mío equivale al primero) y me la

publican. Esto me impulsa y escribo <u>Segar a los muertos</u>,
finalista en Cáceres de Novela Corta de 1974; <u>Los tres
Villalobos</u>, finalista del Jorge Isaacs, Colombia, de 1974;
<u>Espirales de Celuloide</u>, finalista en el concurso de novelas
del Ateneo de Santander de 1983. La narrativa, en aquel
momento, era el único vehículo creador que me parecía
posible y los concursos eran un incentivo.

Respecto al teatro, ante la imposibilidad de una puesta en
escena, me enfrasco en la interpretación crítica que a su vez
se vuelve un período de aprendizaje teórico, preparación y,
además, de interpretación de la vida cubana. Surge así
<u>Persona, vida y máscara en el teatro cubano</u> y, después,
retomo un proceso creador interrumpido. Por consiguiente,
hay una lógica, un sistema, una dirección.

En cuanto al proceso teatral en sí mismo, desde un
principio me he planteado problemas de tiempo y espacio
escénico más que de desarrollo argumental, pero hay obras
de teatro que sí están bastante planificadas. Por ejemplo,
<u>Exilio</u>, aunque el personaje de Rubén se fue creciendo y
apoderándose de la obra a medida que la desarrollaba. <u>Su
cara mitad</u> también está estructurada de acuerdo con un
patrón causa-efecto premeditado, pero obras como <u>Gas en
los poros</u> y <u>La madre y la guillotina</u> tienen una concepción
de hecho recurrente, obsesivo, de callejón sin salida, que
responden a otra perspectiva.

Preg.: ¿Qué promueve tu reencuentro con el teatro? ¿Lo motiva
una necesidad interna o nuevas posibilidades de
escenificación, ya bien reales, ya bien intuidas?

MMH: Simplemente, no les sé decir. Creo que se debe a una
percepción general del texto, que determina el género, el cual
no es transferible. Sin embargo, puedo explicar mejor la
mecánica general de mi proceso creador. Comparto el punto
de vista de Cela, cuando dice, con respecto a la creación de
<u>Pascual Duarte</u>, que se lo debió todo, o más o menos todo, a

sus enemigos. Yo siempre, cuando he tenido momentos adversos, reconstruyo la adversidad escribiendo. Así que cada vez que me pasa una cosa, la tengo que poner por escrito. Esa quizás sea básicamente la mecánica.

Es decir: Mando una obra a un concurso. No obtengo el primer premio. No importa: es un *dead line*. Eso me impulsa a escribir la obra siguiente. Por ejemplo, al concurso Letras de Oro yo mando Exilio. Quedo de finalista. ¿Qué hago? Escribo otra obra, Las paraguayas, y la mando al año siguiente. El hecho de que Las paraguayas fuera nuevamente finalista me llevó a escribir Su cara mitad, que ha sido incluida en dos antologías. Así que le agradezco al Letras de Oro su decisión, porque en lugar de escribir una obra escribí tres. Mi actitud de no dejarme vencer por la adversidad sino acudir a la escritura y expresarme ha sido esencial en este proceso y de ahí han salido unas cuantas obras. Algunos de mis cuentos, que son muchos, han surgido de experiencias negativas, debidas a alguien que me ha hecho algo. Si me encuentro dentro de un contexto de tiempo limitado que no me permite ir hacia una narrativa larga, el cuento es un vehículo idóneo para darle salida al caso. Entonces me he ido a la máquina de escribir a contar esa experiencia adversa. Además, yo, de niño y de adolescente, era un solitario, y de ese propio estado creo que surge la escritura y yo creo que esa actitud ha sido muy importante. Y si la angustia se intensifica y no puedo coordinar situaciones y personajes, siempre está la poesía. Yo diría que Sobre las mismas rocas es representativa de eso: es decir, un solitario, un alienado que después, en otros textos, va a buscar la compañía de la máquina de escribir y de la creación para comunicarse.

Preg.: Atacas la máquina de escribir con el mismo fervor con que añora la suya abandonada en Cuba el protagonista de Desterrados al fuego. Sin embargo, tu obra toda no parece tremendamente biográfica o autobiográfica? ¿Cómo logras distanciarte de lo que poetizas?

MMH: Yo creo que es importante distanciarse y espero que, efectivamente, no dé una idea de que mis obras son autobiográficas. Me parece importante, para crear, que el escritor se distancie y logre percibir la realidad de los otros, no constatemente la suya. Es terrible el caso, por ejemplo, de los actores norteamericanos. Aun los mejores, como Dustin Hoffman o Robert De Niro, acaban repitiéndose de tal modo que uno siempre termina viendo al mismo actor haciendo el mismo personaje. Los bueno actores ingleses, por el contrario, no son reconocibles de un personaje a otro. Eso puede pasar con el escritor. A mí me gusta ponerme en situaciones diferentes, hacer evolucionar cualquier punto de partida personal hacia lo que no lo es, crear personajes que tienen su propia vida: los personajes de Exilio y Su cara mitad, a pesar de ser gente de teatro todas ellas, tienen sus características individuales muy marcadas, independientes unas de otras, y sólo están tangecialmente relacionadas conmigo. Ellos son mis hijos y llevan parte de mí, pero son criaturas independientes, con vida propia.

Preg.: Ya que traes el cine a colación: muchos escritores cubanos modernos, entre quienes destaca Guillermo Cabrera Infante, se han referido al impacto que ha tenido este espectáculo sobre su imaginación creadora. ¿Ha tenido el cinematógrafo una influencia semejante en ti?

MMH: En mi opinión, más que cualquier otra cosa, incluyendo el expresionismo. Yo soy de Sagua la Grande pero durante mi niñez viví en un pueblo más pequeño, Cifuentes, que cae casi en la categoría de los de "cuyo nombre no quiero acordarme." Fueron los años peores de mi vida. Abandonado por mi padre, de una familia pobre, no tenía amigos, aunque sí el profundo cariño de mi madre y mis tías. Flaco y con espejuelos, los otros chiquillos me tiraban piedras–un desastre absoluto que bordea el melodrama. En Sagua la Grande la cosa mejoró, porque mi tía me consiguió pase para los tres cines que había allí, el Principal, el Encanto y el Alkázar, a donde iba todas las noches, si era posible cuando ya habían apagado las luces para que no me viera nadie. Todo distorsionado: más expresionismo que comedia de costumbres. El cine era mi realidad, mi escapatoria.

Preg.: El evasionismo, o sea, el afán de ocultarse por medio de la imaginación, ha representado una corriente en el teatro cubano contemporáneo. ¿Podríamos sostener que hay un poco de escapismo en tus obras también?

MMH: A pesar de lo que se dice en el exilio, la vida cubana era a veces tan terrible antes de 1959 (aunque lo que vino después fue peor todavía) que el escapismo era una alternativa optimista frente al suicidio. Como puede verse, mi infancia establece lineamientos escapistas básicos que me llevan a concebir la ficción como parte intrínseca de otra realidad, la verdadera, hasta convertirse en un acto de fe que linda en lo religioso, particularmente en el caso de la mítica fílmica–que constituye la base última de mi novela Espirales de celuloide. Pero pienso que todo escapismo es una manifestación de la realidad. Es decir, el escritor que se escapaba en la época de Batista se escapaba en una ficción y así estaba haciendo indirectamente un compromiso social, porque nos escapábamos de algo. Cuba no era ninguna panacea.

Preg.: Insistamos entonces en el cine. ¿Se manifiesta esa afición tuya por el género en tu producción literaria, en las técnicas que empleas en tus obras?

MMH: Sin duda. Como el cine posee una libertad de espacio y tiempo que no tiene el teatro, siempre he querido llegar a esa liberación de espacio y tiempo por medios teatrales. De ahí mi preferencia por el teatro dentro del teatro. Esta preocupación me parece que es una influencia técnica contrastante, con el cine, con la que he trabajado siempre de una forma u otra. En mis últimas obras, el principio del *suspense* hitchcockniano entra en juego desde una percepción teatral, y es por eso que el tercer acto de Exilio es mi favorito, y no voy a ser nada modesto, me parece una obra maestra de *suspense*. Pero no me interesa un *suspense* policíaco, sino uno que, pasando por lo político, vaya de lo sicológico a lo ontológico.

Preg.: Has mencionado con anterioridad que Desterrados al fuego es el texto que prefieres dentro de la totalidad de tu producción. ¿Tienes alguna obra teatral predilecta?

MMH: Mi obra preferida es siempre la última que estoy escribiendo, pero, dentro de eso, quizás tenga una particular preferencia por Exilio, que representa un momento de mi plenitud como dramaturgo y que viene a ser una síntesis de componentes técnicos con los que he trabajado antes, ahora dentro de una estructura de un "teatro bien hecho," donde lo que se dice en el primer acto tiene su repercusión en el último. Quería probarme a mí mismo que no sólo podía escribir un teatro alucinado como el que había escrito hasta el momento, sino uno más coherente. Además, me define completamente como escritor cubano, que siempre seré. Aunque algunas cosas mías han aparecido dentro de la clasificación de *Cuban American Writers,* y Su cara mitad tiene algo de esto, por mi formación, mi historia y mi concepción del mundo soy esencialmente un escritor cubano.

Preg.: ¿Puedes abundar un poco al respecto, es decir, a esta necesidad tuya de considerarte un escritor cubano?

MMH: No soy un sentimental que ande dándome golpes de pecho y me ponga a llorar por Cuba como una magdalena arrepentida para definirme como escritor cubano. Y no tengo, ni remotamente, una visión idílica de la vida cubana.

Cuba ha sido siempre un país muy desgraciado y los cubanos, como la historia ha demostrado y sigue demostrando, no nos hemos caracterizado por llevarnos particularmente bien. Dejando a un lado características específicas, como el choteo con toque costumbrista que lucho por transformar en un humor negro de otra dimensión estética, Cuba sale siempre en todo lo que escribo. Yo no defino mi cubanía en la medida de Belascoaín y Neptuno, o Galiano y San Rafael. Yo defino mi cubanía en cada una de las palabras que escribo. Simplemente, soy cubano, no importa el lugar de la tierra donde me encuentre, o como excluyan, incluyan o clasifiquen mi escritura.

Preg.: ¿Cuándo tú decides salir de Cuba, tienes presente la probabilidad de que estés cometiendo una especie de suicidio artístico?

MMH: No creo que tomara eso en consideración. La consideración fundamental fue, estéticamente y éticamente hablando, que había escrito y escondido en una gaveta La madre y la guillotina, y así no se podía vivir. Además, se llevaron presa a gente inocente que yo conocía cuando Bahía de Cochinos. Después me llamaron a mi casa a las dos de la mañana de parte del Primer Ministro para que fuera a las reuniones de la Biblioteca Nacional donde él iba a **despachar** las "Palabras a los Intelectuales" y ésas no son horas de llamar a nadie. Justo es decir que allí definió los lineamientos de la escritura (y el que no lo entendió no lo entendió porque no le dio la gana), pero yo no iba a escribir como a él le diera la gana. Por eso me fui. Lo demás han sido consideraciones *a posteriori*. Desde un punto de vista práctico, hice mal en irme tan pronto. Esto ha creado un desplazamiento termporal en algunos de mis textos, por ejemplo, La sal de los muertos (1960), que muy poca gente conoce a pesar de que en 1971 apareció en una antología de Rodríguez-Sardiñas y Suárez-Radillo. En realidad es de las primeras obras cubanas que asimila los lineamientos del teatro de la crueldad, con juego de teatro dentro de teatro característicos de esta dramaturgia. Pero como la ignorancia es la madre de todas las injusticias, la crítica la ha pasado por alto. Después, cuando quise publicarla por mi cuenta, me confiscaron la edición, que se quedaría tirada por alguna parte. Es una obra precursora que exige una reubicación textual. Es en ese sentido que hubiera sido más conveniente haberme ido después, cuando ya mi nombre estuviera establecido en Cuba y les hubiera sido difícil dar marcha atrás a los que estaban en concomitancia desde fuera. Otros no se fueron y yo prefiero no juzgar a nadie. Cada uno tenía sus problemas, sus dudas, sus puntos de vista. Yo tengo los mío, pero, ¿quién soy yo para juzgar a nadie porque hizo esto o hizo lo otro, a menos que fuera un acto decididamente criminal? Esos juicios sumarios se los dejo a los inquisidores. Hubiera sido lindo que todos nos hubiéramos ido junto, al mismo tiempo, el mismo día. O que nadie se hubiera ido jamás. Es triste, porque no pudo ser.

Preg.: Mas, a pesar de todos los sinsabores y dificultades que el destierro te deparó, has tenido éxito como académico y como escritor. Por eso, procede dar fin a esta entrevista con dos preguntas tal vez afines: ¿Qué proyectos literarios te ocupan o ideas en este momento? Y por último, ¿qué ambicionas como escritor, como escritor cubano, en esta etapa de tu vida?

MMH: Me ocupan un centenar de proyectos literarios, pero, a la verdad, no me gusta hablar de ellos hasta cuando los tenga terminados y dejen de ser proyectos. Como escritor cubano mi mayor deseo es que toda la literatura cubana se reintegre en una sola y que mi obra quede reintegrada en el contexto general de la misma con una valoración justa, inteligente, y que la coloque con precisión: ni más ni menos de lo que ella pueda valer. Yo soy un hecho temporal, transitorio, pero mis textos son un hecho permanente, y no pueden estar desgajados del núcleo literario al que pertenecen.

PRODUCCION LITERARIA SELECTA DE

MATIAS MONTES HUIDOBRO

Libros publicados

Crítica

Bibliografía crítica de la poesía cubana (1959-1971). Co-autora: Yara González-Montes. Madrid: Plaza Mayor, 1973.

Edición crítica de Memorias de un joven que nació en enero, por Guillermo Hernández. Honolulu: Persona, 1991.

Edición crítica de Los negros catedráticos, por Francisco Fernández. Co- editora: Yara González-Montes. Honolulu: Persona, 1987.

Persona, vida y máscara en el teatro cubano. Miami: Universal, 1973.

Persona, vida y máscara en el teatro puertorriqueño. San Juan: Centro de Estudios Avanzados de Puerto Rico y el Caribe, 1984.

Superficie y fondo en el estilo. Chapel Hill: Hispanófila, 1971.

Narrativa

"La anunciación" y otros cuentos cubanos. Madrid: Clemares, 1967.

Desterrados al fuego. México, D. F.: Fondo de Cultura Económica, 1975.

QWERT and the Wedding Gown (traducción de Desterrados al fuego; nueva versión del texto original preparada por el autor). Traducción de John Mitchell y Ruth Mitchell de Aguilar. Honolulu: Plover Press, 1992.

Segar a los muertos. Miami: Universal, 1980.

Novelas inéditas

El muro de Dios, 1957.

Espirales de celuloide. Finalista, Premio de Novela Ateneo de Santander, España, 1983

Lamentación en tres estancias. Finalista, Premio Planeta, España, 1970.

Lázaro perseguido. Finalista, Premio Alfaguara, España, 1968.

Los tres Villalobos. Finalista, Premio de Novela Jorge Isaacs, Colombia, 1974.

Poesía

Poesía compartida: ocho poetas cubanos. (Se incluyen 10 poemas del autor.) Miami: Ultragraphics, 1980, págs. 63-74.

La vaca de los ojos largos. Honolulu: Mele, 1967.

Teatro

Exilio. Honolulu: Persona, 1988.

Funeral en Teruel. Honolulu: Persona, 1991.

Gas en los poros. En: Teatro cubano en un acto. La Habana: Ediciones Revolución, 1963, 221-42.

The Guillotine (traducción de La madre y la guillotina). Trans. Francesca Colecchia. En: Colecchia, Francesca y Julio Matas. Selected Latin American One-Act Plays. Pittsburgh: University of Pittsburgh Press, 1975, 93-126.

Obras en un acto. Honolulu: Persona, 1991.

Ojos para no ver. Miami: Universal, 1979.

Olofe's Razor (traducción de La navaja de Olofé). En: Cuban Theatre. Tempe: Bilingual Press, 1992, 43-58.

La sal de los muertos. En: Rodríguez-Sardiñas, Orlando y Carlos Miguel Suárez-Radillo. Teatro contemporáneo hispanoamericano, tomo III. Madrid: Escelicer, 115-220.

Su cara mitad. En: Espinosa-Domínguez, Carlos, Ed. Teatro cubano contemporáneo. Antología. Madrid: Centro de Documentación Teatral/Fondo de Cultura Económica, Sucursal Española, 1992, 621-704.

El tiro por la culata. En: Teatro cubano revolucionario. Marianao: Ediciones del Municipio de Marianao, 1961, 3-19.

Your Better Half (traducción de Su cara mitad). Traducción de David Miller y Lynn E. Rice Cortina. En: Cortina, Rodolfo J., Ed. Cuban American Theatre. Houston: Arte Público, 53-110.

Teatro inédito

Las cuatro brujas. Finalista, Premio Prometeo, Cuba, 1950.

Las paraguayas. Finalista, Premio Letras de Oro, EE. UU., 1988. Premio de la Fundación Lilla Wallace para montarse como parte de un taller del Teatro Campesino, EE. UU., 1988.

Las vacas. Premio José Antonio Ramos, Cuba, 1961.

Oscuro total, 1993.

INDICE ONMASTICO Y DE OBRAS

A

HISPANIC LITERATURE

20. Gertrudis Gómez de Avellaneda, **SAB**, Introducción y notas, Luis Martul Tobío

21. Evans-Corrales, **A Bestiary of Discontent/Bestiaro des Descontentos**

22. Sixto E. Torres, **The Theatre of José Martín Recuerda, Spanish Dramatist: Dramas of Franco and post-Franco Spain**

23. Joanna Courteau, **The Poetics of Rosalía de Castro's Negra Sombra**

24. Leopoldo Alas, **A Hoax/Superchería**, translated from the Spanish by Michael Nimetz

25. W. Douglas Barnette, **A Study of the Works of Manuel Mantero: A Member of the Spanish Generation of 1950**

26. Joseph A. Levi, **Alfonso X, El Sabio, Estoria de Alexandre el grand General Estoria (Quarto Parte): Manuscript U. Vatican Urb. Lat. 539**

27. Juan Ramón Jimenez, **Spiritual Sonnets/Sonetos Espirituales**, translated into English verse by Carl W. Cobb

28. Francis Lough, **Politics and Philosophy in the Early Novels of Ramón J. Sender, 1930-1936**

29. D. Frier, **Visions of the Self in the Novels of Camilo Castelo Branco (1850-1870)**

30. Lisa Condé, **The Theatre of Galdós - La Loca de La Casa (1893)**

31. Miguel de Unamuno, **Miguel de Unamuno's Political Writings, 1918-1924, Volume 1: La Anarquia Reinante (1918-1920)**, G.D. Robertson (ed.)

32. Miguel de Unamuno, **Miguel de Unamuno's Political Writings 1918-1924, Volume 2: El Absolutismo en Acecho (1921-1922)**, G.D. Robertson (ed.)

33. Miguel de Unamuno, **Miguel de Unamuno's Political Writings 1918-1924, Volume 3: Roto el Cuadro (1923-1924)**, G.D. Robertson (ed.)

34. Miguel de Unamuno, **Miguel de Unamuno's Political Writings 1918-1924, Volume 4: A Bibliographical and Analytical Survey**, G.D. Robertson (ed.)

35. Jorge M. Febles and Armando Gonález-Pérez (eds.), **Matías Montes Huidobro: acercamientos a su obra literaria**

36. Pablo Neruda, **Pablo Neruda and Nicanor Parra Face to Face: A Bilingual and Critical Edition of Their Speeches on the Occasion of Neruda's Appointment to the Faculty of the University of Chile**, translated, with an introduction by Marlene Gottlieb

37. Blas de Otero, **All My Sonnets/Todos Mis Sonetos**, translated into English verse by Carl W. Cobb